70th

发现

EXCAVATION
&EXPLORATION

长沙考古七十年成果巡礼

Selected Archaeological Achievements of Changsha
in the Past 70 Years

长沙博物馆 编著
周慧雯 黄朴华 主编

岳麓书社·长沙

发·现
Excavation & Exploration

长沙考古七十年成果巡礼
Selected Archaeological Achievements of Changsha in the Past 70 Years

主办单位

长沙市文化旅游广电局

承办单位

长沙博物馆

长沙市文物考古研究所

特别支持

中国国家博物馆

中国社会科学院考古研究所

湖南省文物考古研究院

湖南博物院

长沙简牍博物馆

长沙铜官窑博物馆

长沙市文物和博物馆学会

（排名不分先后）

图录编纂委员会

主　　任：周慧雯

副主任：刘　瑜

委　　员：王立华　邱东联　张海军　陈　卓　王文彬

图录编辑：方　芳

文字校对：孙　田　黄　爱　庞　湘　马湘蕾　陈钰馨

展览筹备委员会

主　　任：周慧雯　黄朴华

副主任：刘　瑜　何　佳

委　　员：张海军　陈　卓　师　磊

总策划：王立华　黄朴华

学术顾问：宋少华

项目负责人：董远成

执行策展人：方　芳

内容撰稿：黄朴华　何　佳　张海军　罗小华　曹栋洋　潘　钰
方　芳　张大可　郑　广

展品组织：张永珍　雷永利　刘　莹　肖　晖　姜玉涛　黄卫东
邵凡晶　蔡　迪　杨　婋　张雨涵　赵玉亮　王小文
辛天游　高心源　贡一文　常怀颖　周　昕　汤　超
于　冰　张婷婷　方昭远　吴小燕　王　卉　张艳华
李　潇　覃　璇　蒋　维　吴美娇　杨莉娟　曹锦添

展品保护：蒋成光　张兴伟　阳　帆

艺术设计：张开翅　师　维　黄思莹　黄　嘉

宣传推广：邓晓丽　李韵佳

网站和新媒体宣传：浦英晖　曾　麟

教育活动：刘晴贤　吴　婉　张　静

开放管理：王　倩　黄婧宜

行政保障：王文彬　周　韵　刘　欢　雷飞翼

安全管理：曹　前　慎　广

摄　　影：朱　宇　戴　畋　欧阳威　江　芬

日常维护：梁晓轩　刘　凯　黄木荣

致辞

周慧雯

“发·现——长沙考古七十年成果巡礼”是长沙博物馆贯彻做好中华文明探源，建设中国特色、中国风格、中国气派的考古学，让文物活起来，扩大中华文化国际影响力的具体举措，是省会博物馆履行“强省会”战略的积极作为。

这个展览，是馆所精诚合作的成果。它体现了考古 “手铲释天书”和博物馆 “讲好文物故事”的一脉相承，考古人的“发掘和研究”通过博物馆的“诠释与呈现”实现了“被看见、被理解和被认可”。

这个展览，是集大成者。在中国的百年考古历史长河里，长沙有幸参与了其中的 70 年，并成为湖南考古事业发端、起始之城。此时此地此刻，几代人的成就就此集结。

这个展览，是关于一座城一群人的故事。不畏严寒酷暑坚持与地层、文物对话，围绕湘水、浏阳河探究长沙文明起源的几代文博人，用一双双发现的眼睛，透物见史、观古追今。20 万年前的旧石器、7000 年前的大塘遗址、震惊世界的马王堆汉墓、3000 年不曾改变城址的长沙古城历代遗存等诸多重要考古发现，让长沙城成功进入首批国家历史文化名城行列，并成为世界闻名的文旅名城。

这个展览，是长沙博物馆的四大展览体系中“长沙记忆”系列的首个展览，为 2022 年暑期社会实践定制丰富教育活动。长沙博物馆是长沙人的博物馆，为此，我们致力于打造长沙记忆，进一步凸显长沙博物馆的市民 IP 属性，让每一位市民都愿意成为长沙博物馆的代言人。

诗人艾青曾说过：“为什么我的眼里常含泪水，因为我对这土地爱得深沉。”我们相信，长沙这座千年古城会在我们共同的守护下，生机勃发，长沙正年轻。

感谢中国国家博物馆、中国社会科学院考古研究所、湖南博物院、湖南省文物考古研究院、长沙简牍博物馆、长沙铜官窑博物馆、长沙市文物和博物馆学会对展览的大力支持。

（作者系长沙博物馆馆长）

致辞

黄朴华

长沙考古工作始自20世纪50年代初，至今已走过了七十年风雨历程。1951年至1952年，原中国科学院考古研究所组建以夏鼐为队长的“长沙考古队”，进驻长沙开展工作，发掘了大批珍贵文物，这是我国南方地区第一次大规模的正式考古发掘，同时也揭开了长沙考古的序幕。1959年，长沙市文化局内设“文物清理工作队”，独立承担全市的考古工作。1979年，长沙市革命委员会下文正式成立“长沙市文物工作队”，长沙考古事业开始蓬勃发展。2001年，市委编办调整机构编制，“工作队”更名为“长沙市文物考古研究所”，长沙考古事业走向全面发展阶段。

七十年来，长沙考古工作者前赴后继，薪火相传，在创业路上砥砺前行，在学术路上勇于探索。他们奔波于田野，挖掘出一处处历史的遗迹；俯首于室内，释读出一条条文明的信息；耕耘不息，弦歌不辍，用智慧和汗水换来了一份份来之不易的成绩。七十年考古，收获显著，不仅延伸了长沙的历史轴线，还构建了长沙文明进程的发展脉络，同时还原了长沙历史的基本面貌，为长沙获评历史文化名城夯牢了坚实的基础，为弘扬湖湘文化作出了积极贡献。

七十年来，长沙考古成果层出不穷，众多重大考古发现轰动国内外。本次展览选择其中重要的考古发现，以丰富的考古资料和精美的文物，展示长沙历史上的特色文明，讲述长沙曾经的辉煌。同时借此展览，回顾长沙考古七十年历程，并致敬为长沙考古事业作出贡献的前辈们！

当前，中国考古学迈入新的百年征程，考古技术手段不断进步，考古理念不断更新。新时代，我们将在习近平总书记提出的“建设中国特色、中国风格、中国气派的考古学”指引下，继续踔厉前行，深化长沙地区文明探源工作，为长沙考古事业的发展而努力，为把长沙建设成国际文化名城而奋斗！

（作者系长沙市文物考古研究所所长）

回望　憧憬　期待

写在“发·现——长沙考古七十年成果巡礼”开展之际

宋少华

2022 年 7 月 6 日，“发·现——长沙考古七十年成果巡礼”特展在长沙博物馆开幕。能受邀参加此次特展开幕式，我感到十分荣幸。作为从事多年考古文博工作的老同志，我从 1975 年入行至今，已走过 48 年，近半个世纪的时光。2003 年主持参与最后一次考古发掘工作，2004 年离开考古所到长沙简牍博物馆负责三国吴简的保护整理工作，2014 年 4 月退休后仍继续从事出土简牍的整理工作直到现在。站在长沙博物馆庄严辉煌的展厅之下，我看到许多熟悉与陌生的年轻且充满蓬勃朝气的面孔，作为见证长沙市考古文博事业发展的老同志，抚今追昔，感慨良多。

新中国成立之前，长沙没有考古，只有对古墓、古文物的盗掘与破坏，20 世纪 30 年代著名学者商承祚在其《长沙古物闻见记》一书中写道：“目睹盗掘之惨状，归来为之叹惋，累日而不能忘却尔。”字里行间流露出无奈、辛酸与忧伤。新中国成立之后的 50 年代，长沙与西安、洛阳、南京、广州成为当时全国考古发掘的重要据点。1951 年，以原中国科学院考古研究所夏鼐所长为队长的湖南省调查发掘团的到来，才真正开启了湖南，首先是长沙的科学考古新篇章。虽然 20 世纪 50 年代末长沙已成立了文物清理工作队，但尚未真正开展多少工作便在“文革”期间撤销。长沙市开展真正意义上的考古发掘工作是在 1974 年长沙市文化局“文物组”成立之后，在湖南省博物馆老师指导下发掘的河西陡壁山曹娱墓（今岳麓区望月湖公园内）。当时的文物组仅有 3 人，担任副组长、后任长沙市人事局副局长的萧湘以及刘斌和张玉贤，最初的办公地点在今天宝南街原长沙建筑工人俱乐部的一间房里，办公室与库房兼用。1977 年，迁往八路军驻湘办事处纪念馆暂借办公。1980 年后迁往湖南自修大学与清水塘纪念馆（今中国共产党长沙历史馆）。至于业务人员，1976 年至 1979 年，继我之后陆续走进了杨晓刚（后任长沙市文物局副局长）、黄纲正（后任长沙市博物馆馆长）、杨桦、胡琪、罗敦静、周贤朴（后任长沙市新闻出版局局长）、何强（后任湖南省文物局副局长）、张一兵、王琴芳、王玉梅、黄洁、谈雪慧、王辉、汪力工、张元青、张晓英、周自如等，使长沙市考古队伍粗具规模。虽然我们中有几个还是只具有大专学历的年轻人，却能勇立潮头，敢于担当，撑起长沙考古的半壁江山，在当时湖南考古文博界可谓异军突起。1986 年，王立华（后任长沙市博物馆馆长）从武汉大学考古专业毕业后加入长沙市的考古队伍，此后在1987年至1991年间，西北大学的何旭红（后任长沙市文物考古研究所所长）、厦门大学的李鄂权（后任长沙简牍博物馆馆长）、武汉大学的邱东联（曾任长沙市博物馆副馆长）、北京大学的黄朴华（后任长沙市文物考古研究所所长）等陆续加盟，长沙考古事业由此迈上一个新台阶，展现出欣欣向荣的面貌。如今长沙市文物考古研究所、长沙博物馆的发展，无论是硬件还是软件上，都今非昔比。

寒来暑往，春华秋实，倏忽之间 40 多年光阴如流水般逝去。当年最早加入长沙考古队伍的年轻人，如今已步入古稀之年，但那段筚路蓝缕以启山林、砥砺拼搏、艰苦创业的经历，至今令人难以忘怀。每当回忆起与同龄人及后来的年轻人一道跋山涉水、栉风沐雨、创业奋进的历程，我仍激动不已。

我还清晰地记得，1976 年夏日与黄纲正骑着单车赶到南郊之外猴子石长沙市乒乓球厂工地，清理东汉砖室墓的情景。为了文物的安全，我们不顾蚊虫叮咬，日夜守护在墓室之旁，条件十分简陋，大家累了困了就在墓室的空地处铺席而卧。

20 世纪 90 年代初，为了填补长沙旧石器发现的空白，我和李鄂权顶着骄阳，冒着酷暑，踏遍东郊外张公岭一带的沟沟坎坎和砖瓦厂，找寻古人类使用的打制工具。这份艰辛的付出终于得到了回报，1991 年李鄂权同志率先在浏阳永安采集到了旧石器时代人类制造的工具，这一重要的发现把长沙人类活动的历史提前到距今 20 万年。

我无法忘记 1993 年与一群年轻考古人，一同驻守在河西望城坡西汉渔阳墓（今湖南财政经济学院校园内）考古工地。在夏日阳光的炙烤下，在密不透风的棚架里，穿着短裤和背心，甚至打着赤膊，挥汗如雨，用双手轻挑细剔，完成由长沙市考古人独立主持发掘的大型汉墓。虽然日复一日的发掘枯燥而艰辛，大家却为最终获得证实墓主身份的封泥而欢呼雀跃，忘却了疲劳；虽然大家只有每日一瓶汽水的待遇，却饮如甘饴，丝毫未减发掘的质量。此项发掘获得中国社会科学院考古研究所黄展岳、王世民及湖南省内众多考古专家的赞许，获评当年“全国十大考古新发现”。这群奋斗在考古一线的年轻人是何旭红、王立华、黄朴华、李鄂权、邱东联。

让我更难忘记的，是与他们共同见证了 1996 年走马楼三国吴简的发现与发掘。面对着层层相垒、堆积如小山的简牍，没有激动、没有欢呼，只是默默地坚守，不言放弃。在一个倾盆大雨、电闪雷鸣的深夜，仍有一群考古人在简陋的工棚里，默默地守护在盛满10万枚简牍的古井旁，寸步不离。

一路走来，我不断地咀嚼着、品味着，这是一种什么精神？这是一种什么情怀？渐渐地我从他们身上看到、体悟到：是无怨无悔的奉献精神、一丝不苟的敬业精神、精益求精的专业精神，以及团结协作的互助精神和敬畏历史、珍爱文物的家国情怀。这正是我们长沙考古人的精神与情怀，也是中国考古人的精神与情怀。这批年轻人中的大多已成为今日长沙考古文博界的中坚力量，并不断地培育和带领更多的年轻人加入进来，希望这种精神与情怀能薪火相传、发扬光大。当然，此时此刻我们在分享成就、分享喜悦之时，更不应该忘记那些为长沙考古文博事业的发展，甘作人梯、默默奉献而且已经离我们远去的老一辈工作者与同龄人，他们是：杨桦、胡琪、黄纲正、王辉、张小英、彭其策，还有李嘉明和黎石生。

孔子曰："告诸往而知来者。"我们回望历史，便知今日成绩获得之不易。藏品，从一无所有到府库充盈；队伍，从单枪匹马、寥寥数人到门类齐全、人才济济；发掘保护研究的对象，从单纯墓葬发掘拓展到古聚落遗址、古城址、古窑址发掘，出土文献研究，科技保护等纵深领域。时代在发展，社会在进步，温故知新，方能继往开来、固本开新、行稳致远，为推动长沙市考古文博事业的发展，传承历史文化，滋养文明沃土，坚定文化自信，讲好长沙故事、中国故事，建设好国人共同的精神家园，不断作出更大更多的贡献。

新旧交替是自然规律，任何现在所谓"老"的东西都曾新过，任何现在新的东西都注定会变老。现代是历史的延续，未来是现代的延伸。今天我们站在中国考古100年、长沙考古70年的新起点上，回顾历史，展望未来，心中充满无限的憧憬与期待。湘江之畔，风景如画，抬望眼，江水北去，百舸争流。在此借用一句老话，作为一位考古老人对年轻一代的良好祝愿：

长江后浪推前浪，一浪愿比一浪强；
湘水前波让后波，前波后波总相和。

（作者系长沙市文物考古研究所原所长，长沙简牍博物馆原馆长、研究馆员）

目 录

凡　例

1. 全文图版由文物收藏单位提供，简牍所标编号为收藏单位使用的原编号。

2. 本书所采用的简牍释文吸收了学界最新研究成果，并统一了简牍释文格式。

（1）简牍释文采用忠实于原简的繁体字及异体字。

（2）简牍之首的墨线，签牌上方的半圆形网状标记，黑色涂墨标记不标出。

（3）简牍中所用符号“·”“∟”“|”“/”“○”，代表简牍原有的符号，尽量保留。

（4）简文中的“=”为重文符号，如“十一刻＝下九”，释读为“十一刻，刻下九”。

（5）简牍上残泐无法辨认的字，用“□”表示，一字一“□”；简文漫漶，如能确定字数的，也用“□”表示，不确定的用“……”表示；根据上下文内容补充的字外加“□”号，如“母”代表“母”字不清晰，根据字迹与上下文意推测为“母”；存疑之字其后以“（？）”表示。

（6）简牍残断处以“☒”表示。

3. 文物尺寸单位均为“厘米”，只在最后一个尺寸后添加单位。

文物索引

发现

长沙考古七十年成果巡礼

SELECTED ARCHAEOLOGICAL ACHIEVEMENTS OF CHANGSHA IN THE PAST 70 YEARS

前　言

探寻历史，拾掇文明，这是考古工作的责任和使命。70 年来，长沙考古事业筚路蓝缕，砥砺前行。一代代考古工作者栉风沐雨，奔波于城市的建设工地，餐风露宿，跋涉于原野的河谷丘陵，挖掘出一处处历史的遗迹，采集到一条条文明的信息，耕耘不息，弦歌不辍，春华秋实，成果斐然，奏响了一串串历史的音符，谱写了一篇篇文明的赞歌。

长沙历史悠久，文物资源丰富。民国年间，长沙“古物”频频面世，备受国内外关注。1951 年至 1952 年，原中国科学院考古研究所组建以夏鼐为队长的“长沙考古队”，进驻长沙开展工作，发掘了大批珍贵文物，这是我国南方地区第一次大规模的正式考古发掘，自此也揭开了长沙考古的序幕。1959 年，长沙市文化局内设“文物清理队”，独立承担全市考古工作。1979 年，长沙市革命委员会批准成立“长沙市文物工作队”事业机构，长沙考古事业开始蓬勃发展。2001 年，市委编办调整机构编制，“长沙市文物工作队”更名为“长沙市文物考古研究所”，长沙考古事业迈入新的征程。

长沙考古 70 年历程，是艰苦创业的历程，是成果迭现的历程。一次次考古发现，刷新了人们对历史的认知；一次次考古收获，勾勒出文明长河的画卷。回眸 70 年，长沙考古工作者薪火相传，踔厉奋发，在重塑长沙发展历史、夯实名城文化底蕴上作出了令人瞩目的贡献。长沙成为实至名归的国家历史文化名城，光芒四射的东亚文化之都。

Preface

It's the responsibility and mission of archaeological workers to explore history and sort out the development course of civilizations.Over the past 70 years, generations of archaeological workers, enduring great hardships, have made remarkable achievements and collected much information about history and civilizations.

Changsha, a city enjoying a longstanding history, is rich in relics. In the Republic of china, the relics excavated drew attention widely. From 1951 to 1952, Changsha Archaeological Team lead by Xia nai excavated lots of precious relics in Changsha, which marked the first formal excavation in South China in a large scale and the debut of archaeological work in Changsha. In 1959, Relics Management Group was established to shoulder the Changsha archaeological work independently. In 1979, Changsha Work Team on Relics was set to drive the development of Changsha archaeological undertakings. In 2001, it was renamed Changsha Municipal Institute of Cultural Relics and Archaeology, thus a new stage of Changsha archaeological work began.

The 70 years of Changsha archaeological work is mixed with hardships and achievements, which renews our understanding of history and depicts a pictorial history of civilizations. During this course, the traditions of archaeologists have been handed down generation by generation. The remarkable contributions they have made to Changsha make Changsha a famous national historical and cultural city and glamorous cultural capital city of East Asia.

长沙古物

长沙“古物”现世由来已久。《长沙府志》载，明末分置于长沙文庙及郡土地祠等处的“九鼎”，即是“古物”。民国初年，因粤汉铁路修建等原因，长沙城郊多有动土之举，出土大量铜器、漆器、陶器、玉器、琉璃器等古物。“商贩外人”大肆购藏，“土夫横行，物价腾踊”，无数珍贵文物散佚。其中，尤以痛失中国最古之墨迹——“晚周缯书”令人扼腕。

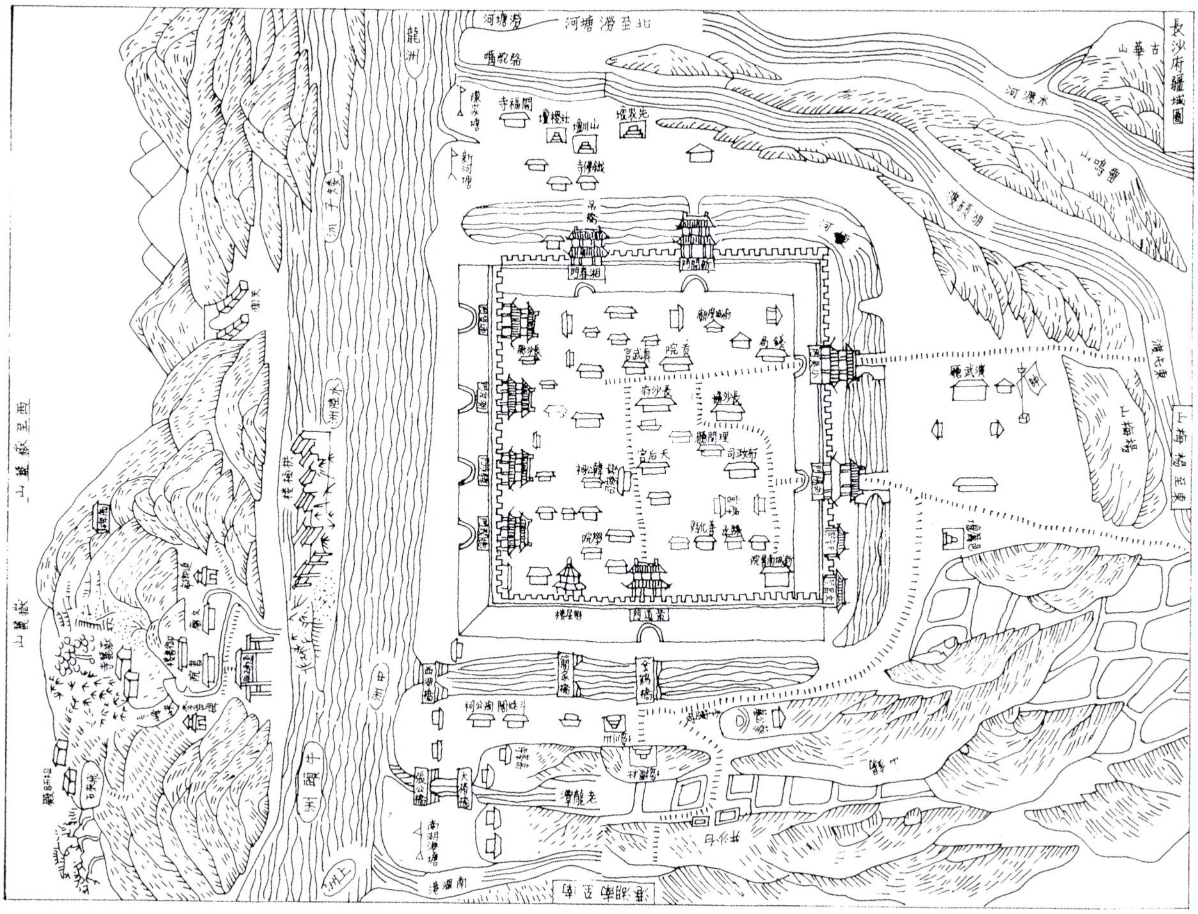

清乾隆十四年（1749）《长沙府志》载《长沙府疆域图》

长沙位于湖南东部偏北，地处洞庭湖平原的南端向湘中丘陵盆地过渡地带，东西长约 230 公里，南北宽约 88 公里，地域呈东西向长条形状，地貌北、西、南缘为山地，东南以丘陵为主、东北以岗地为主。“枕冈面山，襟江带湖，此郡城之大势也”，三湘大地的风华与灵气注定在此处汇聚氤氲。

新中国成立之前长沙古物发现与研究大事记

《湘城访古录》刊行

陈运溶，字子安，号芸畦，湖南善化（今长沙）人，清末地理学家。光绪二十年（1894），陈运溶辑刻《湘城访古录》十七卷并刊行。此书为辑录长沙名胜古迹第一部专志，其中有多处关于长沙“古物”的记载。

府志云：长沙九鼎，俗传多妄，然明末尝见散置文庙及郡土地祠等处。范铜为之，高四尺余，三足两耳，质素无款识。**各重二百余斤，黝光可鉴，古物也。**

按，今府学宫大成殿内，陈设古鼎五，即是物也。

……

又雍正八年，教授段海生掘泉司井，得器十一件，古玉磬二，古鼎一，铜瓶二，铜爵五，石磬一。

——《湘城访古录·卷十三·往迹类》

发现四羊方尊

四羊方尊于1938年由宁乡月山铺乡民发现，被古董商购入后几经易手，难觅踪迹。1952年，周总理指示中南文化部查找，万幸在原湖南中央银行的废品仓库中寻回。找到之时，四羊方尊已支离破碎，经当时国内首屈一指的文物修复专家张欣如妙手修复还原，世人才得以重见国宝全貌。

张欣如修复四羊方尊工作照

商代晚期　四羊方尊　中国国家博物馆藏

《长沙古物闻见记》刊行

商承祚1938年于成都刊行《长沙古物闻见记》，1941年编写《长沙古物闻见记续记》。两书记录了商先生收集长沙古物的始末、名录及其所见墓葬的初步分析等，为日后的发掘、保护和研究等工作留存了宝贵信息。1942年，金陵大学中国文学研究所在成都举办长沙古器物展览，展出商承祚前后两次在长沙收集的精美古物共计225件。

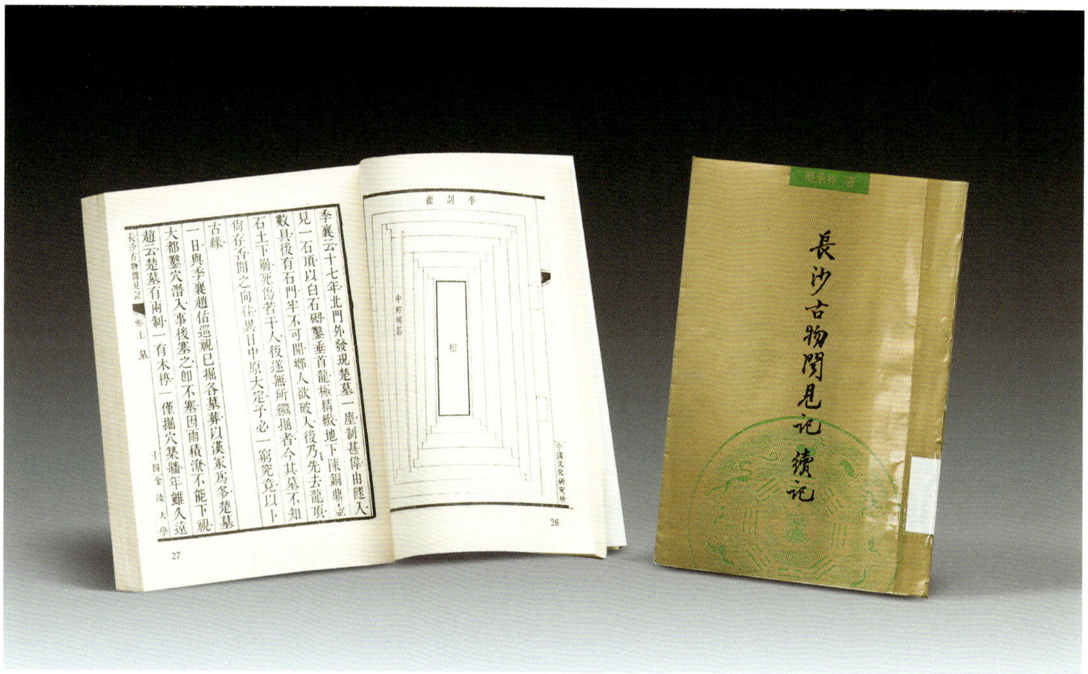

至今未归的楚帛书

楚帛书又名“晚周缯书”，是迄今为止我国出土年代最早的帛书，是先秦时期唯一留存至今的帛文资料。1942年，楚帛书在长沙识字岭子弹库经盗掘出土。湘籍古董商蔡季襄购得之后十分珍视，细心将其装裱修复，于1944年写成《晚周缯书考证》并刊印成书，引起轰动。1946年，楚帛书流失美国。

1951年1月中南区文化部致湖南省政府《严禁盗掘长沙古墓》函

地面古迹应有妥善的保护，地下遗存应待科学的发掘，此为我中央人民政府保护文化遗产的基本政策。查长沙近郊，年来发现古墓多处，大都为战国至汉之遗址，遗存极丰，并多珍贵。因之商贩外人，趋之若鹜，勾结土霸地主从事大规模的盗掘。搜罗所得，不仅制作精美，且保存完好，**其中尤以绢质晚周缯书一件，上有文五百余字，为考古发掘中罕见之物，亦中国最古之墨迹。**其他如铜器之簋、壶、尊、鼎等，亦是与寿县出土楚器先后媲美。至遗存之多，即铜镜、铜剑、漆器、环璧、木俑等每种数量恒以百计。其他如琉璃、琥珀雕刻、丝帛、竹席之类，亦不在少数。此类古物，或由商贾贩卖，或为外人收购，大都流出国外，一九四七、四八年间，经广州出口者，每年常在千件以上，如是者，十年如一日。反动政府视若无睹，官商地主从中牟利，缉私海关乘机分肥，明张盗掘，破坏文化，数十年来，莫此为甚。我中央人民政府三令五申保护各地文物古迹，对文化遗产之重视，还逾前代，故今后长沙古墓、遗址不容再有损失，自无待言。你府职责所在，对于中央人民政府政令，谅已严格执行。除对于古墓及附近一带地区，暂时绝对禁止任何挖掘外，以待将来清理，并嘱交通检查机关加紧注意古物运出，调查出土古物之在商贩手中者，及私人收藏者，以便收集。此为贯彻我中央人民政府保护文物政策的基本条件，想你府必表同意。

《长沙近十余年来出土的古物》报道

该文是第一篇关于长沙古物的报道，由钱无咎发表在1951年3月3日《光明日报》第6版上。

長沙近十餘年來出土的古物

錢无咎

（一）

古物有熟坑生坑兩種，熟坑的古物，出土經過數十百年以上，或從來未曾入土，僞品甚多，很難得旁證。生坑的古物，是最近出土的，證據充分，眞僞可以立辨，一鱗一爪，常爲考古學家所重視。

長沙在春秋戰國時代，是楚國的疆域，一代大詩人屈原，放逐在沅湘流域，雖寫了一篇大著作「離騷」，但只寫了一些風物情況，對於文化遺產，沒有甚麼記載。直到西漢初年，吳芮和定王發先後在此處建都，五代十國時馬殷又據此地稱楚王，文化水準就從此提高了。

三十幾年前，美帝以傳教方式在長沙東門外近郊地方，買了幾塊荒山，建立聖經學院，大興土木，發現定王母妃的墓冢，發掘了大批銅器，多是殉葬的物品，據當時牧師葛慕光夥同美帝教會代表盜賣出國。這是長沙近郊發現古物的初期。

（二）

抗日戰爭前五六年以內，因修路和營建的關係，在長沙東南北城近郊一帶，常發現晚周、秦、漢、六朝、唐、宋時代的古墓，中藏漆、木、金、銀、玉、石、銅、鐵、瓷、陶等器很多，都是殉葬的明器。單就出土先秦古物的文字花紋看來，據前中央研究院李濟、董作賓、梁思成、思永等的研究，是與安徽壽縣楚墓中的古物作風相同，可見長沙當時雖是楚國的邊疆，它的文化之高，也很足驚人。商承祚所著「長沙古物聞見記」一書，可資考證。只是當時反動政府，不知保護，多爲古玩商人所收買，輾轉流出國外，眞是令人痛恨。

茲就我所見到的古物種類，一一寫在後面：

一、漆器——漆奩 高約三公寸，直徑約二公寸，黑底紅花，上有人物車馬圖形，非常生動。漆盤 直徑約二公寸，黑底紅花。漆盒 大小不一，多是黑底紅花。羽觴 直徑約一公寸，橢圓形，旁有兩耳，有黑底紅花，也有紅底黑花的。前長沙孤兒院藏有兩枚，聞尚保存在院中。以上漆器都是晚周墓中所發掘的。

二、木器——木俑，分立體平面兩種，面上的鬚眉眼睛，都是用毛筆畫的，由此可證毛筆的發明，尚在蒙恬以前。男俑多是武士裝束；女俑腦後垂有髮髻，面上搽有脂粉；有長袖者，多爲舞俑。長沙出土木俑，前後發現千餘枚，多半損壞，所見最完整精工者，有男女兩俑，爲出土木俑之冠，抗戰前，已爲商賈盜賣，運往紐約，我藏有照片一張。此外尚有社神、木虎、木鼈等物，也都是晚周墓中所出的。

三、金器——凡銅鐵玉石諸器，埋在土中，經過若干年代，實質與形式上，多少要起變化。在長沙出土的金器，只有小印和戒指兩種，多是漢墓中發掘出來的。戒指式樣與現代的相同。上面刻字的很少，我藏有一枚，上刻「日利」兩字古文。「日」字與唐武曌，所造新字筆法相同，但字體作方形，可見武曌造字，也有所本，不盡是獨出心裁。

四、銀器——出土銀器，各代都有，漢墓多出小印和戒指。文字多是隸書，字頗精工。銀質戒指比金質戒指大，首飾和泉幣，間或也有出土，表面多呈灰黑色。

五、玉器和料器——玉器多是璧和帶鉤，璧有白色黃色碧色數種；帶鉤只有雞骨白色一種。上面都有花紋。璧紋多成穀粒形，帶鉤紋多成螭形。玉佩和玉豚間或也有出土。我所看見的一枚玉佩，長約一公寸，闊約三分之一公寸，上刻兩螭形，栩栩欲活，巧奪天工，色作雞骨白。爲長沙柳氏所藏，抗戰時，此物幾爲估人運往廣州出口，柳氏聞訊，附車追至衡陽，以數百銀元購回。其餘各小件，如口塞鼻塞耳塞小印等很多，不能盡記，時代在晚周兩漢都有出土。料器中以料珠爲最珍貴，多出周墓中，大的如鴿蛋，小的如雀蛋，爲正圓形，上嵌松石，體透明，藍褐色。簪子形的料首飾，出土也不少。琉璃瑪瑙，各種小件頭也很多。我藏有一枚綠色琉璃穀璧，直徑約一公寸許，很厚，可惜破作三塊，但花紋體質，並未損壞，可作漢代古器的考證資料。

六、石器——石器多穀璧，花紋有一面的，有兩面的。比玉璧略大，直徑約兩公寸，體多透明，出土的多秦漢時物。小石方印也不少，上面多刻地方官名，字作隸書，很方整，其餘各種明器，也多有發現。

七、銅器——銅鏡最多，晚周秦漢六朝唐宋各代的都有。周鏡花紋多，字絕少，花紋作蟠龍形和山字形，直徑大的約二公寸許，小的約一公寸許，光作黑漆古，或土色，質很薄，容易破損。秦鏡花紋文字俱有，光澤不佳。漢鏡文字多，花紋少，字體篆少隸多，比周鏡大而厚。東漢鏡的花紋，有獅馬葡萄形的，有仙女生兩翅的，有奇形獸面的，和西方天使相似。那時已與羅馬交通，大約是受了西方藝術的影響。六朝鏡，字多楷書，詞意佳妙。唐鏡大而無字，花紋亦少，但光澤很好。宋明鏡粗劣不足觀。鼎彝尊敦各器，花紋多，文字少。兵器多戈矛刀劍，間有嵌金銀絲的，周漢兩代的出土最多，上面鑄少文字。小印篆隸文俱有，但多臉文。泉幣多半兩、五銖、貨布、大錢五十等普通品。宋錢最多。兩年前，曾見出土銅節一品，長約兩公寸，闊約三分之一公寸，光作綠色，上刻文字，與阮氏鐘鼎款識上文字相同，的是周物，今歸長沙柳氏處。漢尺也常有出土，每尺約合今市尺六寸四分。

八、鐵器——刀劍戈矛，所在多有，但銹蝕不堪。泉幣有「乾封泉寶」「天策府寶」和「保大元寶」三種，乾封泉寶背紋有「天」字「策」字「天府」兩字，有大小兩種，都是馬殷所鑄。

九、瓷器——多碗碟盆等物，漢唐宋各代的都有。漢瓷釉爲米色，質甚堅。唐瓷釉爲黃色，彩色很少。宋瓷有雨過天青白色兩種，花紋很精巧，所謂「明如鏡，薄如紙，聲如磬」，宋瓷多具備，但體質不及漢唐瓷的堅固。

十、陶器——鼎彝尊敦出土最多，周器是灰黑色，上嵌銀皮，或畫紅色花紋，內有獸骨和果核，質甚鬆。漢陶釉作紅黃色或米色，間有金銀釉和玻璃釉，內裝穀，質甚堅固。六朝和唐陶，釉多黃色，三彩者絕少。冥屋和豬圈只漢代才有，冥屋沒有釉彩，簡單的建築圖樣多刻在本屋的外牆上面，可供今日研究古代建築的資料。屋內有雞犬豬等家畜，另外還有農夫農婦，從事舂米的勞作。

此外，在長沙東郊出土的還有繒書和帛畫兩幅，爲近數十年來全國出土最有價值之珍品。繒書是用毛筆寫在繒上的，文字奇古。帛畫是用毛筆畫在帛上的，筆致精妙，已有專書記載，在此不再贅述。

（三）

長沙近郊古墓，十餘年來，因修路和營建的結果，進行了無系統不科學的發掘，古物已受莫大的損失，解放後，長沙市政府去年夏天在城北郊外，發動開荒工作和建築房屋，這些地方，大部是古墓集中所在，墓冢埋在地下，又無碑石標識，無形中常被殃及，若不及早處置，將來古墓蕩然，坐令千載一時脫穎而出的楚南古代文化遺產，終致曇花一現，豈不可惜。我是長沙人民的一分子，又性好考古，不甘含默，所以不惜瀆費篇幅，一一讀寫出來，期望當世考古學家的採納。

一九五一年一月二十日於北京西苑

“天团”莅临

1951年，原中国科学院考古研究所派出由夏鼐、安志敏、王伯洪、石兴邦、王仲殊、陈公柔、钟少林组成的考古工作队进驻长沙，开展配合基本建设的考古工作，夏鼐担任队长。这一组合，堪称中国现代考古史上的“天团”。此外，南京博物院宋伯胤、王文林和湖南省博物馆的程鹤轩等人也参加了此次发掘。

伍家岭田野考古发掘现场

夏　鼐（1910—1985）

字作铭，浙江温州人，考古学家、社会活动家，新中国考古工作的主要指导者和组织者，中国现代考古学的奠基人之一，中国科学院院士。主持并参加河南辉县商代遗址、北京明定陵、长沙马王堆汉墓的挖掘工作。利用中国科学院考古研究所实验室测定的大量放射性碳素断代年代数据，写成《碳—14 测定年代和中国史前考古学》一文，对中国各地新石器时代文化的年代序列作了全面、系统的研究，得出相当可靠的结论。创造性地利用考古学的资料和方法阐明中国古代在科技方面的卓越成就，并对当时中西交通的路线提出创见。

王伯洪（？—1974）

原为地下党员，中国科学院考古研究所创始人之一。1951 年随夏鼐进行长沙近郊发掘，1951 年起开拓丰镐地区的田野考古工作，为首任丰镐队队长，主持编著《沣西发掘报告》。1955 年 2 月带队前往湖北进行考古学调查，发现石家河遗址，并在石龙过江水库干渠多地主持发掘，拉开了屈家岭遗址考古研究的序幕。

陈公柔（1919—2004）

辽宁沈阳人，中国社会科学院考古研究所著名学者、殷周金文研究专家。参加长沙近郊古墓的发掘，并执笔撰写《长沙发掘报告》“战国墓葬”部分。继而参加白沙水库区古墓的发掘，撰有《河南禹县白沙的战国墓葬》等文。进行东周“王城”遗址等勘查发掘，并参与撰写《洛阳发掘报告》。参与整理马衡遗稿《汉石经集存》、陈梦家遗著《汉简缀述》《西周铜器断代》《殷周金文集成》等，编撰《居延汉简甲乙编》，成绩卓著。

安志敏（1924—2005）

考古学家，师从裴文中、梁思永、夏鼐等。曾任中国社会科学院考古研究所研究员、副所长、第一研究室主任、《考古》杂志主编、研究生院院务委员兼考古系主任等职，并任中国考古学会常务理事、中国史学会理事、文化部国家文物委员会委员等，1985 年当选德意志考古研究所通讯院士。

石兴邦（1923—2022）

陕西省耀县（今属铜川耀州区）人，考古学家。曾任陕西省社会科学院副院长及省考古研究所研究员、所长等职，并被选为中国考古学会理事、陕西省考古学会副会长。

王仲殊（1925—2015）

著名考古学家，曾任中国社会科学院考古研究所所长。研究领域主要为中国汉唐时代考古学，兼及日本考古学和日本古代史，在国际学术界享有盛誉。2006 年受聘为中国社会科学院荣誉学部委员。

第一单元
楚汉钩沉 名城重光

Early Excavations during the Spring and Autumn Period and the Han Dynasty

新中国成立后，全国掀起社会主义建设高潮，中国考古学迎来了学科发展的历史机遇。在“天团”的带领下，长沙考古的拓荒者们大刀阔斧，披荆斩棘，开启了长沙科学考古新纪元。长沙本地考古队伍从无到有，吸纳和培养了一批专业人才，不断成长，配合长沙城市建设开展大量抢救性考古发掘工作。七十年来的考古发掘，再现了长沙楚汉时期灿烂的地方文明。一系列重要楚墓、马王堆汉墓和汉王陵的发掘，揭示了长沙楚汉名城深刻的文化内涵，使长沙古城在中华文明的历史星空里熠熠生辉。

巨擘开篇

1951年10月18日，“天团”正式开展考古发掘工作。在其后短短3个多月的时间里，工作队共发掘墓葬162座，出土了一批具有重要历史研究价值的文物。此次发掘系我国南方地区第一次大规模的正式考古发掘，建立了楚汉墓葬的考古学年代标尺，对长沙地区楚汉墓葬的文化内涵有了初步的认识，培养了一批本地考古队伍，为日后长沙乃至湖南地区的考古工作奠定了基础。

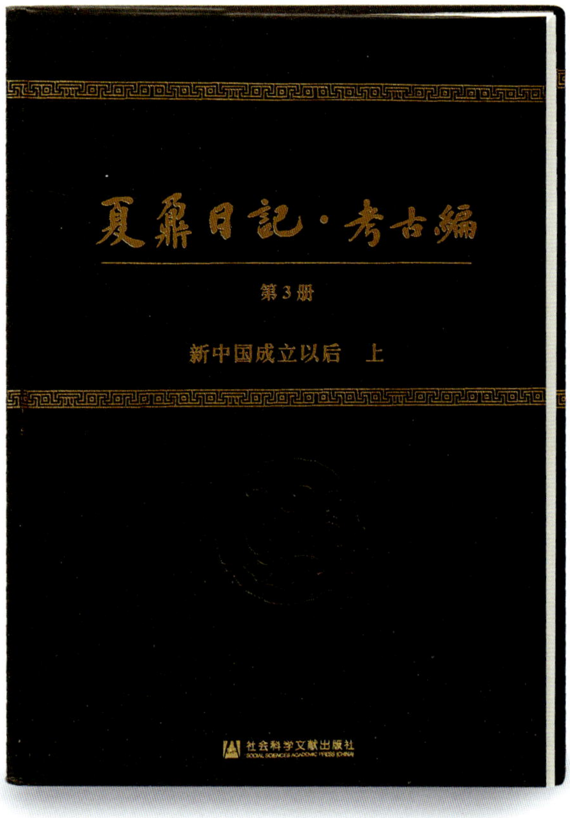

《夏鼐日记》节选

1951年11月8日

今日天气放晴，上午开始测绘子弹库工地草图（2000分之一）。M313仍在继续起土，**土夫子谢丙（少初）加入我团工作。**找到M314，为一小坑，出陶器（鬲、碗、带盖罐）。下午，余赴伍家岭工地一观，M207已全部清理，为东西向之小坑，木椁之底及四周尚保存，木棺仅剩底部，空无一物，北侧壁上有一小龛，放置木匣，中盛陶器（二壶、二鼎、二豆等）及漆器，后者保存不佳，有T字纹铜镜一件。M202已清理完毕，出“日而夫而象而光而明”铜镜，二铜壶，一石璧，漆器残片及陶器多件。M203已露木椁，以粗木为之，露出陶器、泥金饼等。其北百余米又发现一墓，乃昨日下雨时，窑厂工人所作，闻共掘二墓，此尚未到底，吾人乃接收过来做。粮食仓库窑厂，今时已停工过冬，其他各厂亦将陆续停工，**冬季盗掘之风恐又蜂起矣。**

考古工作队在长沙开展的发掘主要集中在陈家大山、伍家岭、识字岭、五里牌与徐家湾四处。陈家大山区的墓葬编号从101号起，伍家岭区的墓葬编号从201起，识字岭区的墓葬编号从301起，五里牌与徐家湾区的墓葬编号从401起。共发掘墓葬162座，其中战国至西汉前期的墓葬100座，西汉后期至东汉墓葬45座，唐宋墓葬15座，时代不明的2座。

长沙近郊发掘点示意图

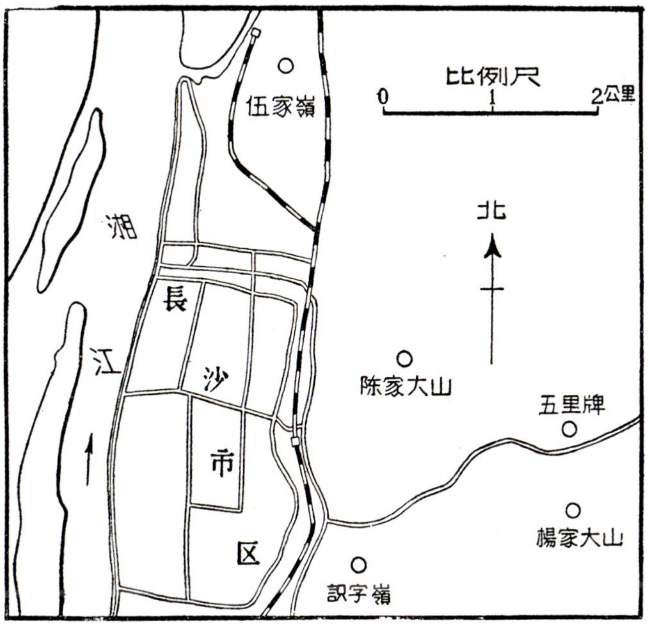

双面云纹青玉璧

战国（前475—前221）
通径6、好（孔）径2.2、厚0.5厘米
1951—1952年长沙陈家大山125号墓出土
中国国家博物馆藏，1959年中国社会科学院考古研究所拨

玉璧呈扁圆形，材质属硬玉类，晶莹无杂质，呈墨绿色，打磨十分光滑。用尖刃器在“肉”及“好”的边缘处各刻划弦纹一周，在两圈弦纹之内阴刻卷云纹，双面纹饰一致。这类玉璧在此次考古发掘的战国墓葬中共出土4件，均位于墓主人头部附近。此为玉质较好、做工较精致的一件。

涡纹滑石璧

西汉（前 202—8）
直径 17.5 、厚 0.9 厘米
1951 年长沙五里牌及徐家湾 407 号墓出土
中国国家博物馆藏，1959 年中国社会科学院考古研究所拨

滑石质，璧呈扁圆形，打磨光滑，薄厚稍有不均。正面在“肉”及“好”的边缘处各减地一周，形成两个窄圈，之间阴刻涡纹，背面光素无纹。

涡纹石璧

战国（前 475—前 221）
直径 13.7 厘米
1951 年长沙五里牌 406 号墓出土
中国国家博物馆藏，1959 年中国社会科学院考古研究所拨

石质，璧呈扁圆形，薄厚稍有不均，表面有大面积的黄褐色沁斑，边缘有残缺。在“肉”及“好”的边缘处各划弦纹一周，在两周弦纹之间阴刻涡纹，两面纹饰相同。玉璧最早出现于新石器时代晚期，是礼天之物，以良渚文化最为多见。以苍璧礼天、以黄琮礼地的理念为历代所遵循。良渚文化墓葬中，亦见以玉璧和玉琮环绕、垫、压尸身的现象，玉璧、玉琮也具有了殓尸的功能，后代将这一功能延续，而祭祀、礼天的含义逐渐淡化。此次考古发掘的战国及汉代墓葬中玉璧及石璧比较多见，一般一墓一件，放置在墓主人头部附近，也有个别墓葬出土多块，如 406 号墓共出土 6 件，这些璧类文物中石质数量多于玉质，应是专门为埋葬而制作的明器。

铜铺首

战国（前 475—前 221）
通长 19.5 厘米
1951—1952 年长沙识字岭 315 号墓出土
中国国家博物馆藏，1959 年中国社会科学院考古研究所拨

铜铺首由两个饕餮面组成，上下对接，中衔大铜环。铺首的纹饰较为精致，饕餮眉目清晰生动，地饰鳞纹。出土时，铺首的位置在有朱绘的黑漆痕上面，原来可能钉在棺盖上，具有装饰作用，也可能是运送棺椁或下葬时方便抬棺的构件。春秋战国时期，铺首衔环的图像模式趋于稳定，为此后历代所承袭。

嵌绿松石铜剑

战国（前 475—前 221）
通长 51.6 厘米
1951 年长沙识字岭 340 号墓出土
中国国家博物馆藏，1959 年中国社会科学院考古研究所拨

此剑形制属于长沙出土战国时期铜剑中最多见的，剑首圆形，茎呈椭圆的柱形，上有两周凸起的圆箍，有腊，隆脊有棱。剑首、茎、腊及茎上凸起的两圆箍上，都刻镂花纹，并镶嵌绿松石，装饰精美。

句鑃

战国（前 475—前 221）
通高 26.5、口径 5.9、柄长 13.9、柄径 1.8 厘米
1951 年长沙识字岭 322 号墓出土
中国国家博物馆藏，1959 年中国社会科学院考古研究所拨

体腔短阔，素面，外张程度较大，口内凹较深。实心柄在下面正中，长度与腔体接近，呈六棱形。《长沙发掘报告》中名为“铜铎”。出土青铜乐器有自名为“句鑃”者，如浙江武康出土的其次句鑃、江苏常熟翼京门外出土的姑冯句鑃等，形制与用法似钲，腔体体型较狭长，亦有较长之柄，可手执其柄击之发声，用途为祭祀或宴享的乐器。现公布的句鑃多为春秋晚期至战国时期南方诸国之器。

“厓商”铜印

战国（前 475—前 221）
长 1.1、宽 1.1、高 0.9 厘米
1951—1952 年长沙伍家岭 260 号墓出土
中国国家博物馆藏，1959 年中国社会科学院考古研究所拨

印身覆斗形，刻横线装饰，桥纽。铜印篆书阴刻横文“厓商”二字，字体瘦长，风格峻秀。“厓”，古文从火从土通用，《说文》：“厓，古文厚，从后土。”

“刘骄”龟纽银印

西汉（前 202—8）
长 1.8、宽 1.8、高 1.3 厘米
1951—1952 长沙五里牌及徐家湾 401 号墓出土
中国国家博物馆藏，1959 年中国社会科学院考古研究所拨

正方形，龟纽，龟纽头部与文字方向一致，印面刻阳文“刘骄”二字。银印出土于 401 号墓的主室中，刘骄当系墓主人姓名。此墓西南方 20 米附近发现一座同时期墓葬，墓中所出漆盘有“杨主家般”及“今长沙王后家般”字样。刘骄墓所出漆盘残片上亦书有“杨主家般”，二者字体完全一样。因此，刘骄与长沙王后当属同一家系，且墓的规模如此庞大，墓主人也有可能属于长沙王族。

鸡血石珠与玉髓环

西汉（前 202—8）
直径 6、厚 1.6 厘米
1951—1952 年长沙五里牌及徐家湾 401 号墓出土
中国国家博物馆藏，1959 年中国社会科学院考古研究所拨

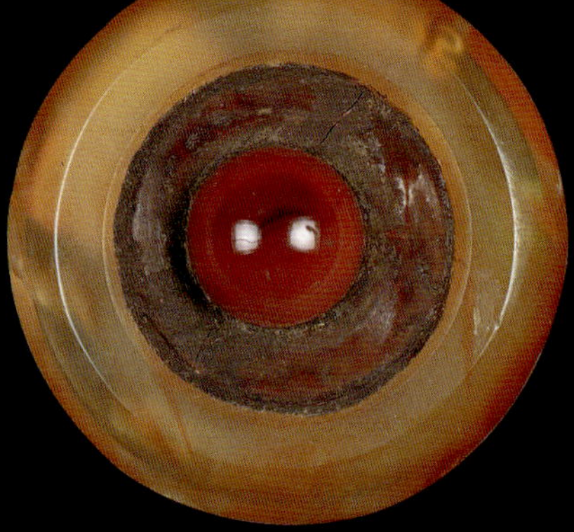

最外围为玉髓环，浅黄色，透明，圆形，断面为不等边的六角形。中间为皮质圆形的薄片，皮上涂棕色漆。内环为红色半透明半球状鸡血石珠，有一穿孔，黏合于皮质薄片上。鸡血石珠和所附皮质薄片粘在玉髓环的孔上。

玉琀

西汉（前 202—8）
长 4.4 、宽 2.7 厘米
1951—1952 年长沙伍家岭 217 号墓出土
中国国家博物馆藏，1959 年中国社会科学院考古研究所拨

白色，无光泽。正面呈弧形略有突起，有阴刻细线表示蝉的眼睛和翅膀；反面平齐，也有阴刻的线纹，以线纹表现蝉的腹部。汉侍中以蝉为冠饰，取其居高食露、清洁可贵之意。东汉王充所作的《论衡·无形篇》中提到“蛴螬化为复育，复育转而为蝉”，所以蝉形的器物可能还有象征死而复生的意思。

滑石碗

西汉（前 202—8）
高 3.9、口径 13.4、底径 7.1 厘米
1951—1952 年长沙陈家大山 109 号墓出土
中国国家博物馆藏，1959 年中国社会科学院考古研究所拨

广口、方唇，圆弧形腹壁，平底。系用整块石料雕刻而成。西汉为滑石器使用的高峰期，两湖、两广、江西等地广泛使用滑石器陪葬，其中湖南地区出土滑石器数量最多、品种最丰富。

玉剑璏

西汉（前 202—8）
长 8.1、宽 2.4、厚 1.6 厘米
1951 年长沙伍家岭 240 号墓出土
中国国家博物馆藏，1959 年中国社会科学院考古研究所拨

白色，无光泽，边缘有土沁。平面呈长方形，剖面略呈弧形，两端向下卷曲。正面主体纹饰，前端为多须的兽面，后面连接若干组涡卷纹。纹样轮廓系阳刻，表面的胡须、菱形等为细线雕刻。背面附一长方形銎套，尚有锈迹。《说文》载，璏，剑鼻玉也。《汉书·王莽传》："后莽疾，（孔）休候之，莽缘恩意，进其玉具宝剑，欲以为好。休不肯受。莽因曰：'诚见君面有瘢，美玉可以灭瘢，欲献其瑑耳。'即解其瑑。"其后注："服虔曰：'瑑，音卫。'苏林曰：'剑鼻也。'（颜）师古曰：'瑑字本作璏，从王，彘声，后转写者讹也。'"孙机先生《玉具剑与璏式佩剑法》对此类器物进行了详细研究。

南楚探源

继1951—1952年长沙发掘之后，考古人员在长沙陆续发掘了大量楚墓，出土了一大批器物，较为全面地反映了春秋战国时期重镇长沙的政治、经济、文化面貌，引起了学术界的广泛关注，掀起了楚文化的研究热潮，取得了丰硕成果。楚文化内涵得以基本明确，楚墓年代学初步建立，楚墓分期和分类更深入和细致。1981年，楚文化研究会在长沙成立。学术界在楚文化区域，楚典型器物及其形态演变，楚文化渊源，楚国社会关系、物质生产水平、精神文化等方面进行了深入研究，证实长沙不仅是南楚军事重镇、粮食基地，也是楚国商业重镇。

长沙发掘重要楚墓一览表

发掘时间	墓葬	年代	墓葬形制及棺椁	礼器组合	重要出土器物
1953年	左家公山M15	战国晚期	带墓道长方形竖穴土坑墓，一椁一棺带头、左二边厢。	鼎、敦、壶、盉、盘、匜	毛笔、铜削、砝码、皮甲
1953年	仰天湖M25	战国中期	带墓道长方形竖穴土坑墓，二椁二棺带左、右、足三边厢。	鼎、敦、壶	
1954年	杨家湾M6	战国晚期	带墓道长方形竖穴土坑墓，一椁一棺带左、右、足三边厢。	鼎、盒、盘、匜	木俑50件、竹简72件
1958年	烈士公园M3	战国中期	带墓道长方形竖穴土坑墓，一椁一棺带头、左二边厢。		铭文漆奁、龙凤纹刺绣
1971年	浏城桥M1	春秋战国之际	带墓道长方形竖穴土坑墓，一椁二棺带头、左、足三边厢。	鬲、鼎、敦、壶、簠 簋、豆、盘、匜、盉、鉴	云纹漆几、兵器100余件
1973年	子弹库M1	战国中期	带墓道长方形竖穴土坑墓，一椁二棺带头、北二边厢。	鼎、敦、壶	人物御龙帛画
1976年	杨家山M65	春秋晚期	狭长方形竖穴土坑墓，带头龛。	鬲、钵、罐	钢剑、铁鼎
1980年	五里牌M3	战国中期	长方形竖穴土坑墓，一椁一棺有左、右二边厢。	鼎、敦、壶、钫、匜 豆、盘、勺	单口铭文铜戈、漆虎子
1986年	荷花池M1	战国中期	带墓道长方形竖穴土坑墓，二椁二棺带头、左、足三边厢。	鼎、敦、壶、豆、盉 浴、缶	竹弓、漆皮甲
1991年	马益顺巷M1	战国中期	带墓道长方形竖穴土坑墓，一椁二棺带头、左、右三边厢。	鼎、敦、壶、盉、簋、尊、缶（陶） 鼎、敦、壶、盘、匜、勺（铜）	漆案俎几、蜻蜓眼琉璃珠
1996年	茅亭子M1	战国中期	长方形竖穴土坑墓，一椁一棺带四边厢。	鼎、敦、壶、豆、盘 匜、勺、盉	虎座凤鸟鼓架
2002年	三公里M1	战国中期	长方形竖穴土坑墓，二椁二棺带四边厢。	鼎、簋、缶、豆 鼎、敦、壶、盉、勺	制简工具、菱形纹铜矛

长沙发掘楚墓分布位置图

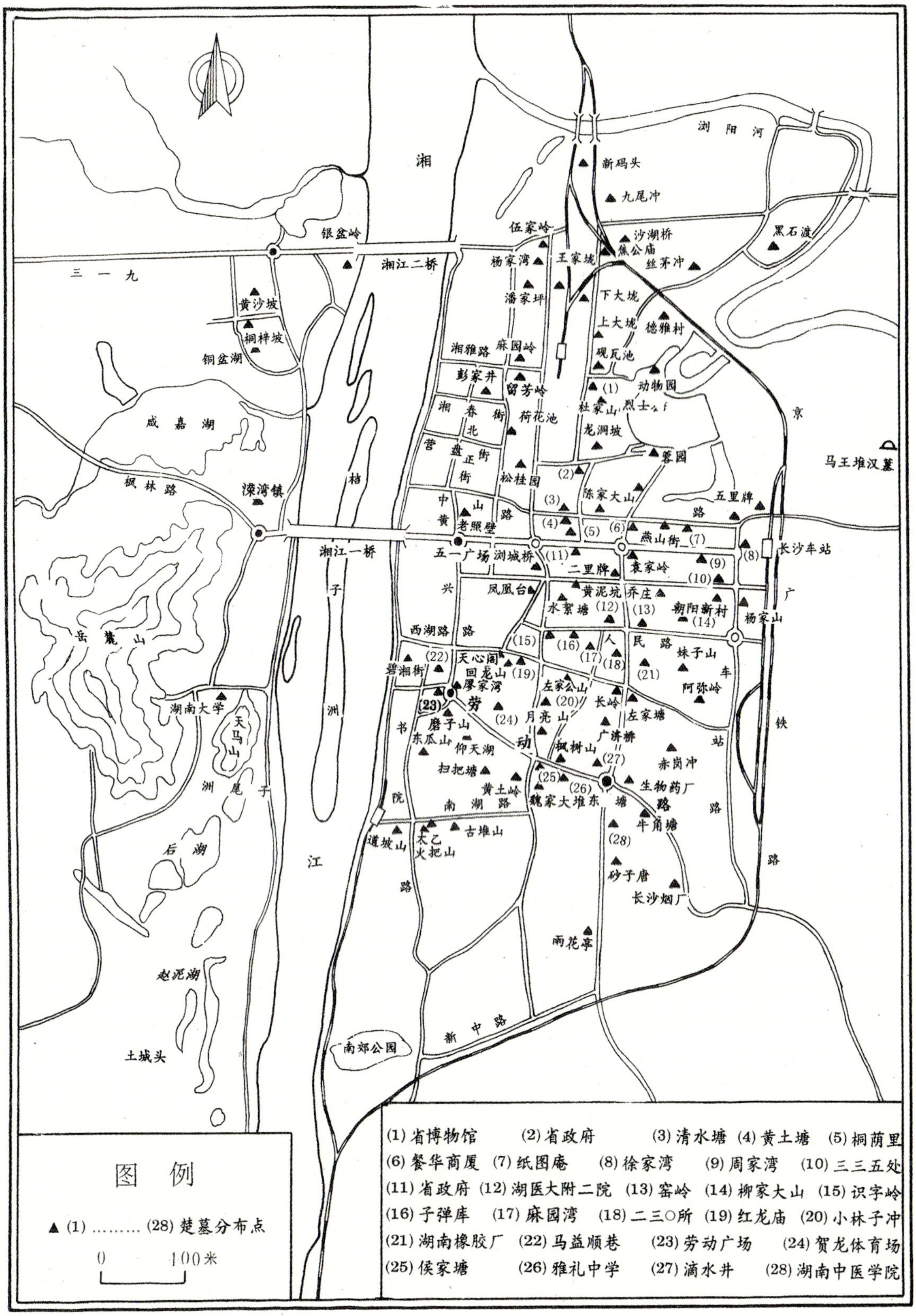

1971 年浏城桥 1 号墓

1971 年 2 月，湖南省博物馆为配合长沙市工程建设，发掘浏城桥 1 号墓，这是马王堆汉墓之前长沙发现的规模最大、器物保存最完好的古墓葬。从墓葬形制和出土器物分析，该墓时代为春秋战国之交，出土器物众多，包含陶礼器、漆木器、兵器、车马器、乐器等。其中，兵器总数达 100 余件。推测墓主人应为当时长沙最高军政长官。

浏城桥 1 号墓随葬器物分布平面图

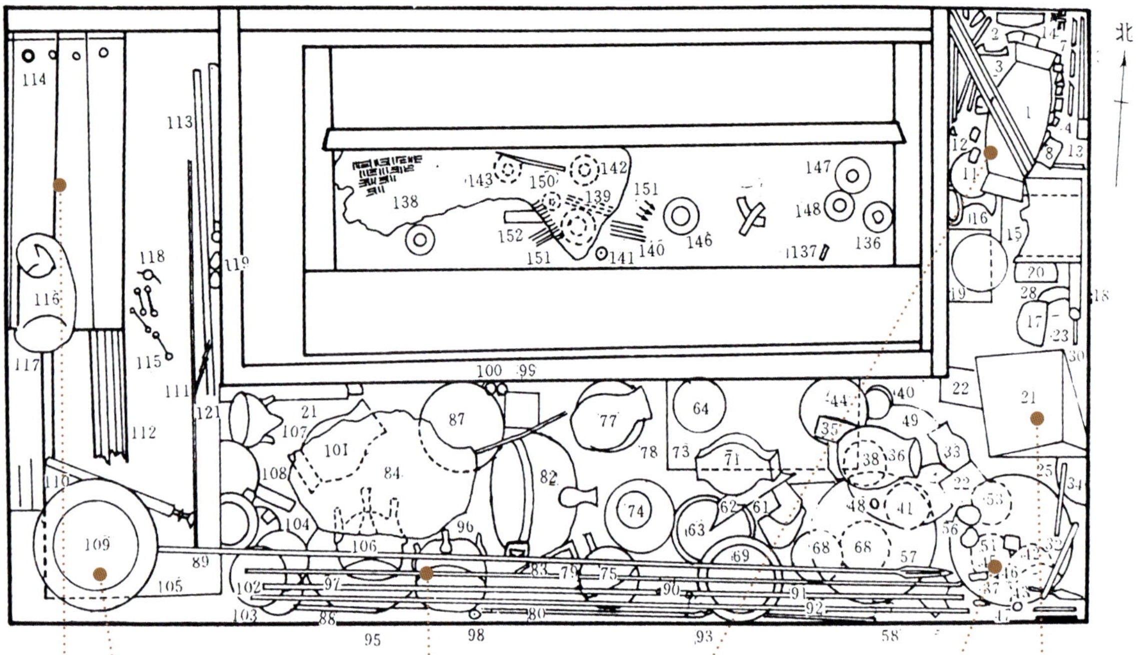

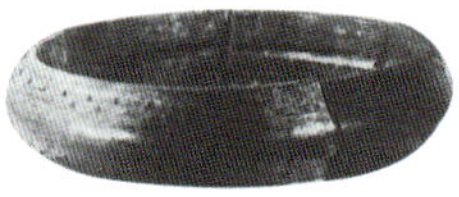

大鼓

云纹漆几

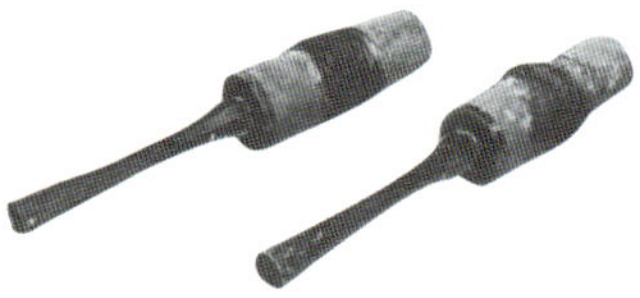

绕线棒

木瑟

木仪仗

镇墓兽

1973年子弹库1号墓

1973年5月，考古工作者在长沙市城东南子弹库（现湖南林业勘查设计院内）发掘了一座战国木椁墓。该墓曾于1942年被盗，出土著名的“晚周缯书”和漆器、木俑、兵器等。此次发掘，进一步明确了南楚墓葬形制、棺椁结构，出土一批重要文物，尤其重要的是出土了《人物御龙帛画》。

笭床出土现场

内棺出土现场

人物御龙帛画

1976 年杨家山 65 号墓

1976 年 4 月，考古工作者在长沙市杨家山原长沙酱厂附近发掘了一座春秋晚期墓葬土坑竖穴墓，出土钢剑、铁鼎形器、铁削、陶鬲、陶钵、陶罐等。钢剑表面氧化，剑身经反复锻打，经金相鉴定，为含有球状碳化物的碳钢。这把钢剑的出土，将我国碳钢出现的时间从战国中晚期推到了春秋晚期，是我国冶金史上极为重要的发现。

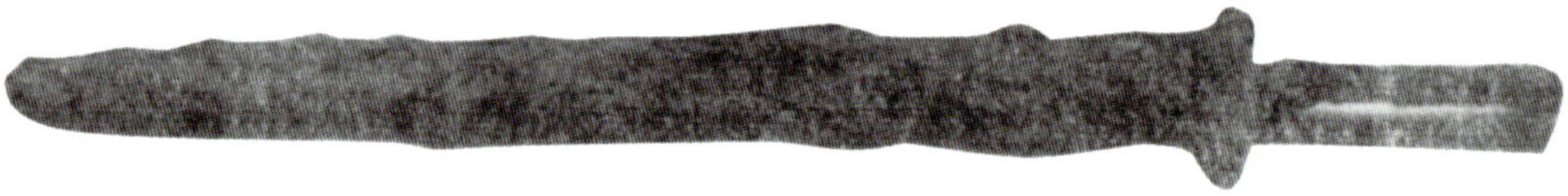

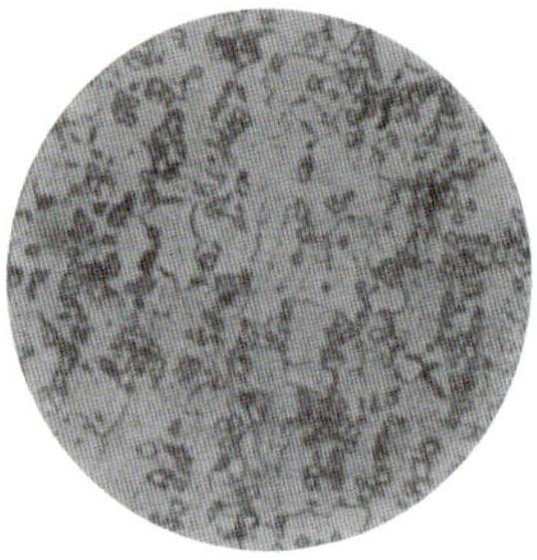

钢剑及其金相（×800）

1981 年楚文化研究大会于长沙成立

楚文化研究会成立大会于 1981 年 6 月 8 日至 13 日在长沙召开。参加大会的有河南、湖北、湖南、安徽四省楚文化研究学者代表三十六人。大会还特邀安志敏、顾铁符、俞伟超到会指导。经过充分讨论，大会通过了《楚文化研究会章程》，选举产生了理事会。

楚文化研究会成立大会与会人员合影

陶器一组（3件）

春秋（前770—前476）
①陶鬲：口径16.8、通高25.2厘米
②陶钵：口径17.2、高6.5厘米
③陶罐：口径11.5、通高18.5厘米
1976年长沙杨家山65号墓出土
湖南博物院藏

①　②　③

笭床

战国（前475—前221）
通长178、宽38、厚3.2厘米
1986年长沙燕山街出土
长沙博物馆藏

错银龙凤纹铜盒

战国（前 475—前 221）
通高 13.5、口径 18 厘米，重 1.587 千克
1985 年长沙长岭有机化工厂 7 号墓出土
长沙博物馆藏

容器。子母口，弧腹，圈足。盒盖隆起，顶部稍平，上立四兽形环纽。口沿外侧对称饰兽面纹衔环铺首。通体饰错银卷云纹、变体龙凤纹。纹饰精细繁缛，线条流畅，制作精良，体现了楚人高超的工艺水平。

1991 年马益顺巷 1 号墓

1991 年 12 月，在长沙市老城区南缘的马益顺巷，因基本建设打桩发现一座楚墓。随后长沙市文物工作队对该墓进行了清理。该墓虽因基建被扰动，但墓葬形制保存基本完整，墓口有一级台阶，葬具为一椁二棺，出土了铜礼器、仿铜陶礼器、漆木器、玉器、琉璃器等一批典型楚式器物。从墓葬形制及出土器物特征判断，墓主应为战国中期楚国下大夫级别贵族。

马益顺巷 1 号墓发掘照

内棺及棺盖上铺设的竹帘（东—西）

蜻蜓眼琉璃珠（5 件）

战国（前 475—前 221）
直径约 0.8 厘米
1993 年长沙五一路省政府工地出土
长沙市文物考古研究所藏

西方玻璃制品传入楚地，激发了楚人生产玻璃的热情。他们采用本地石英砂、重晶石、硝石等矿物来烧制玻璃，从而生产出在化学成分上与西方玻璃完全不同的铅钡玻璃。从目前楚文化考古发现可知，公元前 5—前 4 世纪，长沙的玻璃制造业盛极一时，甚至超过了楚国腹地郢都。除了直接模仿西方特色的蜻蜓眼琉璃珠，楚墓中出土的玻璃璧与剑饰，都是具有本土特色与创新性的玻璃制品。

1996 年茅亭子 1 号墓

1996 年初，在开福区茅亭子长沙市一医院门诊综合楼建设工地发现一座战国木椁墓。长沙市文物工作队对该墓进行了抢救性发掘。该墓为竖穴土坑木椁墓，葬具为一椁一棺，出土大量铜礼器、仿铜陶礼器及漆木器等特色鲜明的楚式器物。从墓葬形制及出土器物特征判断，该墓为战国中期楚国贵族墓葬。

茅亭子 1 号墓器物出土现场照

镇墓兽

漆剑椟

彩绘陶器一组（3 件）

战国（前 475—前 221）
①陶鼎：高 27.5、腹径 31 厘米
②陶壶：高 40.5、口径 13.7、腹径 28.7 厘米
③陶敦：高 33.7、口径 22.4、最大径 27.4 厘米
1996 年长沙茅亭子 1 号墓出土
长沙市文物考古研究所藏

① ② ③

铜器一组（4 件）

战国（前 475—前 221）
①铜鼎：高 21.4、口径 18.6、腹径 25.4 厘米
②铜壶：高 32.2、口径 9.6、腹径 20、圈足径 12 厘米
③铜壶：高 33、口径 9.5、腹径 20、圈足径 11.8 厘米
④铜敦：高 23.4、口径 19.8、底径 24.8 厘米
1996 年长沙茅亭子 1 号墓出土
长沙市文物考古研究所藏

① ② ③ ④

铜匜

战国（前 475—前 221）
通长 27.1、宽 21.8、高 10.2 厘米
1996 年长沙茅亭子 1 号墓出土
长沙市文物考古研究所藏

铜盆

战国（前 475—前 221）
口径 42.2、高 8.2 厘米
1996 年长沙茅亭子 1 号墓出土
长沙市文物考古研究所藏

鎏金铜勺（2 件）

战国（前 475—前 221）
通长 15.2 厘米
1996 年长沙茅亭子 1 号墓出土
长沙市文物考古研究所藏

2002 年三公里 1 号墓

2002 年 3 月，长沙市文物考古研究所在长沙市开福区营盘西路三公里路段发现一座木椁墓。该墓西距湘江约 3 公里，北与 1996 年发现的茅亭子楚墓相距约 60 米。2002 年 4—5 月，长沙市文物考古研究所对该墓进行抢救性发掘。该墓为竖穴土坑墓，残存两级台阶，葬具为两椁两棺，出土大量铜礼器、仿铜陶礼器、漆木器、玉器等典型楚式器物。从墓葬形制及出土器物特征判断，墓主应为战国中期楚国卿大夫级别贵族。

三公里 1 号墓出土制简工具（一组）

陶升鼎

战国（前 475—前 221）
口径 32、最大径 42.5、通高 30.4 厘米
2002 年长沙三公里 1 号墓出土
长沙市文物考古研究所藏

玉佩

战国（前 475—前 221）
长 7.9、宽 4.8 厘米
2002 年长沙三公里 1 号墓出土
长沙市文物考古研究所藏

镂空龙纹铜炭炉

战国（前 475—前 221）
高 11.2、口径 7.6 厘米
2002 年长沙三公里 1 号墓出土
长沙市文物考古研究所藏

镂空六叶三龙纹铜镜

战国（前 475—前 221）
直径 10.1 厘米
2002 年长沙三公里 1 号墓出土
长沙市文物考古研究所藏

长沙地区出土的楚式铜镜数量最多，形式丰富，纹样精美，发展脉络清晰，说明长沙应为战国时期楚国的铜镜铸造中心。楚式镜的出现，标志中国古代铜镜从稚朴走向成熟，代表中国古代铜镜发展的第一个高峰，折射出楚国青铜铸造的高超技艺。

六蛙纹铜铎

战国（前 475—前 221）
口径长 7.2、宽 8 厘米
2002 年长沙三公里 1 号墓出土
长沙市文物考古研究所藏

铜戈

战国（前475—前221）
长34、宽12.3厘米
2002年长沙三公里1号墓出土
长沙市文物考古研究所藏

菱格纹铜矛

战国（前475—前221）
长28、宽5.8厘米
2002年长沙三公里1号墓出土
长沙市文物考古研究所藏

兵器。整体呈柳叶形，中脊起棱，刃部狭长。骹口呈圆弧形，上部饰一兽头形穿鼻，内残存木柲。通体饰菱形暗格纹。

惊世发现

马王堆汉墓发掘是长沙考古的重要里程碑，在中国考古史上具有重要意义。周恩来总理亲自审定发掘和保护方案。马王堆汉墓出土文物丰富且种类繁多，历史学、考古学、医学、纺织学、地质学、药物学、动植物学等多学科专家联合对出土文物进行保护和研究，开创了我国文物保护与研究的新局面。马王堆汉墓及“千年女尸”的发现轰动中外，国内主流媒体以及境外160多个国家和地区媒体对发掘进行了报道，是当年世界十大新闻之一。至2022年，研究马王堆汉墓的境内外专家已达2900余人，相关专著达400余种，发表论文和文章5000余篇。马王堆汉墓研究超越国界，成为中国古代文化研究领域的一门显学。

马王堆汉墓群外景

马王堆汉墓群位于长沙远大路与中环路交汇之东北部，距小吴门约4公里，地处浏阳河第三级阶台地上，临近杨家山、张公岭、马坡岭等重要墓葬埋藏区。因形似马鞍，人称马鞍堆，后疑为五代马殷冢，改称马王堆，亦传为西汉长沙国定王刘发母亲程、唐二姬的“双女坟”。1952年，考古学家夏鼐先生率队对其进行了调查，确认是一处汉代家族墓群。

马王堆三座汉墓呈“品”字形分布，一号墓居东，二号墓居西，两墓并列，三号墓在一号墓正南。三座墓葬规模宏大，方向正北。其中一、三号墓形制基本相同，由封土堆、墓坑、墓道、墓室构成，墓坑周边有数层台阶。二号墓墓坑为椭圆形，无台阶。

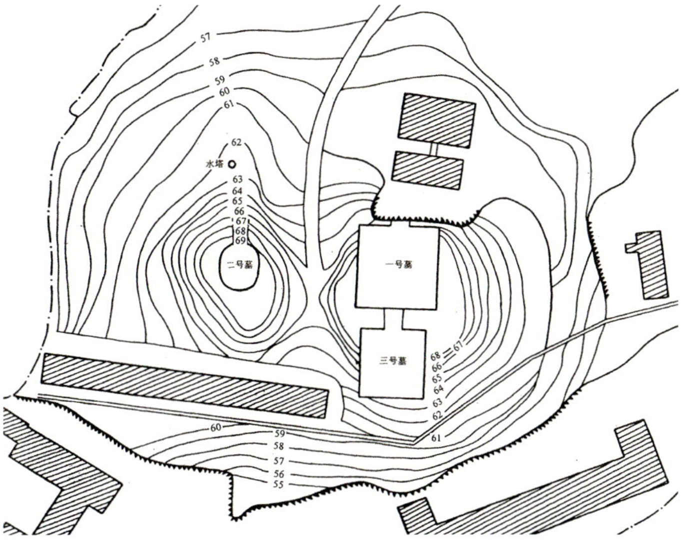

马王堆一、二、三号墓平面分布图

马王堆一号墓发掘现场

1972 年 1 月，为配合省军区地下医院工程建设，湖南省博物馆对马王堆一号墓进行了抢救性发掘。在长沙市部分机关、学校、工厂和驻长部队的支持下，4 月 18 日，发掘工作结束。

马王堆一号墓椁室结构及随葬器物出土情形

马王堆一号墓的木椁系目前湖南省考古发现的最大、保存最完整的古代木椁。木椁揭开后，大量光鲜如新的漆木器，成组的陶器、乐器、木俑，种类繁多的丝织品、竹木简牍以及写有“轪侯家”“轪侯家丞”的墨书题字和封泥等呈现在世人面前，出土文物多达 1000 余件。

考古人员提取马王堆器物

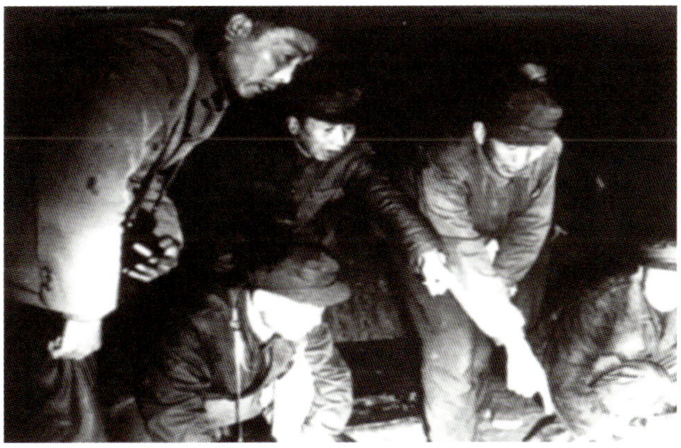

夏鼐指导马王堆发掘工作

印章（3 件）

西汉（前 202—8）
①“利苍”玉印：长宽均为 2、高 1.7 厘米
②“长沙丞相”铜印：长宽均为 2.2、高 1.5 厘米
③“轪侯之印”铜印：长宽均为 2.2、高 1.4 厘米
1974 年长沙马王堆 2 号墓出土
湖南博物院藏

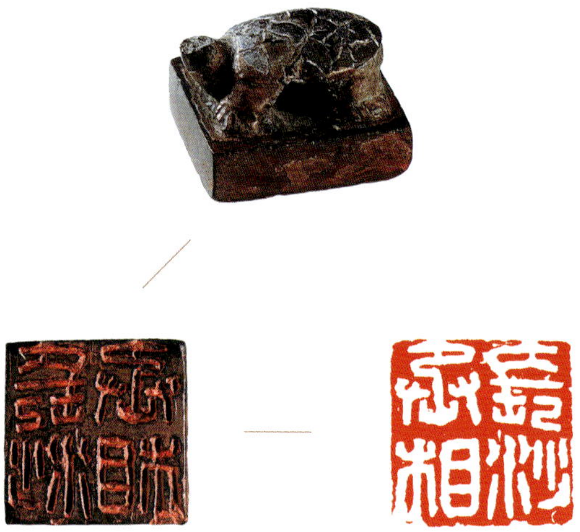

②

①

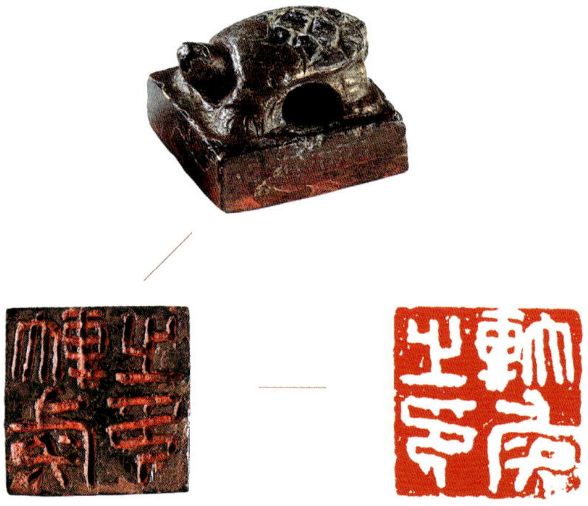

③

“利苍”玉印属私印，为墓主生前用物。“长沙丞相”铜印为墓主官印，是利苍生前任长沙国丞相的实证。“轪侯之印”铜印为墓主爵位印，轪侯封地在轪县（今河南光山县和罗山县之间，一说在今湖北浠水县兰溪镇），共传四代。武帝元封元年（前 110），末代轪侯、东海太守利秩因罪被废。两枚铜印皆为鎏金、龟纽，印文制作较粗糙，系明器。

云纹漆鼎

西汉（前 202—8）
通高 26.5、口径 22、腹径 26、足高 9.5 厘米
1972 年长沙马王堆 1 号墓出土
湖南博物院藏

该鼎黑漆为地，器身和器盖以朱红绘涡卷纹和方连纹组成的几何云纹，足部绘兽面纹。器底朱漆书“二斗”两字。汉制一升相当于今制 200 毫升，10 升为一斗，该鼎容量应为 2000 毫升，实测其容量与“二斗”基本相合。鼎是先秦时期贵族使用的重要礼器之一，用鼎数量的多少表明墓主身份等级的高低。

云纹漆钫

西汉（前 202—8）
通高 52、身高 42.5、腹径 23、盖高 10 厘米
1972 年长沙马王堆 1 号墓出土
湖南博物院藏

酒器，内髹红漆，外髹黑漆，上绘以波折纹及鸟头形纹组成的多种图案，外底朱漆书“石”字，经实测其容量为 19.5 升。器内残存酒类沉渣物。

漆耳杯

西汉（前 202—8）
长 18.3、宽 13.5、高 6.8 厘米
1972 年长沙马王堆 1 号墓出土
湖南博物院藏

漆耳杯是漆器中数量最多的器类，约占总数的一半。器形呈椭圆形，外附双耳，斫木胎制成。依漆书内容分为酒杯和食杯两类。酒杯上书“君幸酒”，食杯上书“君幸食”。酒杯根据容量又可分“四升酒杯”“一升酒杯”和小酒杯，除小酒杯外，均分别书记了容量。食杯则多书“一升”“半升”。“君幸酒”“君幸食”一般认为是劝酒、劝食之意。

卷云纹小漆盘

西汉（前 202—8）
径 17.9、高 2.7 厘米
1972 年长沙马王堆 1 号墓出土
湖南博物院藏

盘内髹红漆，中心部分黑漆地，朱绘卷云纹四组。卷云纹中间黑漆书写“君幸食”三字。口沿上朱绘波折纹和点纹。口沿内朱绘线纹和 B 形图案一道。

云龙纹漆平盘

西汉（前 202—8）
口径 49.8、高 4.3 厘米
1972 年长沙马王堆 1 号墓出土
湖南博物院藏

直壁、平底。盘内髹红漆和黑漆各二组，红漆上无纹饰，黑漆上朱绘或朱、灰绿二色绘花纹、云龙纹，并以漩涡纹组成龙的须角、鳞爪。口沿上为波折纹，内外壁为鸟头形图案。笔法工整，花纹构图精致巧妙。

戴冠男俑

西汉（前 202—8）
俑高 71、宽 29 厘米
1972 年长沙马王堆 1 号墓出土
湖南博物院藏

身着深蓝色菱纹罗绮袍，脚穿圆头鞋，头戴平板长冠。其中一件木俑鞋底刻划“冠人”二字。木俑雕刻精细，形体高大，神态肃穆，冠履服饰不同于其他木俑。此件俑服饰为复制件。“冠人”应是文献记载中的“官人”或“馆人”，是墓主人的贴身阁侍，众奴婢之长，在这批木俑中等级最高。

彩绘立俑（3 件）

西汉（前 202—8）
①高 46.1、头长 8.5、肩宽 8.9 厘米
②高 44.7、头长 8.8、肩宽 7.4 厘米
③高 45、头长 8.7、肩宽 9.7 厘米
1972 年长沙马王堆 1 号墓出土
湖南博物院藏

马王堆出土木俑中此类彩绘立俑数量最多，共 173 件。一号墓以女俑为主，三号墓以男俑为主。这类木俑造型一致，形体较小，头插竹签，愁眉苦脸，应是死者生前的杂役奴婢，地位最低下。

①　　②　　③

彩绘乐俑一组

西汉（前 202—8）
高 32.5—36 厘米
1972 年长沙马王堆 1 号墓出土
湖南博物院藏

面部制作、服饰、形体大小与彩绘立俑相似，头上也插有竹签。其中竽俑 2 件，鼓瑟俑 3 件。吹竽者手掌向上，拇指分开，四指合拢，作持竽状；鼓瑟者手掌向下，五指微曲，作鼓瑟状。竽、瑟均为模型器。

植物（5 种）

西汉（前 202—8）
1972 年长沙马王堆 1 号墓出土
湖南博物院藏

梨

梅子核

枣子

麻种

茅香

根据实物鉴定，并参考木牌、竹简文字记载，马王堆汉墓随葬的粮食品种有稻、小麦、黍、粟、大豆、赤豆、麻子等，水果有梅、杨梅、梨、柿、枣、橙、枇杷、甜瓜等，蔬菜有芋、姜、笋、藕、菱角及冬葵子、芥菜子等，药物有茅香、高良姜、桂皮、花椒、辛夷、藁本、杜衡、佩兰等。

绛色菱纹绮

西汉（前 202—8）
长 58.2、宽 38.5 厘米
1972 年长沙马王堆 1 号墓出土
湖南博物院藏

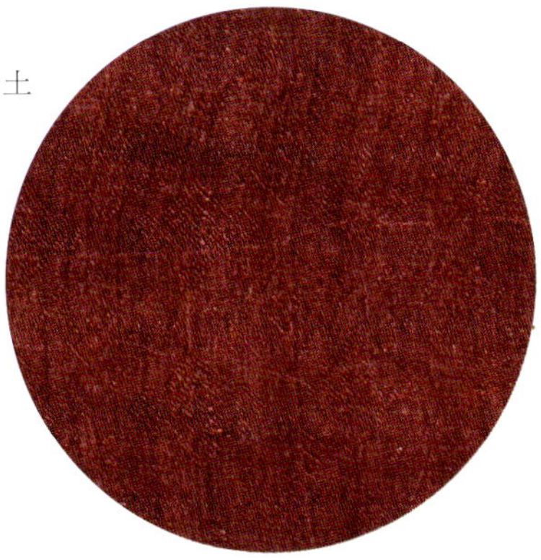

素色平纹提花织物，地子单层平织，起花部分为斜纹二重组织。马王堆汉墓出土两种，一种为菱纹绮，一种为对鸟菱纹绮，质地松软，光泽柔和，花地清晰。除单幅出土外，还用于制作香囊、枕巾和竽律袋等绣品的地。

深褐地红矩纹起绒锦残片

西汉（前 202—8）
长 60、宽 24 厘米
1972 年长沙马王堆 1 号墓出土
湖南博物院藏

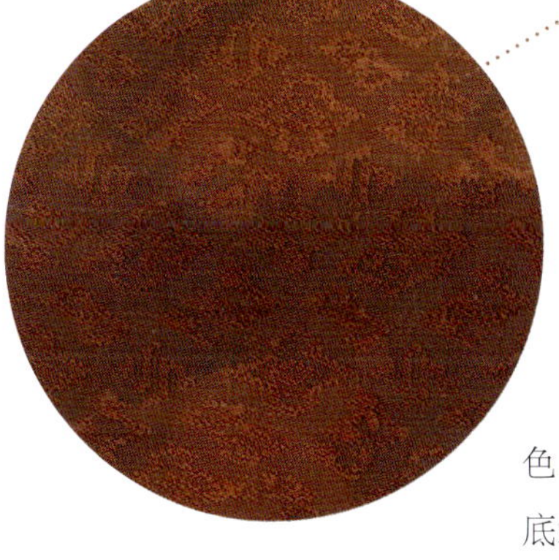

起绒锦又称起毛锦、绒圈锦，织造技术十分复杂，经丝往往用两色或三色，纬丝用单色。经丝分四组，一组底经、两组地纹经和一组较粗的绒圈经，底经与纬丝组成锦面的地子，两组地纹经提花，绒圈经则用作起绒。马王堆汉墓出土的起毛锦是目前世界上最早的绒类丝织品。汉代起毛锦的发明，是对世界纺织史的一大贡献，今天的各类绒类织物，都是由此发展而来的。

黄褐对鸟菱纹绮“乘云绣”残片

西汉（前 202—8）
长 53、宽 45 厘米
1972 年长沙马王堆 1 号墓出土
湖南博物院藏

马王堆一号墓出土绣有花纹的衣物、丝织品共 40 件，另外在内棺外面还装饰有铺绒绣锦。除铺绒绣锦为平绣外，其他均采用锁绣法，俗称辫子股绣。绣品以绮、罗绮、绢为地，用不同颜色的丝线在上面绣出各种艳丽的图案。根据花纹的不同，大致可分为六种绣品，其中“信期绣”“长寿绣”“乘云绣”都见于出土简牍的记载，“茱萸纹绣”“云纹绣”“方棋纹绣”是根据花纹的样式分类命名的。

汉邦稽古

汉代长沙王陵区是我国南方地区规模最大的诸侯王陵区。自 1974 年以来，考古人员先后在长沙河西临江一带发现大型汉代陵墓 23 座。其中陡壁山汉墓、象鼻嘴汉墓、望城坡西汉渔阳墓、风篷岭汉墓、风盘岭汉墓等 5 座已发掘，墓主为汉代长沙王或王后。除大型陵墓之外，部分陵园还发现了较多中、小型陪（袝）葬墓、墙垣、陵寝建筑、道路、门、阙、陵邑等。通过 2006 年风篷岭汉墓和 2008 年风盘岭汉墓的发掘，基本确定汉代长沙王陵集中分布于湘江西岸第一阶低矮丘陵处，推测岳麓山陵区为吴氏长沙王陵区，谷山陵区为刘氏长沙王陵区。

长沙已发掘汉王陵墓葬统计表

墓葬	形制	墓向	尺寸	墓主身份	年代	发掘时间
陡壁山汉墓	“甲”字形竖穴岩坑木椁墓	280°	墓道上宽 4.14、底宽 3.95、残长 4 米。墓坑长 12.8、宽 10 米。	王后	西汉早期	1974 年
象鼻嘴汉墓	“甲”字形竖穴岩坑木椁墓	267°	墓道残长 18.75、宽 6.8 米。墓口长 20.55、宽 18.5-18.9 米。	王	西汉早期	1978 年
望城坡西汉渔阳墓	“甲”字形竖穴岩坑木椁墓	287°	墓道残长 27.02、宽 6 米。墓口长 15.98、宽 13.3 米。	王后	西汉早期	1993 年
风篷岭汉墓	“中”字形竖穴岩坑木椁墓	347°	墓道残长 11、宽 5.6-5.9 米。墓口长 19.3、宽 14.6 米。	王后	西汉晚期	2006 年
风盘岭汉墓	“中”字形竖穴岩坑木椁墓	169°	墓道残长 11.5、宽 3.05-3.55 米。墓口长 9.7、宽 7.6 米。	王或王后	西汉早中期	2008 年

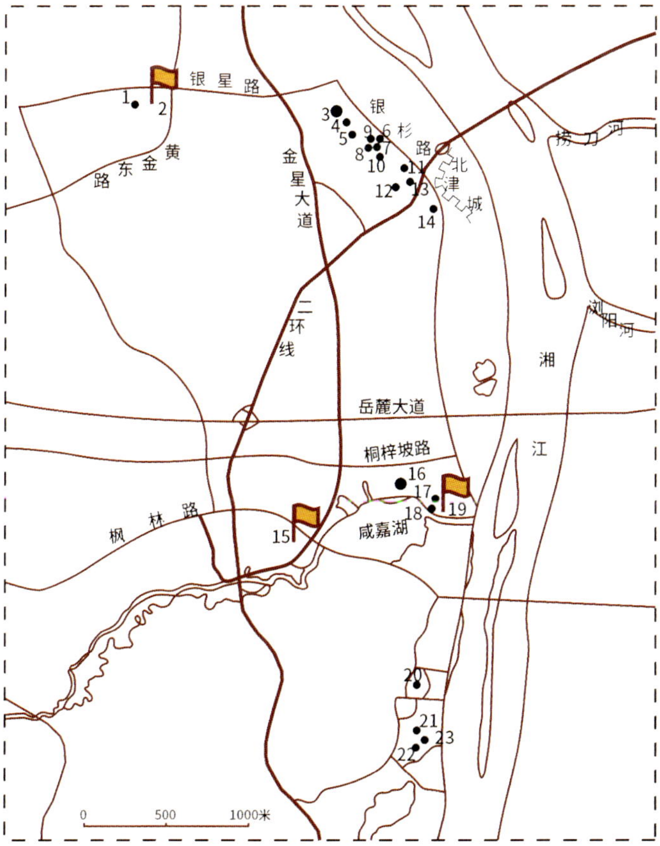

汉长沙国王陵墓群分布图

1 蜈蚣蒂汉墓　2 风盘岭一号墓
3 风篷岭张氏王后墓　4 桃花岭汉墓
5 栗树嘴汉墓　6 狮子拱一号汉墓
7 狮子拱二号汉墓　8 狮子拱三号汉墓
9 狮子拱四号汉墓　10 杉木拱汉墓
11 郭家山汉墓　12 马坡山汉墓
13 庙坡山汉墓　14 东山汉墓
15 望城坡“渔阳”王后墓　16 陡壁山“曹㜸”王后墓
17 狮子山汉墓　18 扇形山汉墓
19 象鼻嘴汉墓　20 凤凰山汉墓
21 天马山二号汉墓　22 天马山一号汉墓
23 天马山三号汉墓

透雕动物纹玉剑首

西汉（前 202—8）
直径 5.5—5.9、厚 0.3 厘米
1978 年长沙象鼻嘴 1 号汉墓出土
湖南博物院藏

出土于棺房底板的缝隙中。器形呈椭圆状，正面中间镶嵌绿松石，背面中间有一短圆柱。用透雕技法，雕出形象生动的龙、凤、熊等动物，再用浮雕手法，刻出其耳、眼、鼻、嘴等，雕刻细致，纹饰繁缛。

“曹嫼”玉印

西汉（前 202—8）
方 2.3、通高 1.6、台纽高 0.5 厘米
1974 年长沙咸嘉湖陡壁山汉墓出土
长沙博物馆藏

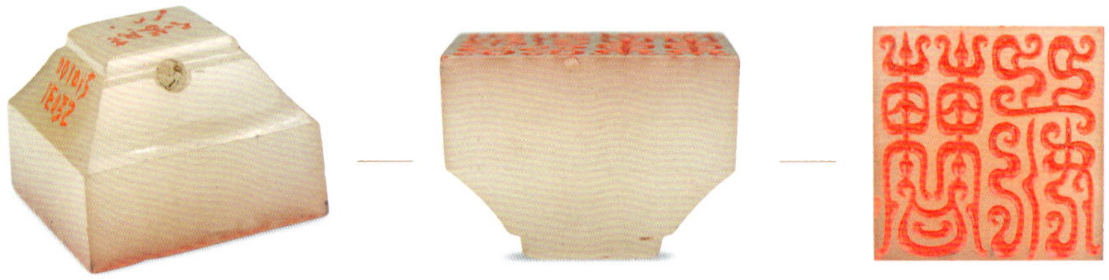

出于内棺东端。白玉印，台纽有穿，系以金丝环。鸟篆阴刻“曹嫼”二字。

“妾嫼”玛瑙印

西汉（前 202—8）
方 2.3、通高 1.6、台纽高 0.7 厘米
1974 年长沙咸嘉湖陡壁山汉墓出土
长沙博物馆藏

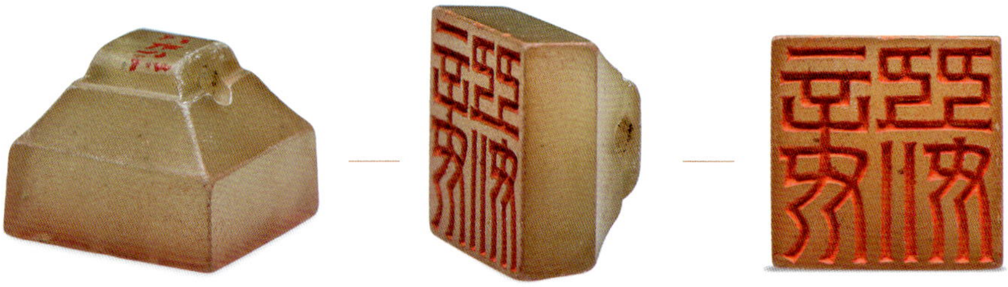

出于内棺，篆书阴刻“妾嫼”二字。制作十分精致。

玉璧

西汉（前 202—8）
直径 25、内径 8、厚 0.5 厘米
1974 年长沙咸家湖陡壁山 1 号墓出土
长沙博物馆藏

双面雕刻，内为蒲纹，外饰凤纹三组。

双系瓷壶

西汉（前 202—8）
口径 16、腹径 34.5、高 43 厘米
1988 年长人渡 1 号墓出土
长沙市文物考古研究所藏

1993 年望城坡西汉渔阳墓发掘

望城坡西汉渔阳墓位于湘江西岸咸嘉湖西侧望城坡古坟垸一座海拔 71.2 米的山包上。1992 年 12 月，湖南财经高等专科学校基建施工时发现了此墓，次年 2—7 月，长沙市文物工作队、长沙市文物管理委员会办公室共同对该墓进行了抢救性发掘。其墓室构筑雄伟，规模庞大，享用“黄肠题凑”葬制，主墓外有 3 个随葬坑，虽历史上多次被盗，仍出土各类文物 2000 余件，特别是“陛下赠物”“王祝”木楬、“长沙后府”封泥以及针刻“渔阳”文字漆木器等文物，表明墓主为西汉文景时期某吴氏长沙王之王后。该墓葬发掘获评 1993 年“全国十大考古新发现”。

望城坡西汉渔阳墓发掘工作照

望城坡西汉渔阳墓部分发掘人员合照

望城坡西汉渔阳墓棺椁四周的题凑木

“渔阳”题凑木

西汉（前 202—8）
长 97、宽 35.5、厚 42.5 厘米
1993 年长沙望城坡西汉渔阳墓出土
长沙市文物考古研究所藏

黄肠题凑指墓室四周用柏木枋堆垒的框形结构。望城坡西汉渔阳墓题凑保存完好，为楠木，紧贴于外椁四周，贴地层层垒叠，端头朝向椁壁，除封门题凑为 7 层外，自上而下均为 8 层，每层根数略等，共用题凑木 601 根。题凑木北段南起第一根正面刻凿题记：“鱼（渔）阳是（题）凑廣一□尺……□廣□尺八寸。”根据汉代礼制，黄肠题凑与玉衣、梓宫、便房、外藏椁同属“天子葬制”，只有天子特许才能使用，表明墓主人身份之尊贵。

涡纹金扣饰

西汉（前 202—8）
高 0.5—0.6、直径 0.7—0.9 厘米，重 2—3 克，总重约 69.5 克
1993 年长沙望城坡西汉渔阳墓出土
长沙简牍博物馆藏

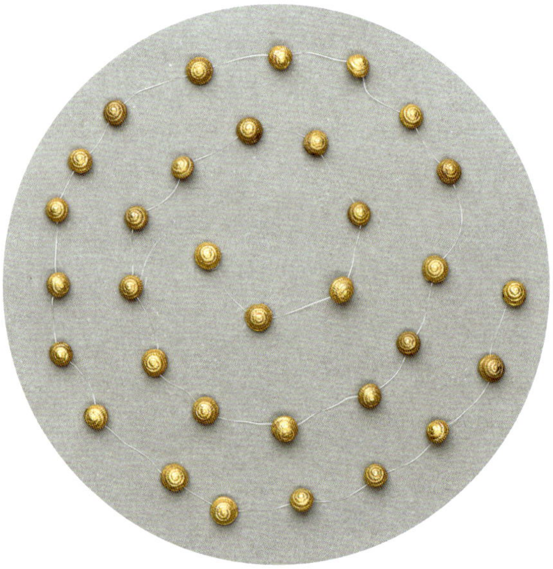

扣饰共 33 颗，从内棺的夹缝中清理出。半球状，外饰三重花瓣纹，平底内凹，中有一横梁，疑为服饰。其风格殊异，似是舶来品。

木磬与奏乐木槌（12 件）

西汉（前 202—8）
木槌：长 39.8、宽 8.9 厘米
木磬：长 4.5—13.6、宽 1.9—2.9、厚 0.7—1 厘米
1993 年长沙望城坡西汉渔阳墓出土
长沙市文物考古研究所藏

“鱼阳”鸟纹漆耳杯

西汉（前 202—8）
长 19.1、宽 14.8、高 5.5 厘米
1993 年长沙望城坡西汉渔阳墓出土
长沙市文物考古研究所藏

数量最多，2500 余件。皆为木胎，椭圆形，圜腹，平底。外髹黑漆，内髹红漆。宽平沿，浅直腹，器身矮平。耳部朱绘云气纹、几何纹，杯身主题纹饰为变形凤鸟纹与云气纹，外底常见锥刻“鱼阳”二字。

云纹漆盘

西汉（前 202—8）
直径 23.5、高 2.7 厘米
1993 年长沙望城坡西汉渔阳墓出土
长沙市文物考古研究所藏

木胎，整木刳制。宽沿，浅腹，平底。外髹黑漆，口沿内髹朱漆。盘心为黑漆地，朱绘鸟头、云气、圆圈等纹饰。

朱绘鸟纹执手漆卮

西汉（前 202—8）
口径 9.7、高 7.9 厘米
1993 年长沙望城坡西汉渔阳墓出土
长沙市文物考古研究所藏

皆为木胎，卷制而成。卮身直口，筒形直腹，平底微凸，小鋬耳，外髹黑漆，内髹朱漆。以点纹为地，其上点缀云气纹。

陶动物俑（13件）

西汉（前202—8）
上排自左至右：陶牛2件、陶猪2件、陶羊2件
下排自左至右：陶鳖2件、陶蛇（残）2件、陶狗2件、陶鸡1件
左一陶牛：长29.5、高15.7厘米
右一陶鸡：前后长6.8、高5.3厘米
1993年长沙望城坡西汉渔阳墓出土
长沙市文物考古研究所藏

2006年风篷岭汉墓发掘

风篷岭汉墓位于湘江一级阶地向丘陵过渡的地带，东面地势开阔平坦，西、南、北三面丘陵连绵起伏。2006年3—10月，长沙市文物考古研究所对风篷岭汉墓进行了抢救性发掘。该墓葬规模庞大，享用“黄肠题凑”葬制，一椁两棺，出土漆书“永巷果盘”、金缕玉衣残片、19枚金饼等器物，为西汉晚期墓葬，墓主人为刘氏长沙国某一代王后。

风篷岭汉墓发掘工作照

风篷岭汉墓金饼出土场景

风篷岭汉墓发掘人员合照

金饼（11 件）

西汉（前 202—8）
直径 6、厚 0.5 厘米
2006 年长沙望城县风篷岭汉墓出土
长沙市文物考古研究所藏

金饼，出土于中列后室。圆饼形，正面微鼓，有滴铸所产生的不规则空洞；背面内凹，表面有冰裂纹，刻划有"V"形标记。金饼每件重约 250.5 克，相当于汉制一斤。此类金饼为长沙王在宗庙祭祀时上贡的黄金，又称"酎金"。

螭龙蒲纹玉璧

西汉（前 202—8）
直径 28.15、孔径 3.4、厚 0.6 厘米
2006 年长沙望城县风篷岭汉墓出土
长沙市文物考古研究所藏

出土于中列后室。圆形。青玉。两面纹饰相同，每面以阴刻弦纹将纹饰分隔为内外两圈，外圈为变形龙凤纹，内圈阳刻菱形纹。

铜烹炉

西汉（前 202—8）
最大径 22.3、高 17、腹深 7 厘米
2006 年长沙望城县风篷岭汉墓出土
长沙市文物考古研究所藏

铜壶

西汉（前 202—8）
口径 14.4、足径 20.5、足高 3.6 厘米
2006 年长沙望城县风篷岭汉墓出土
长沙市文物考古研究所藏

盖顶部隆起，有 3 个立兽形纽。敞口，平沿，束颈，鼓腹，圈足微外撇。口沿处刻有一圈铭文，阴文篆书，腹部有 2 个对称的衔环铺首。铭文为“□壶一容五斗有盖并重廿六斤十三两长沙元年造第八”。

“门浅库”漆耳杯

西汉（前 202—8）
长 16—18、宽 13—14、高 4.5—5.3 厘米
汉代长沙王陵谷山片区墓葬群出土
长沙市文物考古研究所藏

杯口呈椭圆形，狭长，两侧有圆弧形耳，微上翘，平底。木胎，素面。内腹髹红漆，其余部位均黑漆，无纹饰。铭文方式有漆书、刻画及烙印戳记三种。“门浅库”是西汉时在诸侯国的范围内一个管理手工业门类的机构，与汉代“作府”的职能一致，同时也担负了储藏各种货贿的职能。耳杯右侧针刻一“贞”字，其侧朱漆书“门浅库”三字，说明其被买入长沙王府后，由“门浅库”储藏，由中官“贞”掌管。

第二单元

溯洄求索 文明再现

Tracing Civilization from Major Archaeological Findings

20 世纪 80 年代，中国考古进入重建中国古史的发展阶段。这一时期，长沙考古事业发展迅速，职能划分更加明晰，引进了大批专业考古人才。意气风发的新生代在前辈的带领下，勠力同心、披星戴月、挥洒青春，除配合改革开放背景下大规模长沙城建进行大量抢救性发掘之外，还开始进行主动性考古调查及发掘工作，将长沙考古推向了新的高地。考古人员在长沙广袤的原野和河谷两岸溯洄求索，史前文明的探索获得突破性进展，湮没于地下的远古文明再现；高砂脊遗址和炭河里古城的发现，为破解湖南商周青铜器之谜奠定了坚实基础；云屯雾集的长沙简牍，一次次震惊了世界；远销海外的长沙窑瓷器，实证唐代中外文化交流的繁盛。长沙历史文化的区域性特色进一步凸显，为探讨湖湘文化与中华文明、世界文明交流融会的过程提供了丰富、确切的考古学证据。

史前觅踪

自从长沙考古工作启其端始，人们对尘封地下的史前文明的探索从未停止。从 20 世纪 50 年代长沙考古“天团”的偶然发现及初次调查到 70—90 年代的主动性调查与发掘，再到 21 世纪系统性文明探源工程的启动与实施，几代考古工作者以长沙文明探源及构建长沙史前文化序列为己任，背起行囊、深入乡间与密林，在浩瀚的历史长河中触摸远古先民的文化脉搏！

最早的发现——长沙考古“天团”的偶然发现

1951 年底至 1952 年初，以中国社会科学院考古研究所夏鼐先生为首的援长考古发掘团对五里牌古墓葬进行发掘期间，在 406 号战国墓填土中首次发现一批史前陶器与磨制石器，并认为“由于此次的发现，使我们对长沙古文化的了解，由战国时代更可上推到新石器时代了”。此后，湖南省文物管理委员会在长沙颜家嘴、徐家湾、大托铺等地陆续发现史前遗存。

最早的调查——长沙县烟墩冲遗址

1955 年 7 月湖南省文物管理委员会在长沙县烟墩冲一带进行调查，采集了一批史前石器及陶器。石器有斧、锛、刀、纺轮、箭镞等，均为磨制。陶器多为碗、盆等器物的口沿、腹部及底部，以夹砂粗红陶为主，器表纹饰有方格纹、凸弦纹、人字纹、曲折纹及绳纹等。从遗物特征分析，年代为新石器时代晚期，该遗址为长沙第一处通过考古工作确认的史前遗址。

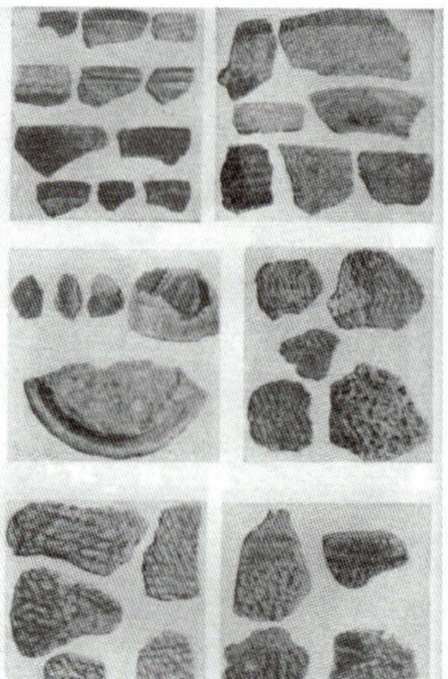

长沙第一处发掘的新石器时代遗址——月亮山遗址

月亮山遗址位于长沙县黄兴镇鹿芝岭村，地处浏阳河北岸，1976 年湖南省博物馆、长沙市文化局文物管理组联合对该遗址进行了发掘，1985 年在第二次全国文物普查时对该遗址作了进一步调查。该遗址出土的史前陶器有宽扁平足盘形鼎、细长颈袋足鬶、高柄喇叭足豆，石器有石斧、石凿等，年代为新石器时代晚期。

新石器时代　陶豆　1976 年长沙县鹿芝岭月亮山遗址出土

长沙最早的新石器时代遗址——大塘遗址

大塘遗址位于长沙县南托乡三兴村大塘组，地处长沙城南约 20 公里的湘江东岸防洪大堤处，1986 年 2—3 月长沙市文物工作队对该遗址进行了抢救性发掘。该遗址出土了丰富的石器及陶器，最具特色的是陶器上繁缛的刻划、戳印图案及彩绘，纹饰主题有鸟、太阳、兽面、水波、山峰、房屋等，写实与抽象并存，显示出高超的绘画与制作水平。该遗址系长沙地区目前发现最早的新石器时代遗址，距今约 7000 年。大塘文化这种以釜、高领罐、圈足盘为代表的本地土著文化因素一直延续至新石器晚期，反映了本地土著文化较强的区域传承性及影响力。

大塘遗址现场发掘照

饰兽面纹陶器底

新石器时代大塘文化（距今约 7000 年）
直径 5.4 厘米
1986 年长沙县南托乡大塘遗址出土
长沙博物馆藏

戳印纹陶釜

新石器时代大塘文化（距今约 7000 年）
口径 17.3、腹径 17.7、高 16.8 厘米
1986 年长沙县南托乡大塘遗址出土
长沙博物馆藏

戳印纹彩绘陶釜

新石器时代大塘文化（距今约 7000 年）
口径 12.2、腹径 11.8、高 10.8 厘米
1986 年长沙县南托乡大塘遗址出土
长沙博物馆藏

彩绘陶双耳罐

新石器时代大塘文化（距今约 7000 年）
口径 14.7、残高 11.3 厘米
1986 年长沙县南托乡大塘遗址出土
长沙博物馆藏

戳印纹曲腹陶碗

新石器时代大塘文化（距今约 7000 年）
口径 17.3、底径 8.5、高 6.8 厘米
1986 年长沙县南托乡大塘遗址出土
长沙博物馆藏

彩绘、戳印及刻划纹陶片（7 件）

新石器时代大塘文化（距今约 7000 年）
①宽 10.9、残高 5.7 厘米
②宽 10.2、残高 6.6 厘米
③残宽 8.3、残高 5.9 厘米
④宽 2.4、高 5.3 厘米
⑤宽 16、高 7.3 厘米
⑥宽 11.6、高 6.5 厘米
⑦宽 8、高 5.1 厘米
1986 年长沙县南托乡大塘遗址出土
长沙博物馆藏

①

②

③

④

⑤

⑥

⑦

长沙新石器时代晚期遗址——腰塘遗址

腰塘遗址位于长沙县东北部广福乡梅薮村，地处捞刀河支流冯家河东岸。1988 年 12 月至 1989 年 1 月，长沙市文物工作队对遗址进行了发掘。该遗址发现的陶器大部分为夹砂红褐陶，纹饰以绳纹为主，器类有釜形鼎、盘形鼎、鬶、豆等，石器有穿孔石铲、石斧、石锛等，文化内涵以本地土著文化因素为主，另有石家河文化、樊城堆文化及石峡文化等文化因素，体现了文化交流的多样性，年代为新石器时代晚期。

腰塘遗址发掘现场照

盘形鼎

新石器时代晚期（距今 4500—4000 年）
口径 21.4、通高 18.6 厘米
1988 年长沙县广福乡腰塘遗址出土
长沙博物馆藏

小陶罐

新石器时代晚期（距今 4500—4000 年）
残高 11.2、宽 5 厘米
1988 年长沙县广福乡腰塘遗址出土
长沙博物馆藏

陶鼎足（3 件）

新石器时代晚期（距今 4500—4000 年）
①长 13.7、宽 3.5、厚 5.5 厘米
②长 13、宽 6 厘米
③长 8.5、宽 8.5 厘米
1988 年长沙县广福乡腰塘遗址出土
长沙博物馆藏

①

②

③

陶鬶（残）

新石器时代晚期（距今 4500—4000 年）
长 9、宽 5.3 厘米
1988 年长沙县广福乡腰塘遗址出土
长沙博物馆藏

陶豆柄（残）

新石器时代晚期（距今 4500—4000 年）
残高 4.5、宽 6 厘米
1988 年长沙县广福乡腰塘遗址出土
长沙博物馆藏

陶鬶足

新石器时代晚期（距今 4500—4000 年）
长 8.2、宽 5 厘米
1988 年长沙县广福乡腰塘遗址出土
长沙博物馆藏

陶拍

新石器时代晚期（距今 4500—4000 年）
宽 5、高 5.8 厘米
1988 年长沙县广福乡腰塘遗址出土
长沙博物馆藏

陶纺轮（3 件）

新石器时代晚期（距今 4500—4000 年）
①径 5、厚 1.7 厘米
②径 4.1、厚 1.3 厘米
③径 3.5、厚 1.9 厘米
1988 年长沙县广福乡腰塘遗址出土
长沙博物馆藏

①

②

③

长沙地区旧石器时代考古

20 世纪 90 年代，湖南地区旧石器时代遗址点在全省各地陆续发现，为填补长沙地区旧石器考古空白，长沙考古工作者在长沙地区针对性地寻找旧石器时代遗存。1991 年 8 月，为配合浏阳永安中学新建校舍工程，长沙市文物工作队在永安镇芦塘村北部的山包上发现了 3 件打制石器，为长沙地区首次发现旧石器点。此后市区五一路袁家岭、南郊高桥、东郊张公岭等地相继发现几处旧石器点。这批石器的地质年代为中更新世晚期至晚更新世早期，极具华南旧石器文化特征，年代为旧石器时代中期，距今约 20 万—10 万年，此时已有人类繁衍生息。

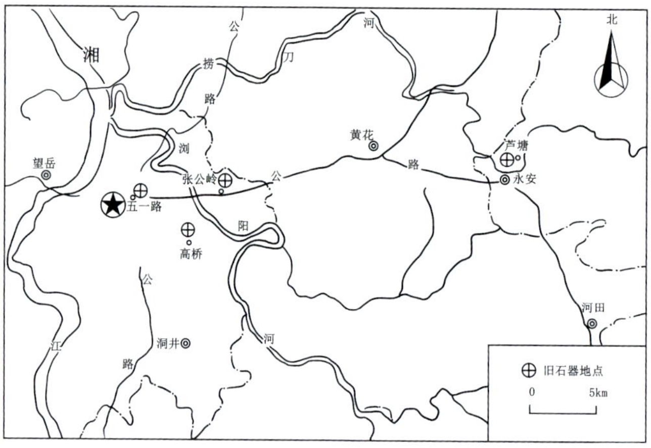

长沙地区旧石器发现地点分布图

打制石器（3 件）

距今约 20 万年
①尖状器：长 16.8、宽 7.5、厚 5.5 厘米，重 965 克
②砍砸器：长 12.5、宽 17、厚 8.5 厘米，重 1886 克
③砍砸器：长 17、宽 9.5、厚 6.5 厘米，重 1751 克
湖南浏阳市永安镇芦塘村采集
长沙博物馆藏

①

②

③

这批旧石器典型器类有砍砸器及尖状器等，全部以河床砾石为原料，性属石英、砂岩或者硅质岩，个体大小一般长 14—17、宽 7—18 厘米，重约 1000 克，大者也不超过 2000 克。石器制作技术简单，多利用砾石自然台面直接加工成工具，且以单面打击为主，加工方法基本为锤击法，柄部保留有砾石原面。

堆子岭文化遗址——花草坪遗址

花草坪遗址位于宁乡老粮仓镇唐市村，地处沩水流域支流楚江北岸。2001年及2014年，湖南省文物考古研究所对该遗址进行了考古调查及发掘，发现房址、墓葬及灰坑等遗迹。出土的石器多为磨制，种类有斧、凿、锛、锤、网坠、钻芯、砺石等，陶器主要为夹砂红陶，其次为泥质陶，另有少量灰陶和白陶。种类有鼎、罐、豆、圈足盘、大口缸、钵、甑、碗、杯、盆、纺轮、器盖、球、陶拍等，器表纹饰有绳纹、弦纹、镂孔、按窝、附加堆纹、刻划纹、压印纹等。遗址年代距今5600—5000年，文化主体属堆子岭文化。

陶曲腹杯

新石器时代堆子岭文化（距今5600—5000年）
口径9.2、底径9、高10厘米
湖南宁乡花草坪遗址出土
湖南省文物考古研究院藏

泥质红陶，敛口，曲腹较深，矮圈足，腹身和圈足饰数道凸弦纹。

玉环

新石器时代堆子岭文化（距今5600—5000年）
外径5.4、内径4、厚0.6厘米
湖南宁乡花草坪遗址出土
湖南省文物考古研究院藏

青玉，微透明，有光泽，横截面呈多边形，双面钻。

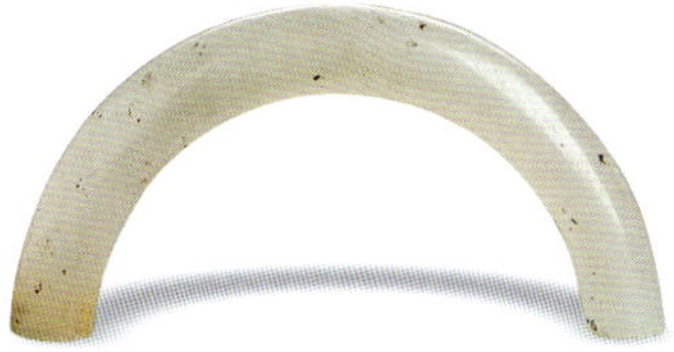

陶鼎

新石器时代堆子岭文化（距今 5600—5000 年）
口径 12.5、高 17.5 厘米
湖南宁乡花草坪遗址出土
湖南省文物考古研究院藏

夹砂红陶，侈口，圆唇，圆锥形足，残，腹部饰粗疏绳纹。

陶豆

新石器时代堆子岭文化（距今 5600—5000 年）
口径 16.4、残高 12.8 厘米
湖南宁乡花草坪遗址出土
湖南省文物考古研究院藏

泥质红陶，敛口，深弧腹盘，圈足较矮，上饰弦纹。

陶豆

新石器时代堆子岭文化（距今 5600—5000 年）
口径 17.4、底径 14.1、高 14.8 厘米
湖南宁乡花草坪遗址出土
湖南省文物考古研究院藏

夹石英石白衣陶，敞口，尖唇，浅弧腹盘，圈足较高，上饰圆形镂孔。

新石器时代晚期遗址——罗家冲遗址

该遗址位于宁乡市青山桥镇桥北村一组，地处楚江北岸的二级阶地。2013—2018年长沙市文物考古研究所对该遗址进行了考古调查及发掘工作。该遗址主体时代为新石器时代末期，距今4500—4000年，出土遗物非常丰富，其中石器种类有镞、斧、锛、石刀、犁、凿、矛、钺、砺石等，拥有完整的石器加工链，体现了高度发达的石器制作水平。陶器以夹砂红陶及泥质灰陶为主，器形以鼎、釜、豆、圈足盘、高领罐、纺轮、鬶、大口缸等为代表，继承了本地自大塘文化及堆子岭文化以来的土著文化传统，兼有石家河文化及珠三角河宕文化等外来文化因素，体现了多元文化特征。其中发现的大型回廊式建筑表明遗址性质为区域性聚落中心。

根据考古层位学分析及14C测年数据，罗家冲遗址早期遗存年代可大致分为三期，以早一期为主。早一期实际年代为公元前2500—前2000年；早二期为公元前1004—前810年；早三期为公元前429—前357年。为能更清晰地梳理并完善湘中地区乃至湘江流域的新石器时代文化发展序列，从各类文化因素的比重分析，可将以罗家冲遗址早一期为代表的湘中及周邻区域新石器时代末期至夏这一阶段的相同或相近的文化属性定名为“罗家冲文化”。

罗家冲遗址发掘工作照

石器（4件）

①出土于早一期遗存，②③④出土于早二期遗存
①石锛：长 6.1、宽 2.9、厚 0.6 厘米
②石钺：长 19.4、宽 8.6—11、穿径 1.2、厚 0.8–1.4 厘米
③石斧：长 8.4、宽 4.4—6.6、厚 1.8 厘米
④玉铲：长 5.9、宽 2.5—3.3、厚 0.4 厘米
湖南宁乡市罗家冲遗址出土
长沙市文物考古研究所藏

①

②

③

④

石锛（4 件）

出土于早二期遗存
①长 4.8、宽 4.2、厚 1.4 厘米
②长 2.1、宽 2.9、厚 0.6 厘米
③长 7.5、宽 6、厚 1.25 厘米
④左长 2.6、右长 2、宽 2、厚 0.4 厘米
湖南宁乡市罗家冲遗址出土
长沙市文物考古研究所藏

①

②

③

④

饰品（4 件）

①②出土于早二期遗存，③④出土于早三期遗存
①石环：残长 7.3、宽 1.2、厚 0.5 厘米
②穿孔石器：残长 5.4、长 3.8、穿径 0.3、厚 0.6 厘米
③石玦：外径 2.8、内径 1、厚 0.9 厘米
④玉璜：残长 4.2、宽 1.2、厚 0.3 厘米
湖南宁乡市罗家冲遗址出土
长沙市文物考古研究所藏

①

③

②

④

石玦采用深青灰色石料制成，一面略残，环状，有一缺口；玉璜为白玉，一端残，一侧边缘有一钻孔，未穿；石环采用深青灰色石料制成，仅存一段；穿孔石器采用青灰色石料制成，呈不规则桃心形，上端有一单面穿孔，似为饰品。

石斧（7 件）

①出土于早一期遗存，②出土于早二期遗存，③—⑦出土于早三期遗存

①长 7.5、宽 5.8、厚 1.9 厘米

②长 10.4、宽 8.6、厚 2.2 厘米

③长 8.3、宽 5—6.3、厚 2.3 厘米

④残长 8.5、宽 5.3—6.8、厚 2.5 厘米

⑤长 9.8、宽 3.8—5.2、厚 2.8 厘米

⑥长 6.5、宽 4.3—5.8、厚 2 厘米

⑦长 11.2、宽 6.2—7.3、厚 2.4 厘米

湖南宁乡市罗家冲遗址出土

长沙市文物考古研究所藏

①

②

③

④

⑤

⑥

⑦

石刀（6 件）

①②出土于早一期遗存，③④出土于早二期遗存，⑤出土于早三期遗存，⑥出土于晚二期遗存

①长 3.5、宽 1.7—2.5、厚 0.3 厘米

②长 3.2、宽 8.6、厚 0.4 厘米

③残长 8.4、宽 4、厚 0.35 厘米

④长 2.4、宽 6.4、穿径 0.2、厚 0.4 厘米

⑤长 7.8、宽 2.6、穿径 0.2、厚 0.4 厘米

⑥长 7.7、宽 2.8、厚 0.3 厘米

湖南宁乡市罗家冲遗址出土

长沙市文物考古研究所藏

①

②

③

④

⑤

⑥

石凿（2 件）

①出土于早二期遗存，②出土于早三期遗存

①长 5.8、宽 2.2、厚 1 厘米

②长 5.2、宽 1.2、厚 2.2 厘米

湖南宁乡市罗家冲遗址出土

长沙市文物考古研究所藏

①

②

第一件石凿采用深青灰色石料制成，平顶，两侧束腰，下端两侧向内刃；第二件石凿采用深青灰色石料制成，基本完整，平顶，下端两侧交叉刃。

石镰

出土于早一期遗存
长 9.1、宽 3.2、厚 1.3 厘米
湖南宁乡市罗家冲遗址出土
长沙市文物考古研究所藏

青灰色石料。上端略残，半月形，弧刃。

石犁

出土于早二期遗存
残长 5.7、残宽 7.1、厚 0.8 厘米
湖南宁乡市罗家冲遗址出土
长沙市文物考古研究所藏

青灰色石料。三角形，上端及尖端残，中厚边薄，两侧刃。

石矛（2 件）

出土于早二期遗存
①残长 11.6、宽 3、厚 1 厘米
②残长 14.8、宽 3.4、厚 1.15 厘米
湖南宁乡市罗家冲遗址出土
长沙市文物考古研究所藏

两件石矛均为青灰色石料。第一件石矛头部及骹后端残，矛身双面有脊，两侧刃，长方形骹；第二件石矛矛身前端略残，双面有脊，两侧刃，矛身后端收缩呈扁圆形，扁长方形骹。

① ②

纺轮

出土于早三期遗存
径 5.3—6.3、厚 1.8、孔外径 2.4、孔内径 0.8 厘米
湖南宁乡市罗家冲遗址出土
长沙市文物考古研究所藏

浅灰色石料。平面呈椭圆形，中厚边薄，中间有对穿孔。

石镞（16 件）

①—③出土于早一期遗存，④—⑨出土于早二期遗存，⑩—⑯出土于早三期遗存
长 4.1—9.2、宽 0.9—2.8、厚 0.4—1.7 厘米
湖南宁乡市罗家冲遗址出土
长沙市文物考古研究所藏

砺石（3 件）

①出土于早一期遗存，②出土于早二期遗存，③出土于早三期遗存
①残长 23.2、宽 9、厚 5.4 厘米
②边长 9.4、中长 7.3、宽 21.8—19.6、厚 2.2—3.5 厘米
③长 25.2、宽 18、厚 8.5 厘米
湖南宁乡市罗家冲遗址出土
长沙市文物考古研究所藏

①

②

③

第一件砺石为灰色石料，一端残，四面均为磨砺面，内凹；第二件砺石为青灰色石料，边侧残，梯形，三边厚一边薄，上下两面均为磨砺面，内凹；第三件砺石为青灰色石料，一面有细条形磨槽。

陶纺轮（8件）

①出土于早一期遗存，②—⑥出土于早二期遗存，⑦⑧出土于早三期遗存
①下径5、孔径0.4、厚0.6厘米
②上径5、下径4、孔径0.6、厚1.8厘米
③直径4.5、孔径0.4、厚0.5厘米
④直径4.7、穿径0.4、厚0.8厘米
⑤直径4.2、孔径0.4、厚1厘米
⑥上径4.2、下径3.6、孔径0.4、厚0.7—0.8厘米
⑦直径3.7、穿径0.4、厚0.5厘米
⑧直径3.4、底径1、穿径0.2、厚2.2厘米
湖南宁乡市罗家冲遗址出土
长沙市文物考古研究所藏

①

②

③

④

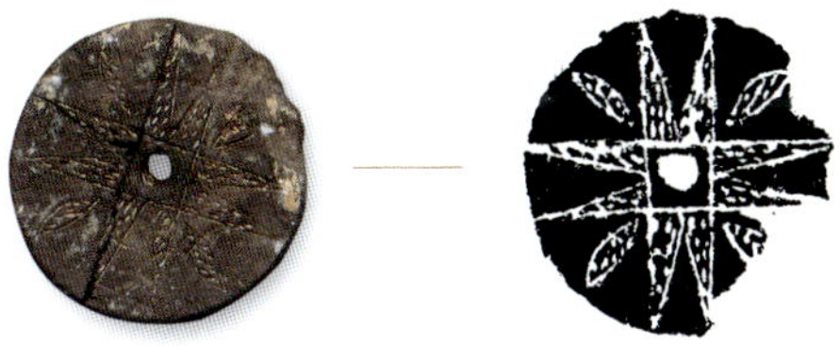

⑤

⑥

⑦

⑧

纺轮主要用于纺纱，伴随着农业文明产生而出现。距今7000年前，陶土焙制的纺轮开始出现，并被广泛使用，遍布大江南北，至商周之后逐渐退出历史舞台。陶纺轮装饰有彩绘及刻划纹两大类。罗家冲遗址出土陶纺轮多呈圆饼形，刻划纹饰多样，种类有四分弧线纹、弦纹加戳点纹、羊角纹、八角星纹、花瓣纹、“十”字线纹、卷云纹等十余种之多，它们不但是研究当时人们纺织技术水平的重要材料，也是探求先民精神世界的重要线索。

盆形鼎

出土于早一期遗存
口径 31、通高 16 厘米
湖南宁乡市罗家冲遗址出土
长沙市文物考古研究所藏

夹砂褐陶。残，窄折沿，圆唇，折腹圜底，折腹处有凸棱，宽扁瓦棱形鼎足。

陶釜

出土于早一期遗存
口径 7、腹径 8.8、高 6 厘米
湖南宁乡市罗家冲遗址出土
长沙市文物考古研究所藏

夹砂黑陶。短外折沿，方唇，矮领，折腹，圜底，外饰粗绳纹。

釜形鼎

出土于早二期遗存
口径 14、残高 13.4 厘米
湖南宁乡市罗家冲遗址出土
长沙市文物考古研究所藏

夹砂褐陶。足残，外折沿，方唇，束颈，垂腹，圜底，颈部以下饰绳纹，鼎足为扁锥形，外饰绳纹及三道刻槽。

盂形器

出土于早一期遗存
通高 10.6、口径 7.4、腹径 8.7、底径 6.4 厘米
湖南宁乡市罗家冲遗址出土
长沙市文物考古研究所藏

泥质黑陶。短折沿，尖唇，折腹，高圈足，圈足下端外撇，素面。

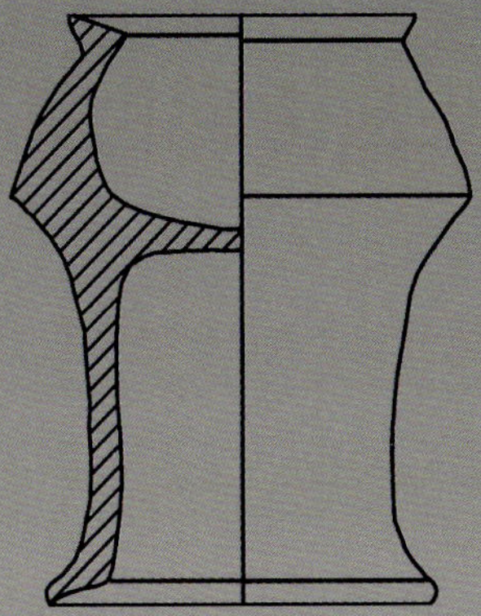

折腹壶

出土于早二期遗存
残高 15.5、残口径 7.2、底径 9.6、厚 0.4 厘米
湖南宁乡市罗家冲遗址出土
长沙市文物考古研究所藏

泥质红陶。上端残，高直腹，覆斗状圈足，上端有一凸棱，向下斜收，圈足。

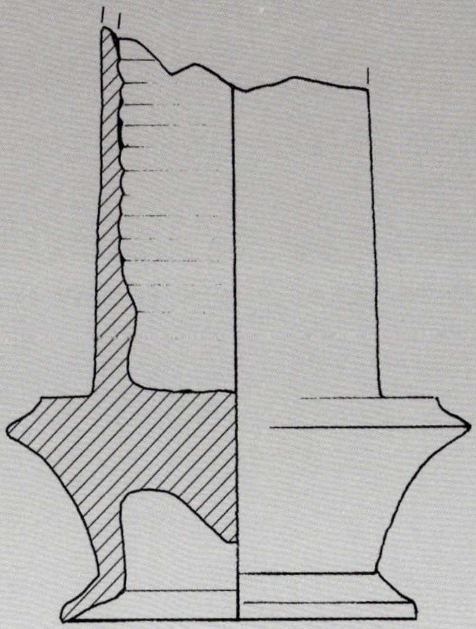

斜腹杯

出土于早一期遗存
口径 9、底径 7、高 8.8 厘米
湖南宁乡市罗家冲遗址出土
长沙市文物考古研究所藏

泥质灰陶。斜腹杯，直口微侈，尖唇，斜直壁，平底微凹，素面。

长颈壶

出土于早一期遗存
通高 22、口径 7.2、底径 4.4 厘米
湖南宁乡市罗家冲遗址出土
长沙市文物考古研究所藏

泥质红陶。短外卷口，尖圆唇，高直颈，弧折肩，高斜腹，矮圈足，底部饰一道凸棱。

高领罐

出土于早二期遗存
复原口径 5.8、腹径 10.3、底径 5、高 11.2 厘米
湖南宁乡市罗家冲遗址出土
长沙市文物考古研究所藏

泥质灰陶。修复完整，高直领，短卷口，斜肩，上腹外鼓，下腹斜收，平底。素面。

器盖

出土于早一期遗存
口径 11.6、底径 5.6、高 4.4 厘米
湖南宁乡市罗家冲遗址出土
长沙市文物考古研究所藏

泥质黑陶。圈足状纽，整体呈倒扣圈足碗状，素面。

猪首

出土于早三期遗存
高 3.7、残长 8.9、宽 5.8、厚 0.9 厘米
湖南宁乡市罗家冲遗址出土
长沙市文物考古研究所藏

泥质灰陶。椭圆形头，内侧内凹，长嘴张开，长方形猪耳，两眼内凹。

擂钵状器

出土于早二期遗存
复原口径 21、底径 8.2、高 15.6、厚 0.7 厘米
湖南宁乡市罗家冲遗址出土
长沙市文物考古研究所藏

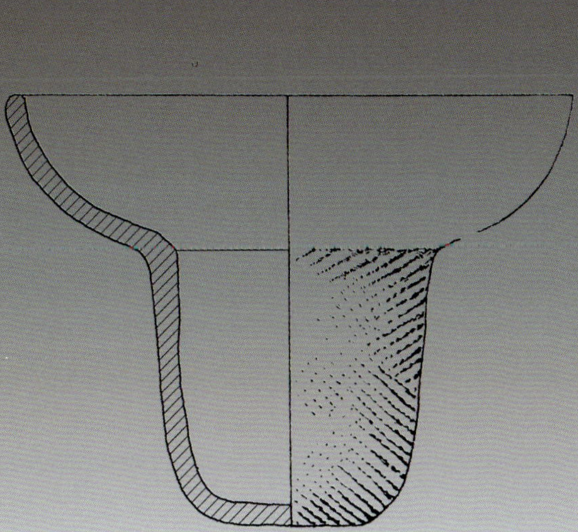

夹砂红陶。修复完整，漏斗形，上部呈喇叭口，下部呈筒形，外饰绳纹，圜底。

高领罐（残，2 件）

①出土于早一期遗存、②出土于早二期遗存
①高 11.2、复原口径 5.8、腹径 10.3、底径 5 厘米
②残高 19.6、口径 14.8、残宽 34、厚 0.4 厘米
湖南宁乡市罗家冲遗址出土
长沙市文物考古研究所藏

第一件高领罐为泥质黑皮红陶，外卷沿，高束领，鼓肩，素面；第二件高领罐为泥质红陶，仅存口沿及肩局部，高直领，无沿，广肩，口外上端饰横凹弦纹，中下端饰斜凹弦纹，口下端及肩上端饰两道凸棱纹，肩饰压印方格纹。

1

②

长颈壶（残）

出土于早三期遗存
残高 17、复原口径 12.4、残宽 18、厚 0.5 厘米
湖南宁乡市罗家冲遗址出土
长沙市文物考古研究所藏

泥质红陶。仅存口沿及肩局部，高直领，短平沿，斜肩，颈饰四道凹弦纹，肩饰绳纹。

陶把手

出土于早二期遗存
残高 7.6、宽 6.8 厘米
湖南宁乡市罗家冲遗址出土
长沙市文物考古研究所藏

夹砂灰陶。麻花状，系用三泥条拧制而成。

陶球

出土于早一期遗存
直径 3.4—4.5 厘米
湖南宁乡市罗家冲遗址出土
长沙市文物考古研究所藏

夹砂红陶。近似椭圆形，素面。

陶拍

出土于早二期遗存
高 7、垫面直径 6 厘米
湖南宁乡市罗家冲遗址出土
长沙市文物考古研究所藏

夹砂红陶。蘑菇形，圆柱状柄，圆形垫面隆，素面。

鼎足（6件）

①—③出土于早一期遗存，④—⑥出土于早二期遗存
①残高 9 厘米
②残高 4.2 厘米
③残高 15.4 厘米
④残高 11、宽 7.8 厘米
⑤残高 16.4、宽 6.2—8.2 厘米
⑥残高 13.6 厘米
湖南宁乡市罗家冲遗址出土
长沙市文物考古研究所藏

夹砂红陶。上端及下端残，宽扁足，足外中部饰一条纵向凸棱。

①

②

夹砂红陶。舌状，外饰一道竖向刻槽。

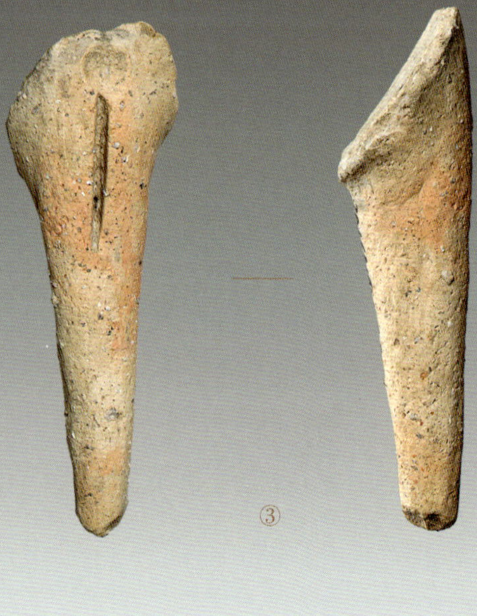

③

夹砂红陶。圆锥足，足跟饰一个按窝，其下饰一道竖向刻槽。

夹砂红陶。下残，宽扁足，足外饰绳纹，中间加饰两条纵向凹槽，中间饰一排纵向按窝。

④

⑤

夹砂红褐陶。下端残，宽扁足外翻，足上部贴麻花状附加堆纹，足外部呈三道瓦棱形。

⑥

夹砂红陶。扁锥形，外饰绳纹及三道竖向刻槽。

陶鬶（残，3件）

出土于早一期遗存
①残高12.3厘米
②残高9.6厘米
③残高10.4厘米
湖南宁乡市罗家冲遗址出土
长沙市文物考古研究所藏

①

②

③

第一件为泥质红陶，仅存口沿及颈部，卷叶流，流口朝上，细长颈，下端有把手，素面；第二件为泥质红陶，下端残，卷叶流，流口朝上，细长颈，素面；第三件为夹砂褐陶，仅存口沿及颈部，捏状流，矮粗颈，素面。

鬶足（2件）

出土于早二期遗存
①残高6.4厘米
②残高8厘米
湖南宁乡市罗家冲遗址出土
长沙市文物考古研究所藏

第一件为泥质红陶，细高柱足，素面；第二件为夹砂红陶，高锥足，内空。

①

②

长沙地区新石器时期文化序列表

大塘文化 以大塘遗址为代表	距今约 7000 年
堆子岭文化 以花草坪遗址、竹山湾遗址为代表	距今约 5600—5000 年
岱子坪一期文化 以腰塘早期、月亮山遗址早期早段为代表	距今约 5200—4800 年
罗家冲文化 以罗家冲遗址早一期、腰塘遗址晚期及月亮山遗址早期晚段为代表	距今约 4500—4000 年

长沙属于湘中地区，地处南北文化的交接地带，北接两湖平原，东临赣西北，南接湘南及岭南地区。通过70年来长沙地区新石器时代的考古发掘与研究，并综合湘江流域文化发展谱系的研究成果，长沙乃至湘中地区自大塘文化以来的新石器时代考古学文化序列基本轮廓大致可以勾勒，即大塘文化（以长沙大塘遗址为代表）——堆子岭文化（以湘潭堆子岭遗址为代表）——岱子坪一期文化（以湘乡岱子坪一期为代表）——罗家冲文化（以宁乡罗家冲遗址早一期为代表），此后进入夏商时期。参考湘江流域史前文化谱系研究，目前湘中地区新石器时代文化序列中尚有较多缺环，主要为大塘文化之前的新石器时代早中期、介于大塘文化与堆子岭文化之间相当于汤家岗文化时期及介于堆子岭文化与岱子坪一期之间相当于大溪文化晚期至屈家岭文化时期等三个文化发展阶段，这些缺环在该区域是否存在？各时期文化与周边不同文化的交流如何？要构建该地区完整的史前考古学文化谱系还有待日后相关考古工作及研究的进一步加强。

方国揭秘

湖南是中国南方地区发现商代和西周早期青铜器最多的省份之一，其中不乏举世闻名的重器。自 20 世纪 30 年代以来，湘江流域出土的商周青铜器总数超过 400 件。以宁乡黄材盆地为中心的沩水流域出土青铜器数量达 300 余件，是湘江流域出土商周铜器数量最多、分布最密集的地区。以出土青铜器为线索对商周时期古文化遗址开展系统研究，来寻找商周时期古文化遗址与出土青铜器的关联性，是 20 世纪 80 年代以来湖南商周考古的主攻方向。在此背景下，由省市考古机构联合组建的攻关团队，持续开展调查和主动性考古发掘，长沙商周考古取得了重要进展和重大突破。尤其是炭河里古城的发现，为揭秘早期方国提供了重要实证。

宁乡出土商周青铜器地点分布示意图

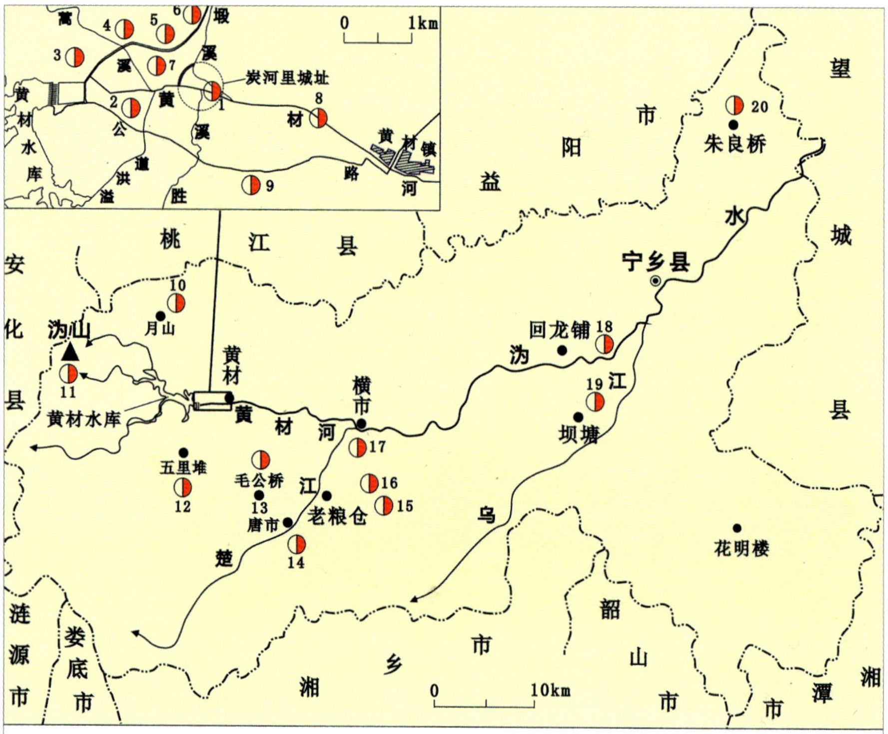

1. 炭河里（“癸□”卣）
2. 胜溪新屋湾（人面纹方鼎）
3. 寨子山（兽面纹瓿及224件铜斧）
4. 三亩地（铙、刮刀）
5. 王家坟山（“戈”卣）
6. 水塘湾（“己□”分裆鼎）
7. 寨子村（“□父乙”涡纹罍）
8. 黄材村划船塘（巨型瓿）
9. 葛藤村（觚）
10. 月山铺（四羊方尊、象纹大铙、盉）
11. 沩山（虎卣）
12. 五里堆（甬钟）
13. 毛公桥（甬钟）
14. 唐市（铙）
15. 师姑寨（铙17件）
16. 北峰滩（铙2件）
17. 横市滩山村（卣）
18. 回龙铺（卣）
19. 坝塘（鼎2件）
20. 朱良桥（刀）

凤鸟纹铜“戈”卣

商代晚期（前13世纪—前11世纪）
高37.7、口横15.4、口纵13.2厘米，重20.7千克
1970年湖南宁乡黄材镇王家坟山出土
湖南博物院藏

提梁卣的横截面呈椭圆形，盖面作穹庐状，盖顶设菌形捉手，盖沿直高，两侧上翘出戟。器、盖子母口套合，盖分别铸有一文“戈”字。戈族是一支古老的部族，商周时期的戈族很可能就是夏的遗民。除戈卣外，戈族器物在湖南还发现了3件。戈卣内贮藏的玉器种类有珠、管、玦、璜、环以及少量圆雕玉兽和玉龙。这种铜、玉共存的埋藏现象颇具特点，在湖南地区发现得比较多。一般的观点认为这些伴随青铜器出土的商代玉器是祭祀山川的祭品，或认为与举行燎祭有关，或认为与盟誓献祭有关，或认为与馈赠有关。总之，这一特点表明青铜器在湖南地区的使用，与中原地区有着并不完全一致的方式和性质。

“大禾”人面纹方鼎是迄今为止湖南出土的唯一一件方鼎。器作长方形，口略大于底，立耳方唇，唇沿内侧斜削。深腹，腹壁较直，平底下置四个实心柱足。值得注意的是方鼎立耳的顶部两端翘起，中间略呈弧形，这是不同于中原地区青铜方鼎的一种地域性特点。腹内壁铸铭“大禾”二字，据研究为商代农官之名。

兽面纹铜铙

商代晚期（前 13 世纪—前 11 世纪）
铣长 34.5、通高 55 厘米
长沙博物馆藏

湖南地区出土的青铜乐器中以铙最具特色，超大的体量和夸张的纹饰使湖南大铙闻名于世。目前湖南出土的铜铙有四十多件，其中大约十件单件重逾 100 千克，如此巨大体量的铙在别处罕见。大铙在实际使用时必须加以固定，甬部朝下，口腔朝上。以粗线条构成的兽面纹是湖南大铙的主体纹饰，少见于其他地区。青铜铙的排序断代虽久经学术界探讨，但至今尚无定论。

望城高砂脊遗址

1996 年冬、1999 年春湖南省文物考古研究所联合长沙博物馆、长沙市文物考古研究所等单位对位于望城县高塘岭镇的高砂脊遗址进行了两次考古发掘，发现的遗迹主要有墓葬、灰坑和陶窑。墓葬根据墓坑形制、结构和随葬品种类及分布情况可分为两类：第一类为铜器墓（2 座），即随葬品以铜器为主的墓葬。第二类为陶器墓，即随葬品基本为陶器。高砂脊遗址出土遗物以墓葬随葬品为主，其他出土遗物较少。按质地分为铜器、陶器和石器三类。高砂脊遗址的发掘为探寻宁乡商周铜器群的文化背景提供了重要线索。

1996 年望城高砂脊遗址 1 号墓发掘现场

铜尊

西周（前 1046—前 771）
口径 12、腹径 10、圈足径 7.2、高 11.2 厘米
长沙望城高砂脊遗址 AM1 出土
湖南省文物考古研究院藏

铜柄形器

西周（前 1046—前 771）
残长 15.2、前端宽 1.7、銎端宽 2.5、厚 2—6 厘米
长沙望城高砂脊遗址 AM1 出土
湖南省文物考古研究院藏

铜三叉形器

西周（前 1046—前 771）
端部边长 10、高 4 厘米
长沙望城高砂脊遗址 AM5 出土
湖南省文物考古研究院藏

铜鼎（5 件）

商末至西周（前 1046—前 771）
① AM1:5，口径 11、高 13 厘米
② AM1:6，口径 12.6、腹深 7.2、高 14.5 厘米
③ AM1:2，口径 11、腹深 6.5、高 13.8 厘米
④ AM1:7，口径 13.6、腹深 12.8、高 15.5 厘米
⑤ AM1:4，口径 11.2、宽 10.4、腹深 6.1、高 13.5 厘米
长沙望城高砂脊遗址 AM1 出土
湖南省文物考古研究院藏

①

②

③

④

⑤

兽面纹铜鼎

商末至西周（前 1046—前 771）
口径 21.2、腹深 12.6、高 25.7 厘米
长沙望城高砂脊遗址 AM5 出土
湖南省文物考古研究院藏

铜鼎

西周（前 1046—前 771）
口径 20.4、腹深 11.8、高 24 厘米
长沙望城高砂脊遗址 AM5 出土
湖南省文物考古研究院藏

炭河里遗址

炭河里遗址于1963年由湖南省博物馆调查发现。1973年湖南省博物馆对炭河里遗址进行了小规模试掘。2001年、2003年和2005年湖南省文物考古研究所等单位先后三次对炭河里遗址进行了大规模发掘，发现了城墙、城壕遗迹，确定其为西周时期的城址，同时在城内发现了大型宫殿建筑基址6座，清理了2座。在城址西北部的二级台地上清理西周墓7座、春秋墓2座、战国墓3座。出土了大量陶器、铜器和玉器等遗物。

发掘者研究认为城址的始建年代为西周早期，遗址最早的文化堆积不早于商末周初。遗存的文化面貌以本地因素为主，同时还包括商文化因素、周文化因素、鄂东南赣西北和湘西北等地区的文化因素。以炭河里城址为代表的“炭河里文化”是一支生存于西周时期的地方青铜文化，相对于西周王朝来说，炭河里就是一个独立方国的都城所在。

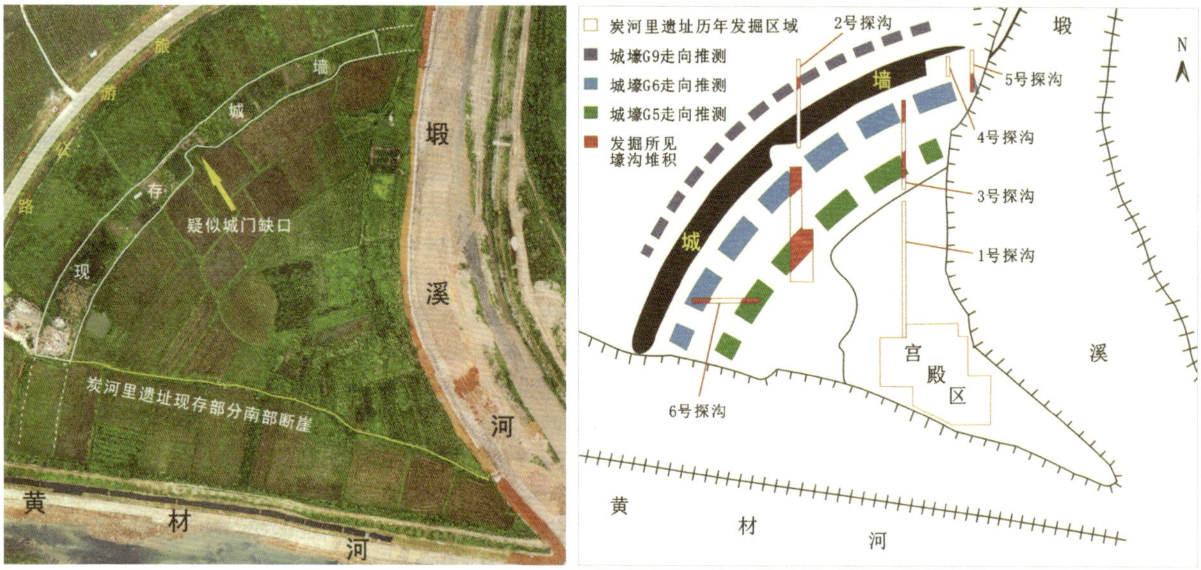

炭河里城墙与城壕位置关系示意图

炭河里遗址一号宫殿基址平面照

炭河里遗址二号宫殿基址平面照

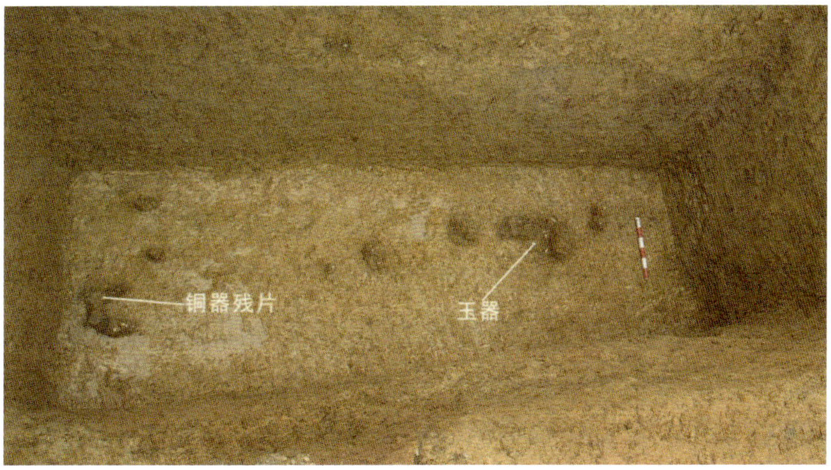

老屋湾墓地 1 号墓出土器物照

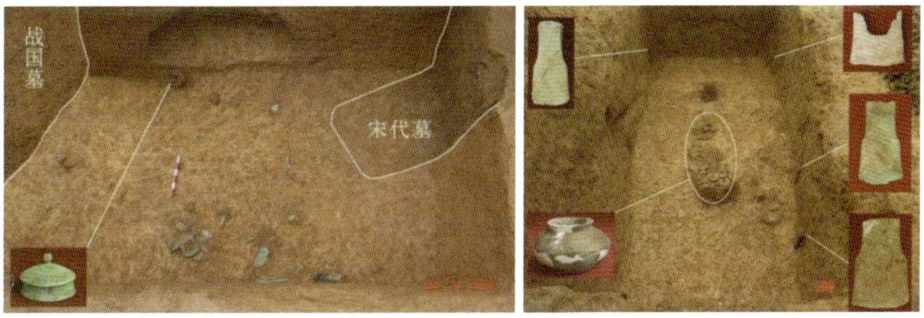

老屋湾墓地 4 号墓、8 号墓出土器物照

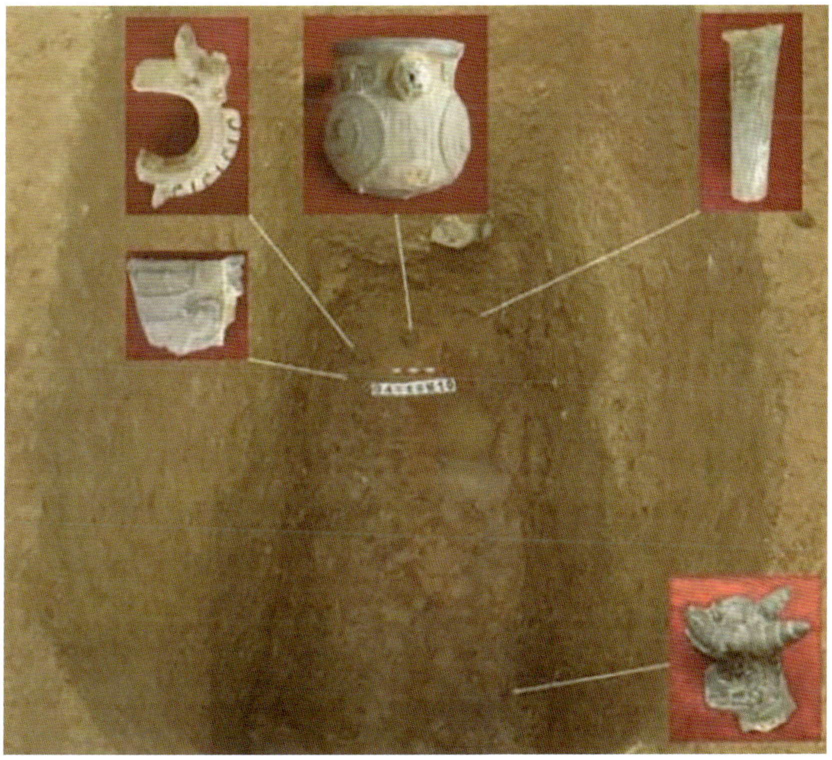

老屋湾墓地 10 号墓出土器物照

陶鼎

西周（前 1046—前 771 年）
口径 31.4、腹径 32.6、通高 38 厘米
湖南宁乡炭河里遗址 G5 出土
湖南省文物考古研究院藏

夹砂红褐陶，器表有一层黑衣。方唇，立耳，三柱形足，上腹有一道弦纹。仿铜鼎制作而成，属商文化因素器物。

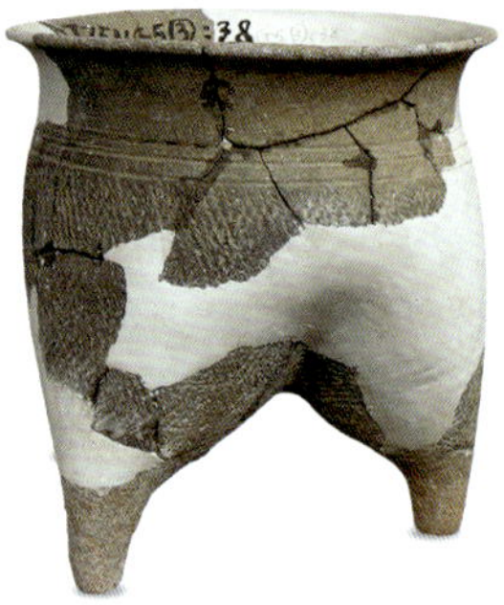

陶鬲

西周（前 1046—前 771 年）
口径 20.6、腹径 19.2、高 21.5 厘米
湖南宁乡炭河里遗址 G5 出土
湖南省文物考古研究院藏

夹砂黑褐陶，侈口，圆唇，长颈，深腹，分裆，裆部微瘪，三矮柱足，足根平，通体饰绳纹，口下及颈部饰凹弦纹。

陶鬲

西周（前 1046—前 771 年）
口径 26、腹径 26.6、高 23.2 厘米
湖南宁乡炭河里遗址 G5 出土
湖南省文物考古研究院藏

夹砂红陶，侈口，圆唇，束颈，圆肩，腹较浅，三柱足较高，通体饰较浅的斜绳纹，颈部饰凹弦纹。

陶簋

西周（前 1046—前 771 年）
口径 39、足径 25、高 26.8 厘米
湖南宁乡炭河里遗址 G5 出土
湖南省文物考古研究院藏

敞口，卷沿，圆唇，腹略鼓，高圈足。

陶鬲

西周（前 1046—前 771 年）
口径 26、腹径 24.8、高 24.4 厘米
湖南宁乡炭河里遗址 G5 出土
湖南省文物考古研究院藏

夹砂灰褐陶，侈口，方唇，颈微束，平裆，三柱状足较高，足跟外撇，通体饰交错绳纹，颈部饰多道弦纹。

陶釜

西周（前 1046—前 771 年）
口径 26.4、腹径 30.4、高 24.8 厘米
湖南宁乡炭河里遗址 G5 出土
湖南省文物考古研究院藏

夹砂黄陶，凹沿，折腹，颈部饰横篮纹，下部饰竖篮纹，底部饰交错篮纹。

陶鼎

西周（前 1046—前 771 年）
口径 20、腹径 22、高 25.2 厘米
湖南宁乡炭河里遗址 G5 出土
湖南省文物考古研究院藏

夹砂红褐陶，盘口，折腹，腹部主纹为弦纹，底饰小方格纹，足外侧有扉棱，内侧饰长刻槽。

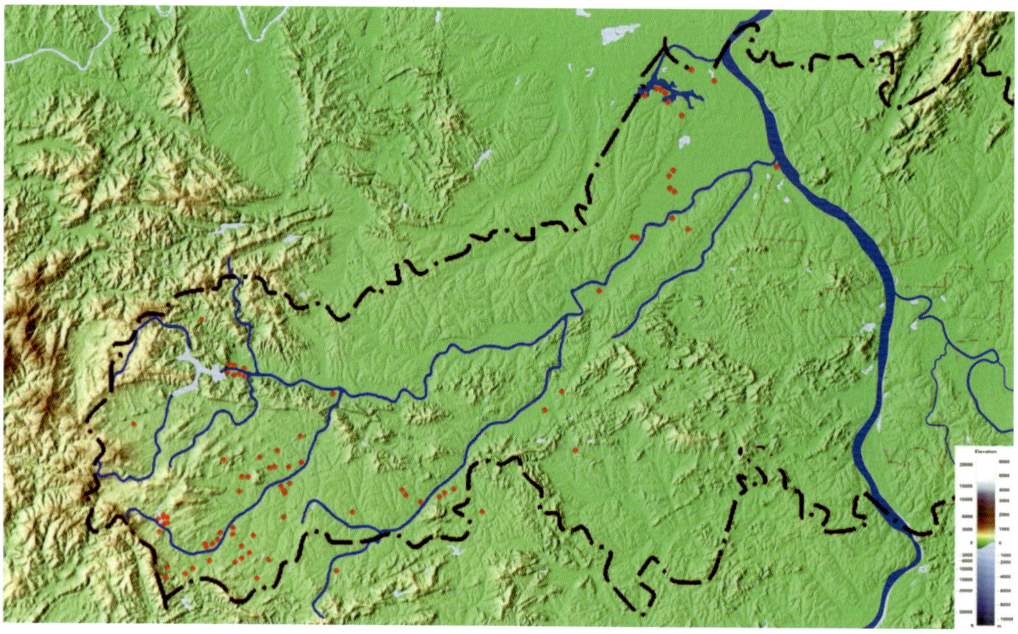

沩水流域先秦遗址点分布位置示意图

为系统掌握沩水流域先秦时期遗址分布情况，探寻“宁乡铜器群”出土背景更多的线索，长沙市文物考古研究所于2012年启动了沩水流域史前至商周时期考古专项调查。目前考古人员已在沩水上游、楚江和乌江流域调查发现遗址点54处，其中新发现遗址点39处，复查遗址点15处。2012年对月山铺转耳仑遗址和松溪九牯洞遗址进行了小面积试掘，2014年至2017年对罗家冲遗址连续开展了两次主动性考古发掘。

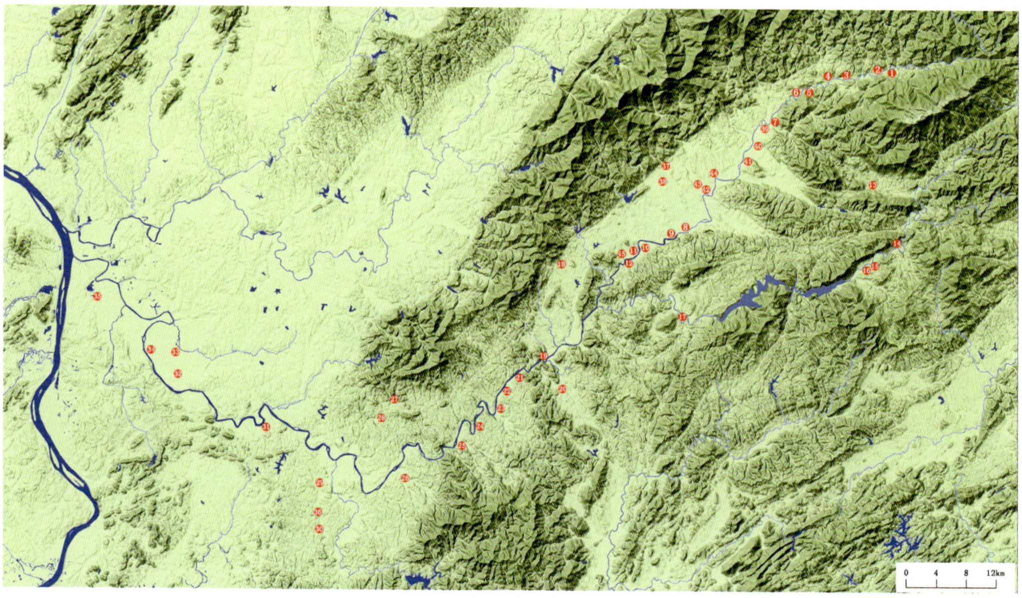

浏阳河流域先秦遗址点分布位置示意图

2018年5月由长沙市文物考古研究所联合浏阳市文物管理局及浏阳市博物馆等单位，正式启动浏阳河流域文明化进程专项考古调查工作。目前共复查“二普”“三普”新石器时代至商周时期遗址31处，新发现遗址点14处，战国至六朝时期城址1处。其中最重要的收获就是发现了一处浏阳最早的战国时期古城城址。

简里郡国

根据里耶秦简记载，湖南地区在汉以前曾设有苍梧郡。西汉时期，中央于长沙设置长沙国，临湘县为其国都。在东汉及三国时期，临湘县一直是长沙郡的郡治所在。自 1951 年以来，长沙地区的墓葬和古井之中，陆续出土战国至三国时期有字简牍约 10 万枚，是我国出土简牍数量最多的城市。这些简牍批次多、内容丰富、年代序列完整。其中，战国楚简多为遣策，秦汉至三国时期简牍则真实地反映了当时长沙地区郡国治理情况。

长沙地区出土简牍一览表

出土时间	出土地点	有字简牍数量	时代
1951 年 12 月 11 日	伍家岭 203 号墓	封检 10 枚	西汉
1952 年 1 月 7 日	徐家湾 401 号墓	木楬 1 枚	西汉
1952 年 1 月 8 日—10 日	五里牌 406 号墓	竹简 18 枚	战国
1953 年 5 月	仰天湖 25 号墓	竹简 42 枚	战国
1954 年 8 月	杨家湾 6 号墓	竹简 37 枚	战国
1961 年 6 月	砂子塘 1 号墓	封泥匣 43 枚	西汉
1972 年	马王堆 1 号墓	简牍 461 枚	西汉
1973 年 12 月—1974 年初	马王堆 3 号墓	简牍 600 多枚	西汉
1993 年 2—7 月	望城坡古坟垸 1 号墓	木楬等 123 枚	西汉
1996 年	科文大厦（九如斋）古井	简牍 100 余枚	东汉
1996 年 7—12 月	走马楼西南侧古井	简牍近 80000 枚	三国吴
2003 年 11 月	走马楼东侧古井	简牍 2195 枚	西汉
2004 年 4—6 月	东牌楼古井	简牍 206 枚	东汉
2010 年 6—8 月	五一广场古井	简牍 6862 枚	东汉
2011 年 3 月—2012 年 9 月	尚德街古井	简牍 171 枚	东汉

徐家湾西汉木楬

西汉（前 202—8）
长 11.8、宽 3.1 厘米
1952 年长沙徐家湾 401 号墓出土
湖南博物院藏

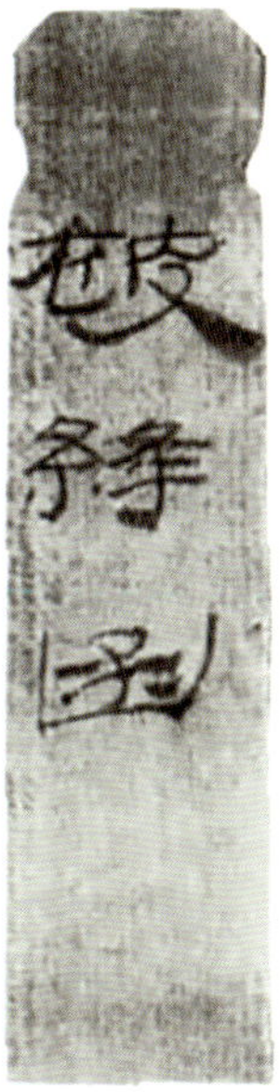

被绔函

长方形，扁平，上端削去两角，稍低处两侧各有一个三角形凹缺。正面光滑，有墨书“被绔函”三字；反面粗糙，未经加工。木楬系在凹缺处缚绳，并悬挂在箱函之上。“被”，读为“帔”，指裙。“绔”指裤。

仰天湖楚简（复制件，2 枚）

战国（前 1475—前 221）
长 20.2—21.6、宽 0.9—1.1 厘米
1953 年长沙仰天湖 25 号墓出土
长沙博物馆藏，原件藏于湖南博物院

以上两枚简牍为遣策，意为：一件紫布做的套袖，有大繏缝制的绣纹，有纙装饰边缘，两端连有红组系带，系带上系有骨夬。一双新的皮鞋，一双旧的皮鞋，都有草制鞋垫。

20 世纪 50 年代长沙出土的三批楚简，在学术界影响很大，战国简册研究的序幕由此拉开。

“轪侯家丞”封泥匣

西汉（前 220—8）
长 5、宽 2、厚 1.5 厘米
1972 年长沙马王堆 1 号墓出土
湖南博物院藏

该枚封泥匣为随葬器物箱的盖印封泥，以示封闭之意。“轪侯家丞”是轪侯家的总管。古代的公私文书或存放重要物品的器具外一般要用封泥匣加以封闭，封泥匣上有凹槽，用来结绳捆绑。绳端结合处用泥封闭，泥上加盖印章，以防他人私自拆看，其泥称封泥，而用来存放封泥的木匣称为封泥匣。

“长沙后府”封泥匣

西汉（前 220—8）
长 5、宽 3、厚 1.2 厘米
1993 年长沙望城坡西汉渔阳墓出土
长沙简牍博物馆藏

匣中的凹槽内封泥尚存篆文“长沙后府”四字，是墓主身份信息的重要物证。

1996 年走马楼三国吴简

1996 年 7—12 月，长沙市文物工作队（长沙市文物考古研究所）配合城市基本建设，对位于走马楼街西南侧的湖南平和堂商贸大厦建设区域内的古井（窖）群进行发掘，出土了铜、铁、陶瓷、竹木等文物数千件（套）。在编号为 J22 的古井（窖）中发掘出一批三国孙吴纪年简牍。这批简牍具有多方面的学术价值，内容包括赋税、户籍、仓库管理、钱粮出入、军民屯田、往来书信等，涉及社会、经济、政治、法律等方面，对于了解长沙郡及吴国的历史都具有十分重要的价值。发掘获评当年“全国十大考古新发现”。

1996 年走马楼吴简发掘现场全景

1996 年走马楼吴简出土现场（由西向东）

走马楼三国吴简

吴（222—280）
长 11、宽 1.3、厚 0.26 厘米
1996 年长沙走马楼平和堂工地 22 号古井出土
长沙简牍博物馆藏

大樯一枚長七丈 大舵一枚
〔具〕其上綱一枚長六丈 碇石一枚
下綱一枚長六丈 大紲一枚
嘉禾二年二月廿八日給

1384

走马楼三国吴简

吴（222—280）
长 24.4、宽 3.4、厚 0.55 厘米
1996 年长沙走马楼平和堂工地 22 号古井出土
长沙简牍博物馆藏

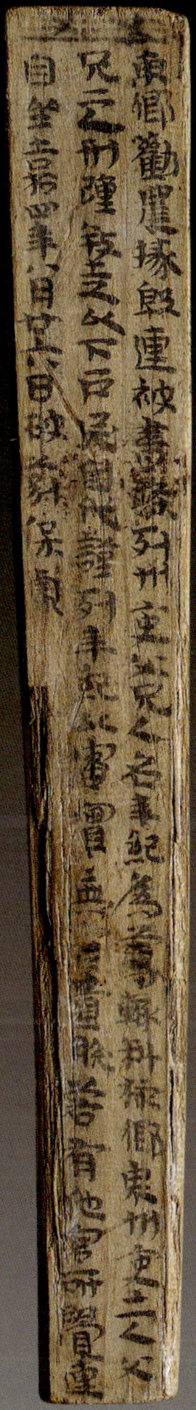

東鄉勸農掾殷連被書條列州吏父兄人名年紀爲簿輒料核鄉界州吏二人父
兄二人刑踵叛走以下户民自代謹列年紀以審實無有遺脱若有他官所覺連
自坐嘉〔禾〕四年八月廿六日破莂保據

2543

编号 2543 的简牍释文意为：东乡劝农掾殷连，按照公文要求逐条列出州吏及其父兄的姓名、年纪，结成一个簿籍。核查出东乡界内州吏有两人，每名州吏各有父兄两人，一共四人：一人有创伤、一人身肿、一人叛走、一人以下户民自代。现在列出年纪以备查验，没有遗漏的。如果有其他官员发现遗漏，我殷连自己服罪。嘉禾四年八月二十六日，把莂剖成几份用作证据。

走马楼三国吴简田家莂

吴（222—280）

长 48.1、宽 2.7、厚 0.5 厘米

1996 年长沙走马楼平和堂工地 22 号古井出土

长沙简牍博物馆藏

029177

≡×里中丘男子鄧□佃田一町凡三畝皆二年常限

爲米三斛六斗畝收布二尺凡爲六尺准入米三斗六升五年十二月八日付倉吏張曼周棟

孫儀畢

其熟田畝收錢八十

凡爲二百卌准入米三斗一升二合五年十二月九日付吏

嘉禾六年二月廿日田户曹史張惕趙

野校

该枚简为赋税简，记载了里中丘有个男子名叫邓□，租种了一块田地，总共有三亩，都是二年常限田。需要缴纳米租三斛六斗；每亩田要缴纳布租二尺，一共六尺，转换为米租三斗六升；五年十二月八日交付米仓管理员张曼和周栋。另外，每亩田需要缴纳租金八十，一共二百四十，转换为米租三斗一升二合，五年十二月九日全部交付米仓管理员孙仪。嘉禾六年二月二十日，田户曹史张惕和赵野核对。

走马楼三国吴简田家莂

吴（222—280）

长48.3、宽2.8、厚0.1厘米

1996年长沙走马楼西南侧22号古井出土

长沙市简牍博物馆藏

029611

南彊丘男黄健佃田三町凡十畝皆二年常限

其二畝旱敗不收布

定收八畝爲米九斛六斗畝收布二尺 凡爲布一丈六尺 准入米九斗九升五年十一月廿日付倉吏張曼周棟

其米九斛六斗六年正月十日付倉吏張曼周棟

其旱田不收錢

熟田田收錢畝八十

凡爲錢六百卌五年十一月五日付庫吏潘慎

嘉禾六年二月廿日田户曹史張 惕校

2003年湖南省供销社走马楼西汉简

2003年11月，长沙市文物考古研究所配合湖南省供销社综合大楼建设进行考古发掘工作。在建设工地内清理了一批古代水井，其中编号为J8的古井中出土了一批西汉武帝时期的简牍。简牍的种类繁多，内容丰富，其中司法文书占有较大的比重，涉及长沙国的官僚行政体制、刑制改革、郡县交通、蛮夷管理、疆域辖治等方面，呈现了武帝时期南方诸侯王国体制的复杂面貌，具有鲜明的时代特征与地域特征。这批简牍为研究汉代法律制度的演变特别是诸侯王国法制状况，提供了珍贵资料。

2003年湖南省供销社发掘工地全景（由西向东）

2003年湖南省供销社8号井口上部清理后的情况（由南向北）

走马楼西汉简

西汉（220—8）
简长约 44.5、宽 1.4、厚 0.13 厘米
1996 年长沙走马楼东侧 8 号井出土
长沙简牍博物馆藏

陽安成里公乘伉充南陽公乘午所具庸擊禾爲米四百七十二石作盛粟簋三百六枚連粟爲米五百廿二石六斗積徒四百七十一人日卅錢伉
庸長三月乙丑受錢萬五百一問庸人公乘野貍豹等皆未得錢伉受野等賃錢不予野等與令史葵守令史相鶱正午共盜伉等實不受繒僮

简文内容涉及粮食加工、劳务购买等。

走马楼西汉简

西汉（220—8）

长约 39.7、宽 1.5、厚 0.22 厘米

2003 年长沙走马楼省供销社工地 8 号井出土

长沙简牍博物馆藏

068617

☒具獄亭長南爰書先以證律辨告撟乃訊辭曰士五無陽夫里壻子吏令爲叓皇人擇廼二月中不識日嗇夫襄人在輕半令撟收責㶊溪叓人□☒

☒船一艘當米八斗士五強秦磿僕予腸各廿五斤凡七十五斤撟令安居士五周乘船下撟先去㶊溪中環輕半襄人所收責得船☒

简牍释文意为：“撟”替啬夫襄人收债得到的物品，只有五棆船一艘和肠七十五斤。这次讨债牵涉的欠债人共计四人：士五定，欠襄人八斗米，以五棆船一艘充抵；士五强秦、磨、仆等三人，各通过撟交给襄人肠二十五斤，共计七十五斤。

走马楼西汉简

西汉（220—8）
长约 39.2、宽 1.5、厚 0.16 厘米
2003 年长沙走马楼省供销社工地 8 号井出土
长沙简牍博物馆藏

068618

案將大農田官移賃庸出券三其一錢四千七百廿一素繒五尺五寸直錢卌九乚錢六百五十六乚一錢五千一百廿五絣繒四匹【一丈九尺二寸】
直錢千九百七十一春草綉繒二匹二寸直千一百卌九緹繒三丈五尺·直錢四百五十五三年三月乙丑四月丙申丙午將田義陵佐僮沅陽佐

简牍释文意为：长沙国的大农田官移送租庸券三份。第一份，现金 4721；素缯五尺五寸，值钱 49。第二份，现金 656。第三份，现金 5125；絣缯四匹，值钱 1971；□绣缯二匹二寸，值钱 1149；缇缯三丈五尺，值钱 455。

走马楼西汉简

西汉（前 220—8）
长约 43.6、宽 1.7、厚 0.3 厘米
2003 年长沙走马楼省供销社工地 8 号井出土
长沙简牍博物馆藏

☐獄史胡人爰書以襄人搞辤證律告磨強秦僕磨強秦僕皆不能楚言即以襄人搞辤證不言請擇訊人出入罪人律出擇共里不更當令訊磨僕強秦當曰強秦磨僕

☐〔溪〕□□輕半士五共搞來言曰為脽夷主襄人收賓磨僕強秦予搞腸各廿五斤不智當米數搞去後不識日強秦磨僕之田到槙溪涌見一吏☐

068675

2004 年东牌楼东汉简

2004 年 4—6 月，长沙市文物考古研究所为配合城市基本建设，对位于市中心五一广场东南侧的湘浙汇商业大厦建设区域内的古井群进行考古发掘，出土青瓷器、陶器、漆木器等数百件。在编号为 J7 的古井中清理出一批东汉简牍。该批简牍不仅填补了东汉末期简牍的空白，还可与同地出土的三国吴简进行综合研究，并对研究汉代各体书法的演变、汉魏书法的承接关系也具有非常重要的价值。

2004 年东牌楼发掘工地全景（由西向东）

合檄一封

臨湘 東部勸農郵亭掾周安言事

廷以郵行 詣 如 署

光和六年正月廿四日乙亥申時駟望亭

这是一封合檄的面板，下面应该还有一个背板与其配套使用，其作用类似现在的信封。内容是东部劝农邮亭掾周安向临湘县政府汇报工作，发出时间是光和六年正月廿四日乙亥申时，发出地点是驷望亭。

“督邮”木牍

东汉（25—220）
长 24.6、宽 4 厘米
2003 年长沙东牌楼 7 号井出土
长沙市文物考古研究所藏

1006（背）

安善歡喜幸=甚=推昔分別纇磨不數承直區=
之念欲相從談歎客處空貧無緣自前言之有慙
財自空乏將命冀見乃得之=賤子習逸公惶恐頓首

1006（正）

客賤子侈頓首再拜
督郵侍前別亭易邁忽尔今軸磨年朔
不復相見勤領衆職起居官舍遵貴皆悉

发信人侈是某位督邮的旧相识，二人分别已久。督邮要侈前去会面，于是侈写信给督邮，在叙旧和恭维之后，说自己愿意前往，但客居在外，空乏贫穷，无法成行，感到羞愧惶恐。文中也有希求资助的意思。

“蒋十五枚”木牍

东汉（25—220）
长 23.6、宽 3.3 厘米
2003 年长沙东牌楼 7 号井出土
长沙市文物考古研究所藏

蔣十五枚　菱席一束　莒一寵
丈席一枚　平于一枚　馬汝桉一雙
丈二席一枚　大酒于一枚　南山□□□

此枚简牍应是记载器物的账簿，意为：蒋席十五张。菅席一卷。莒一寵。一丈长的席子一张。平盂一件。马汝案一对。一丈二尺长的席子一张。大酒盂一件。

“临湘守令”木牍（正书）

东汉（25—220）
长 23.6、宽 3.2 厘米
2003 年长沙东牌楼 7 号井出土
长沙市文物考古研究所藏

臨湘守令臣肅上言荊南頻遇軍寇租蕷法　賦民不輸入冀蒙赦令云當虧除連　年長逋倉空無米庫無錢布督課鄉
吏如舊故自今雖有赦令不宜復除昭陵　連道尚有營守小頗驚急見職吏　各使歸家召喚不可復致俠弩委矢

这是一封合檄的背板，公文就写在背板上。临湘守令肃向上级汇报说：荆南经常出现乱兵和贼寇。百姓乘机不缴租赋，希望等待免除租赋的赦令。由于连年拖欠租赋，造成政府仓库空虚，钱、布、粮食匮乏。然而，监督缴纳租赋的乡吏仍在工作。希望今后即使下达赦令，也不应该轻易减免。此外，昭陵和连道两县还有驻军，稍微遇到突发情况，现役官吏就各自回家，不管怎么召唤都不愿再来，还收起弩、丢掉矢。这种情况令人担忧。

“熹平元年”人形木牍

东汉熹平元年（172）
长 24.5、宽 3.1 厘米
2003 年长沙东牌楼 7 号井出土
长沙市文物考古研究所藏

有好肥陽玉角所將隨從飲食易得人主傷心不易識超到言
如律令故事有侍者教首書者員悝李阿六月廿二日白

1157（背）

六月甲申朔廿二乙卯謹遣小史潭超
喜平元年
詣在所到丞問前後所犯爲無狀家富

1157（正）

这个人形牍讲的是牍文中的小史潭超，于熹平元年六月廿二日受派遣，携带祭品肥羊、玉角作为礼物至人外世界的某个主事官员的官署，当面陈述其主人无过失，所在之处目的在于使人主的病症得到治愈。“伤心不易识”指的当是人主的症状，心的疾病使其变得意识不清。这枚人形牍与民间“司命”信仰有关。

“中贼曹”木牍（篆书）

东汉（25—220）
长 22.6、宽 3.4 厘米
2003 年长沙东牌楼 7 号井出土
长沙市文物考古研究所藏

長沙□□勝
臨湘令主□□詔（?）書（?）勸農掾掾掾
□□□興□

5569（背）

曹史子起掾子起
中賊曹　曹掾掾掾劉掾掾馬驛子起掾掾
掾掾

5569（正）

该牍或因故废弃后被用于练字，牍下边及另一面有许多隶体的“掾”“曹”等练习字迹。简背“臨湘令主□□詔（？）書（？）勸農”为篆书，有几字漫漶不清。篆书字间相连，附有装饰意味，应属鸟篆之类。从文字看应为公文。

“蔡記白”木牍（隶草书）

东汉（25—220）
长 23.2、宽 2.8 厘米
2003 年长沙东牌楼 7 号井出土
长沙市文物考古研究所藏

□張景名爲采（？）安分別受告今送求
事對今□小大委蔡記白☐

1168（背）

屬白書不悉送□案解人名
所教惓〻不盡（？）白

1168（正）

这是一封私信，内容不长，残字较多，其确切意思难以明了。此简书法风格平淡质朴，字体为隶草书。隶草书由隶书简捷写法发展演变而成，草书中带有隶书笔意，为隶书草化或兼隶草于一体的书体。

2010 年五一广场东汉简

2010 年 6—8 月，长沙市文物考古研究所为配合长沙市地铁二号线建设，于五一广场站地下水管改迁施工中，在 1 号井（窖）内出土了一批东汉简牍。以往全国各地出土的东汉早中期简牍较少，且传世史料对该时期的记载较为缺乏，此次出土的纪年明确、数量众多的官府档案文书，对于弥补该时期简牍缺环以及补证史料均具有极其重要的学术价值。该批简牍内容相当丰富，涉及当时的政治、经济、法律、军事诸多领域，都是当时使用的公文，有实效性。通过简牍内容，不仅可以了解当时的行政区划及管理体系，还可以研究东汉官僚体系，探知各机构的业务内容及官员的职权范围。

2010 年五一广场东汉简牍发掘工作照

2010 年五一广场 1 号井平面形制

五一广场东汉象人

东汉（25—220）
高 21.1、宽 4.3、厚 3.6 厘米
2010 年长沙五一广场 1 号井出土
长沙市文物考古研究所藏

象人正面

象人背面紅外线扫描照

象人左側紅外线扫描照

呈站立状，上肢残失，整木雕成。瓜子脸，五官仅雕出轮廓，分腿站立，裆较低。该象人身体上绘 6 处“创一所”，标明受伤者伤情，是给伤人者量刑的重要依据。

五一广场东汉木牍

东汉（25—220）
长 22.9、宽 3.1 厘米
2010 年长沙五一广场 1 号井出土
长沙市文物考古研究所藏

教諾

二八五

汉晋上行文书上报后，上级官员批准时常签字核准也就是“画诺”，即书“诺”或“若”。

五一广场东汉木牍

东汉（25—220）
长 46.7、宽 6.9 厘米
2010 年长沙五一广场 1 号井出土
长沙市文物考古研究所藏

案都鄉利里大男張雄南鄉匠 里舒俊逢門里朱循東 門里樂竟中鄉泉陽里熊趙皆坐雄賊曹掾俊循吏竟驂駕趙驛曹史驛卒李崇當爲屈甫

證二年十二月廿一日被府都部 書逐召崇不得雄俊 循竟趙典主者掾史知崇當爲甫要證被書召崇皆不以徵還爲意不承用詔書

發覺得

永初三年正月壬辰朔 十二日壬寅直符户曹史盛劾敢言之謹移獄謁以律令從事敢言之

三一八七

这是一件数名官吏渎职的案子。有一桩案件需要驿卒李崇作证。长沙太守府发来公文：要求逐召李崇。结果李崇没有出现。有数名相关负责人，却没有照章办事。这件事情后来被发现了。这几名官员都被移交监狱法办。

五一广场东汉木两行

东汉永初四年（110）
长 23.4、宽 3 厘米
2010 年长沙五一广场 1 号井出土
长沙市文物考古研究所藏

東部勸農賊捕掾王鄷名印
史 白開
正月 日 郵人以來

四一二（背）

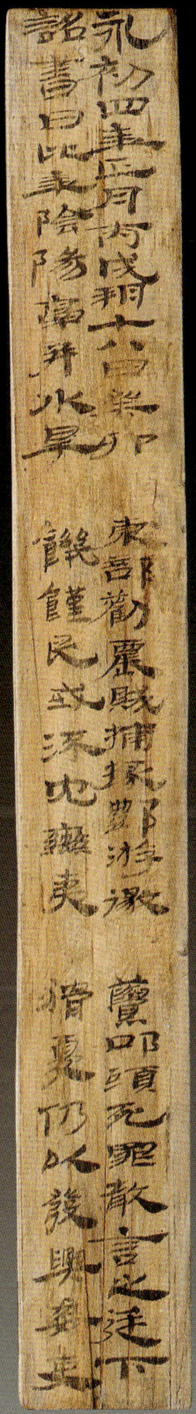

永初四年正月丙戌朔十八日癸卯 東部勸農賊捕掾鄷游徼 蘉叩頭死罪敢言之廷下
詔書曰比年陰陽隔并水旱 饑饉民或流冗蠻夷 猾夏仍以發興姦吏

四一二（正）

永初四年正月丙戌朔十八日癸卯，东部劝农贼捕掾鄷、游徼蘉汇报：诏书说：“连年阴阳失调、水旱灾害，灾民流离失所，少数民族侵犯，不良官吏……”

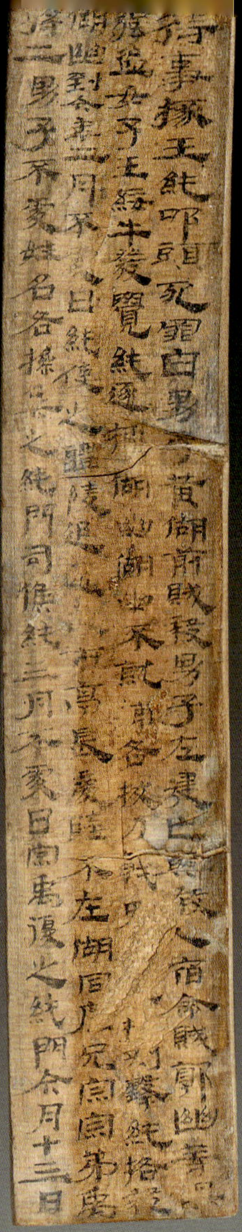

待事掾王純叩頭死罪白男子黃⿰亻胡前賊殺男子左建亡與殺人宿命賊郭幽等俱
強盜女子王綏牛發覺純逐捕⿰亻胡幽⿰亻胡幽不就捕各拔刀戟矛□□□刺擊純格殺
⿰亻胡幽到今年二月不處日純使之醴陵追逐故市亭長慶睦不⿰亻胡同産兄宗宗弟禹
將二男子不處姓名各操兵之純門司候純三月不處日宗禹復之純門今月十三日

三三六（正）

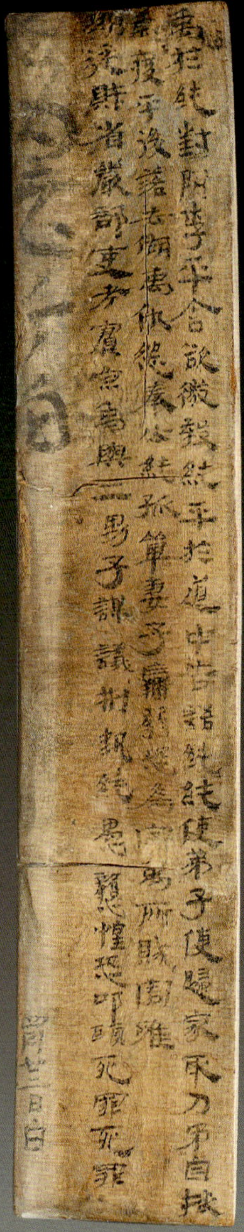

禹於純對門李平舍欲徼殺純平於道中告語純純使弟子便歸家取刀矛自捄
禹度平後落去⿰亻胡禹仇怨奉公純孤單妻子羸弱恐爲宗禹所賊害唯
明廷財省嚴部吏考實宗禹與二男子謀議刑埶純愚戇惶恐叩頭死罪死罪
今爲言今白 四月廿二日白

三三六（背）

官员报给县廷的治安案情报告，涉及未遂报复，报复对象即报告人待事掾王纯。这无疑是一桩挑战攻击政府执法人员的严重刑事案件。

長沙大守丞印
臨湘以郵行
元興元年九月七日晝漏盡起

这份公文的封检上面盖的是长沙大守丞的印章。临湘县用邮驿传送该公文。元兴元年九月七日傍晚发出公文。

五一广场东汉封检

东汉（25—220）
长 9.7、宽 3.4 厘米
2010 年长沙五一广场 1 号井出土
长沙市文物考古研究所藏

二九五

简牍红外扫描照

臨湘令殷君門下
郎中隋宣叩頭白記

此为郎中隋宣寄给临湘令的信件的封检。

五一广场东汉木两行

东汉（25—220）
长 22.6、宽 2.8 厘米
2010 年长沙五一广场 1 号井出土
长沙市文物考古研究所藏

布被三直三千新布單衣二直 千八百五幅故被一直六百布 複長襦一直二千布複緄一
直四百五十布複帬二直千四百 葛單衣一直八百捕魚 罔二其一新直千五百布

六一七

木两行释文意为：布被，值钱 3000；新布单衣两件，值钱 1800；五幅故被一床，值钱 600；布复长襦一件，值钱 2000；布复裤一件，值钱 450；布复裙两件，值钱 1400；葛单衣一件，值钱 800；捕鱼网两张，有一张是新的，一共值钱 1500。

五一广场东汉木两行

东汉（25—220）
长 20.2、宽 2.8 厘米
2010 年长沙五一广场 1 号井出土
长沙市文物考古研究所藏

流亡其月垂竟不處日 贛等復俱夜之直州尾 入所貍藏厚▢▨
絹青六匹縹八匹七尺絹 練十匹二尺絹絳二匹 早一匹青麦▢▨

六〇三

这枚木两行记载了多种丝织品及其数量：青绢六匹、缥八匹七尺、练绢十匹二尺、绛绢二匹、早一匹、青麦一匹。

五一广场东汉木两行

东汉（25—220）
长 23.1、宽 3.1 厘米
2010 年长沙五一广场 1 号井出土
长沙市文物考古研究所藏

鄉當又興令前已當王　覆中分仲餘財均調　覆得利里宅一區大奴柱小
奴胡下頭繒肆一孔王得竹　遂里宅一區大婢益小奴　秩上頭繒肆一孔當如興決

四九五

木两行记载住宅、商铺和奴婢情况：利里住宅一套、成年男奴、卖丝织品的商铺一间，竹遂里住宅一套、成年女婢、卖丝织品的商铺一间。

五一广场东汉木两行

东汉（25—220）
长 16 厘米、宽 2.8 厘米
2010 年长沙五一广场 1 号井出土
长沙市文物考古研究所藏

☑魚過備例所寅自占名　屬都鄉安成里珍廣成鄉
☑　魚七合官平魚斤直　錢三卌斤并直錢百卅四

五六九

简牍涉及官府平稳市场鱼价的举措：一斤鱼值三钱，魫鱼一合，值二钱。

东汉永初三年（109）
长 23.5、宽 5.3 厘米
2010 年长沙五一广场 1 号井出土
长沙市文物考古研究所藏

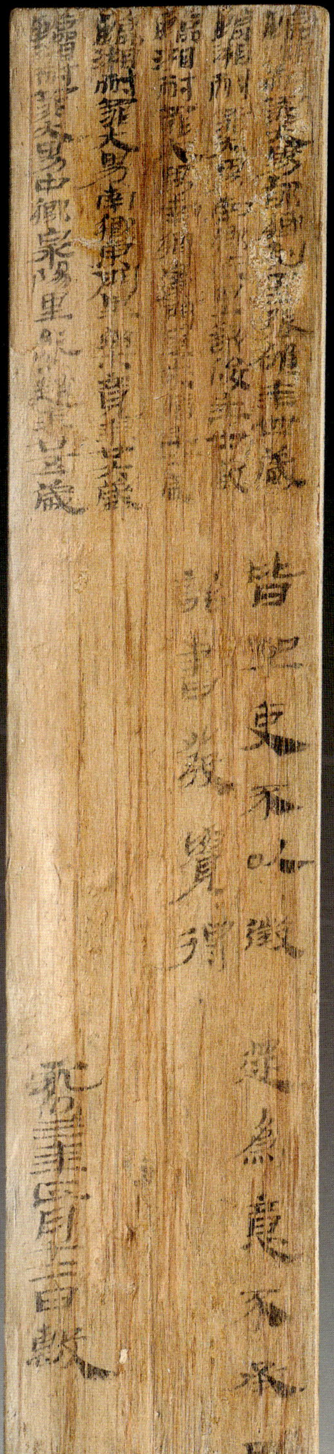

四二一

臨湘耐罪大男都鄉利里張雄年卌歲
臨湘耐罪大男南鄉匠里舒俊年卅歲
臨湘耐罪大男南鄉逢門里朱循年卅歲
臨湘耐罪大男南鄉東門里樂竟年廿六歲
臨湘耐罪大男中鄉泉陽里熊趙年廿五歲

皆坐吏不以徵
詔書發覺得

還爲意不承用
永初三年正月十二日毄

数名渎职官员受到法律惩处。

长29.9、宽6.7厘米
2010年长沙五一广场1号井出土
长沙市文物考古研究所藏

郵行

一一四〇（背）

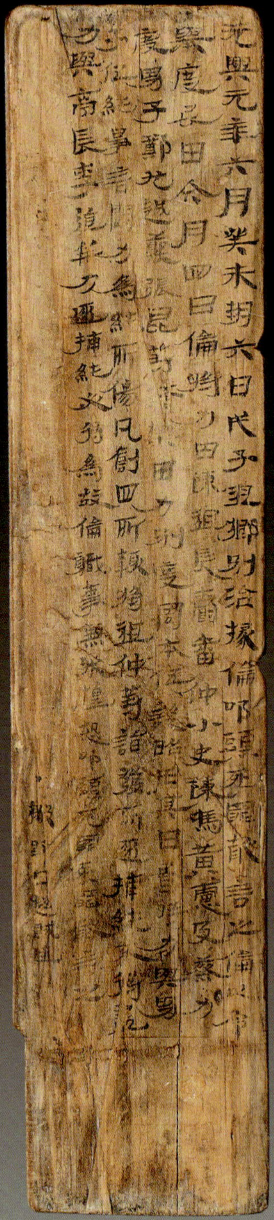

一一四〇（正）

元興元年六月癸未朔六日戊子沮鄉別治掾倫叩頭死罪敢言之倫以令
舉度民田今月四日倫將力田陳祖長爵番仲小史陳馮黃慮及蔡力
度男子鄭尤越筴張昆等流櫟田力別度周本伍談昭田其日昏時力與男
子伍純爭言鬪力爲純所傷凡創四所輒將祖仲等詣發所逐捕純不得盡
力與亭長李值并力逐捕純必得爲故倫職事無狀惶恐叩頭死罪死罪敢言之
·檄即日起賊廷

这是一份因度田引起吏民纠纷、请求上级官府缉拿打伤度田官吏的报告文书。

五一广场东汉木楬（俗笔隶书）

东汉（25—220）

长 13.4、宽 6.2 厘米

2010 年长沙五一广场 1 号井出土

长沙市文物考古研究所藏

男子謝佑殺周萇本

一二五（背）

男子謝佑殺周

萇亡本事

駟望亭主

一二五（正）

简牍为案件卷宗，记录了男子谢佑杀害周苌并逃亡一事。驷望亭负责处理此事。

五一广场东汉木楬（俗笔隶书）

东汉（25—220）

长 12、宽 5.3 厘米

2010 年长沙五一广场 1 号井出土

长沙市文物考古研究所藏

府移治所書傷
亭長謝暘賊率
言本事

三一六（背）

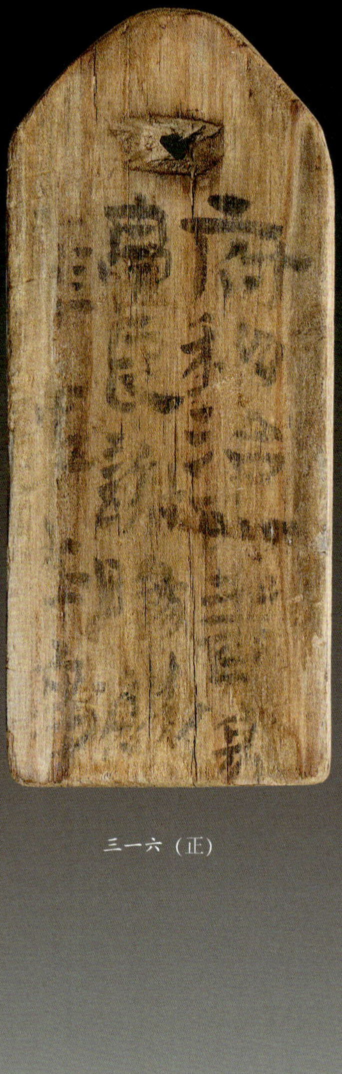

府移治所書傷
亭長謝暘賊
率事本事

三一六（正）

简牍属长沙太守府移送公文，是关于伤害亭长谢暘的罪犯案件卷宗。

五一广场东汉木牍（新隶书）

东汉（25—220）
长 23.1、宽 3.9 厘米
2010 年长沙五一广场 1 号井（窖）出土
长沙市文物考古研究所藏

力考問伯山等唯
明廷財延愚戇惶恐叩頭死罪死罪
七月八日壬申白

二九一（背）

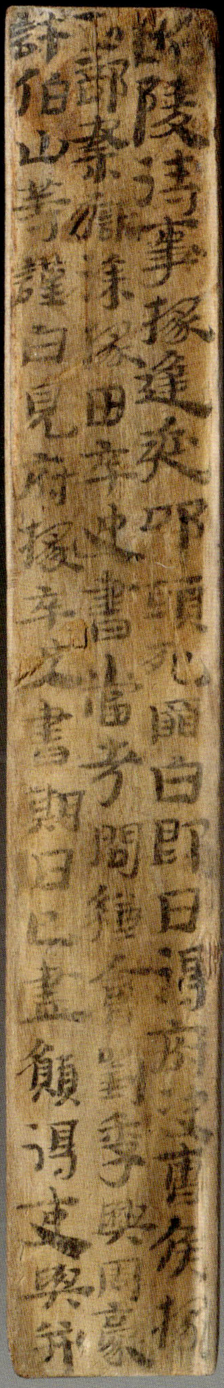

昭陵待事掾逢延叩頭死罪白即日得府決曹侯掾
西部案獄涂掾田卒史書當考問緣會劉季興周豪
許伯山等謹白見府掾卒史書期日已盡願得吏與并

二九一（正）

牍文是以私信形式撰写的延期说明。在当时，处理公事也是有时间限制的，到期未能完成，可以请求延长日期。

五一广场东汉木牍（草书）

东汉（25—20）
长40.3、宽3.4厘米
2010年长沙五一广场1号井出土
长沙市文物考古研究所藏

王皮　烝宗　郭（？）建　張小　許梁
張壽　謝主　張次　吴馮……
張建　秦厚　孙秩

二一八六（背）

彭（？）滲　李定　木序　壬小　聶輔　黄併　烝豨　謝生　胡奴　尹寶
傅壽　□武　黄宗　石平　袁梁　由鄧　陈叔（？）　黄厚　俗應　王土
康敬　張奴　王壽　石定　烝相　由啬　趙主　董厚　張客　石豨

二一八六（正）

这是一份花名册。

简牍发掘、保护及整理流程图

简牍发掘

发掘现场过筛提取简牍碎片

简牍揭剥

简牍提取后初步室内保存

清洗简牍

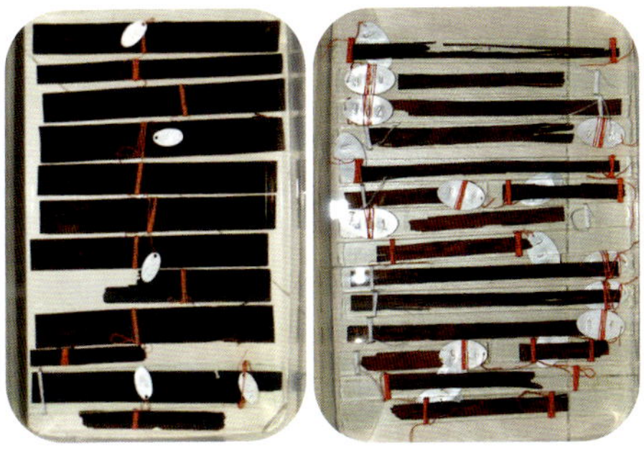
简牍清洗之后

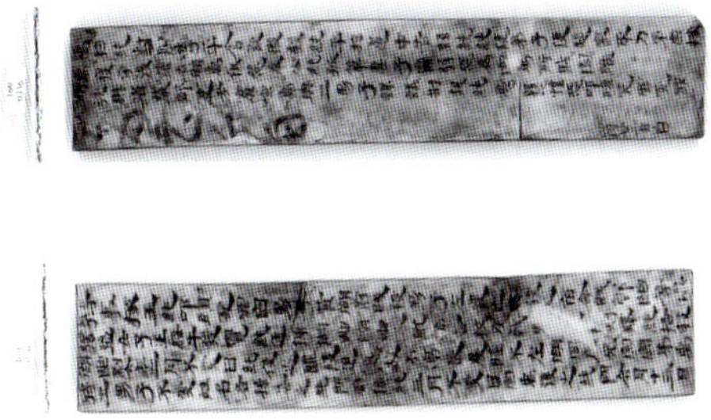
简牍红外扫描照片

通过红外扫描辨认简牍字迹

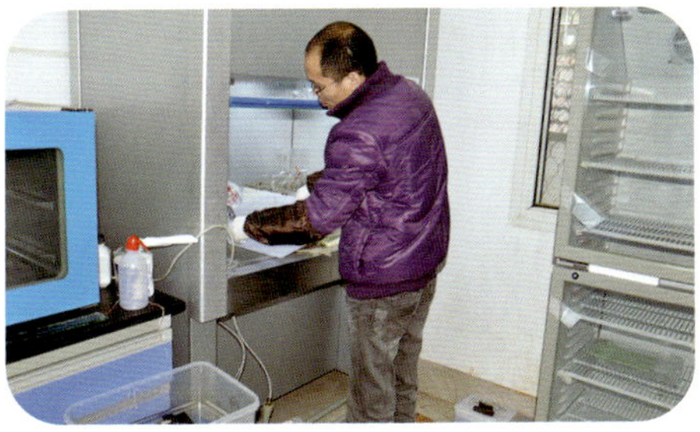
简牍脱色

简牍脱色前后对比

彩瓷流韵

长沙窑是9世纪一朵璀璨的世界陶瓷之花，以其绚丽多姿的装饰艺术，在陶瓷发展史上留下了浓墨重彩的篇章。窑址位于长沙市望城区湘江东岸铜官镇瓦渣坪一带，1956年被发现，之后文物考古部门多次进行了调查、勘探、发掘。1998年，印度尼西亚勿里洞岛海域的“黑石号”沉船上打捞出6万多件唐代瓷器，其中长沙窑瓷器占56000余件，说明长沙窑外销产品具有相当大的规模。2010年长沙窑正式获批国家文物局第一批国家考古遗址公园立项项目。2019年，作为中国内陆唯一史迹点，长沙窑遗址列入“海上丝绸之路·中国史迹”预备名单，现正在积极申报海上丝绸之路世界文化遗产并着力打造5A级旅游景区。

长沙窑位置示意图

早期长沙窑的发现

最早的长沙窑瓷记载可追溯至抗战时期。1938 年及 1942 年，担任长沙雅礼中学外教的美国人柯克思（一说柯强）和时任金陵大学老师的商承祚先生将在长沙收集到的出土文物分别在美国华盛顿和成都华西坝举办“中国长沙古器物展览”及“长沙古器物展览”，其中就有部分长沙窑瓷器。

商承祚（1902—1991），字锡永，号驽刚、蠖公、契斋，广东番禺人，古文字学家、考古学家、金石篆刻家、书法家。先后任教于南京东南大学、广州中山大学、女子师范大学、清华大学、北京大学、金陵大学等。著有《殷虚文字类编》《十二家吉金图录》《说文中之古文考》《长沙古物闻见记》等。

1938 年中国长沙古器物在美国华盛顿展览现场照

1956 年调查

1956 年，湖南省文物管理委员会在第一次全国文物普查时发现唐代瓦渣坪窑址，并采集了一批釉下彩瓷标本，包括碗、壶等器形，装饰手法包括釉下彩绘、模印贴花等，装饰纹样有联珠纹、花鸟纹及椰枣纹等，证实我国釉下彩瓷在唐代就已烧造。1957—1959 年，湖南省文物管理委员会及故宫博物院陈万里、冯先铭、李辉柄等先生多次对长沙窑遗址进行调查，确认该窑为唐代烧造釉下彩瓷的窑址。

冯先铭（1921—1993），古陶瓷鉴定专家。湖北汉口（今属武汉）人。辅仁大学肄业。1947 年进故宫博物院工作。历任故宫博物院研究员、国家文物鉴定委员会委员、中国古陶瓷研究会会长。长期致力于中国陶瓷史研究，并长于古陶瓷的鉴定。与人共同主编《中国陶瓷史》，主要著作有《定窑》《宋元青白瓷》《中国古陶瓷论文集》《古陶瓷鉴真》《中国古陶瓷文献集释》《中国陶瓷》等，发表学术论文百余篇。被誉为“中国古陶瓷研究第一知名学者”“中国陶瓷泰斗”及“亚洲乃至世界难得的陶瓷专家之一”。1991 年获日本小山富士夫纪念奖，成为领取该奖项的第一个中国人。

黄釉褐绿点彩花卉纹碗

唐（618—907）
高 12、底径 13 厘米
1956 年长沙望城长沙窑窑址采集
湖南博物院藏

1964 年冬至 1965 年春长沙窑试掘

1964 年冬至 1965 年春，石渚水利工程在修筑石渚新河时，大片古代窑址堆积遭到破坏。湖南省博物馆周世荣前往实地调查并在李家园子试掘，采集了大量流散文物，在石渚湖南面的石渚、老窑山、游船嘴也发现了窑址。此次试掘获得了长沙窑产品的主要品种，并对其文化内涵有了大致了解，包括产品特色、烧造年代等。

周世荣（1931—2017），湖南祁阳人。1954 年毕业于北京大学考古班，1980 年毕业于吉林大学古文字教师班。曾任中国古陶瓷研究会常务理事，国家“七五”重点研究项目《长沙窑》课题主持人，著有《岳州窑青瓷》《湖南陶瓷》《湖南古墓与古窑址》《长沙窑瓷绘艺术》《海外珍瓷与海底瓷都》等。

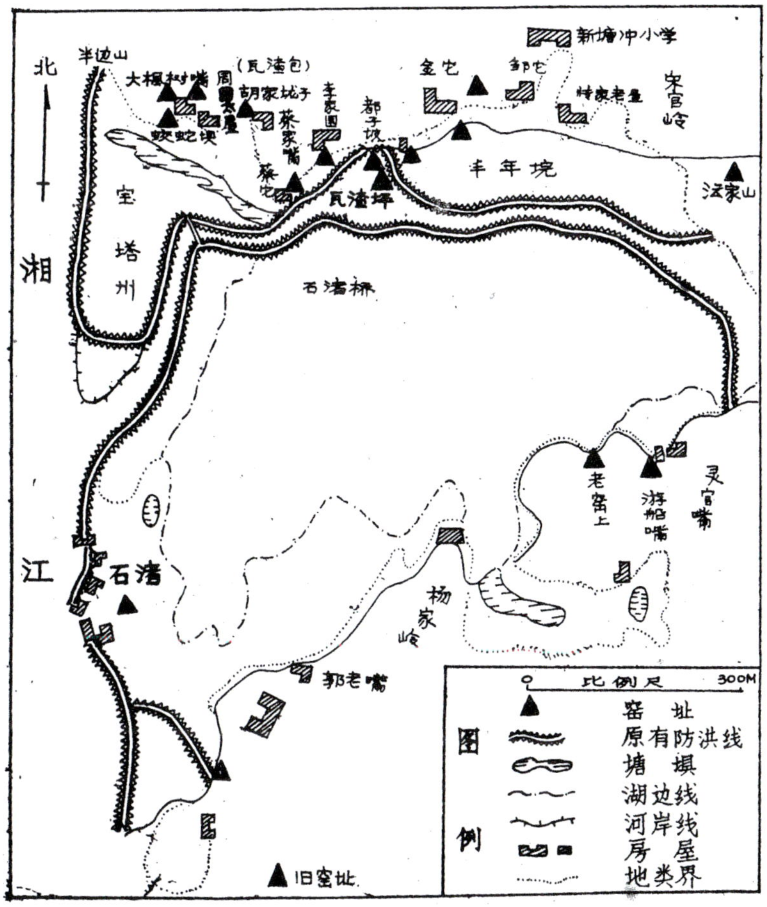

1964 年绘长沙窑址分布图

1978 年长沙窑调查

1974 年，长沙市文化局文物组对长沙窑进行了重点调查。1978 年 1 月和 11 月，为配合石渚水利工程，长沙市文化局文物组再次对石渚湖施工范围内的窑址进行抢救性发掘。实测了石渚湖两岸窑址分布情况，为确定长沙窑遗址范围提供了考古依据。

1978 年石渚湖大堤瓷片与匣钵片铺垫状

1978 年调查试掘尖子山窑窑头火膛

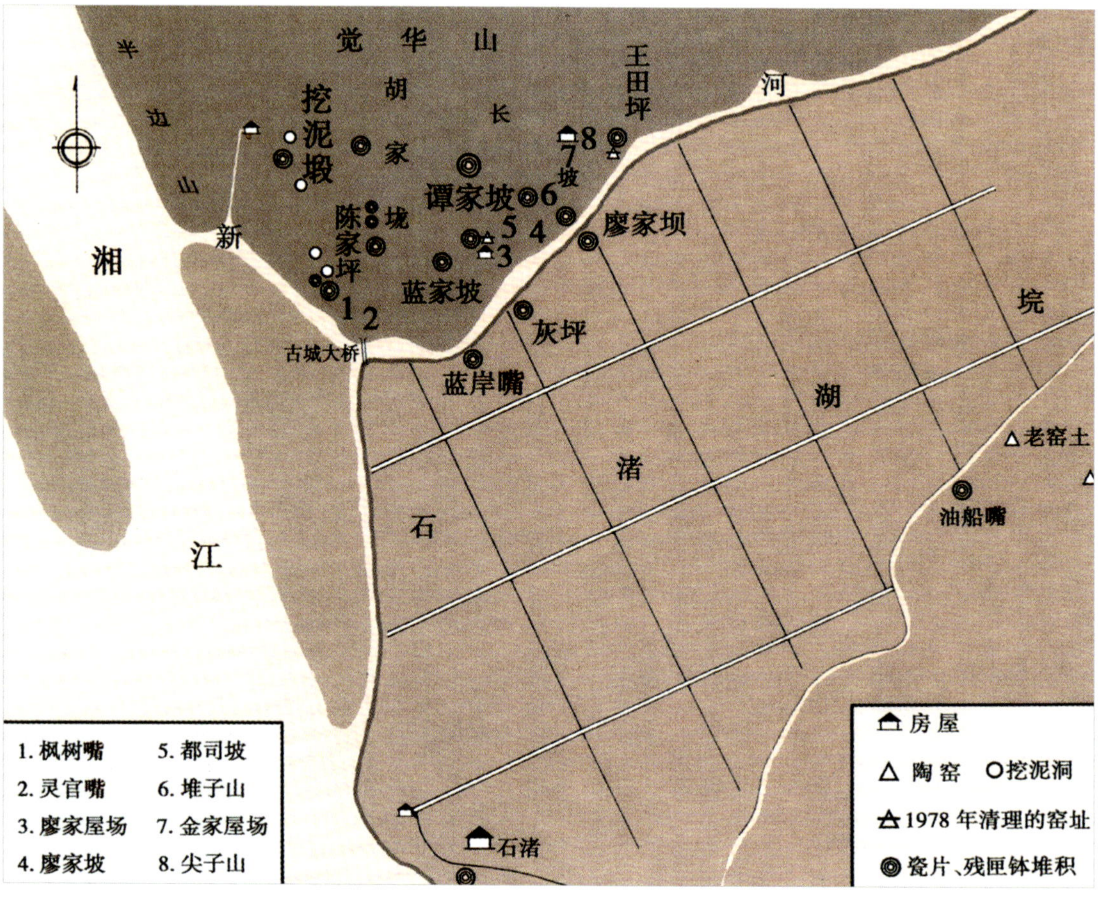

1979 年绘石渚湖窑区窑址分布示意图

1978—1979 年长沙窑发掘

1978 年，长沙市文化局文物组对石渚湖整修堤垸施工范围内的两座废弃窑址进行了抢救性发掘，出土器物 1928 件。器形基本以壶、雕塑、碗、盘、文房用具及瓷塑为主，其中有纹饰的占一半以上，主要有花鸟纹、联珠纹等。

青釉褐绿彩花鸟纹瓷壶

唐（618—907）
口径 10.8、腹径 14.4、高 23.5 厘米
1979 年长沙望城铜官镇出土
长沙博物馆藏

青釉贴双鱼纹瓷壶

唐（618—907）
口径 7.8、底径 12、高 24.5 厘米
1978 年长沙望城铜官镇蓝岸嘴出土
长沙博物馆藏

青釉褐彩瓷狮

唐（618—907）
高 13.4、残纵 13.3、残横 8.2 厘米
1978 年长沙望城铜官镇蓝岸嘴出土
长沙博物馆藏

青釉红绿彩麒麟座烛台

唐（618—907）
长 12、高 12.8 厘米
1978 年长沙望城铜官镇蓝岸嘴出土
长沙博物馆藏

褐釉回首瓷鹅

唐（618—907）
长 6.5、宽 4、高 5 厘米
1979 年长沙望城铜官镇挖泥洞出土
长沙博物馆藏

陶猴

唐（618—907）
宽 4.2、高 7 厘米
1979 年长沙望城铜官窑窑址采集
长沙博物馆藏

绿釉瓷龟

唐（618—907）
身长 7.5、高 3.5 厘米
1979 年长沙望城铜官镇长坡垄出土
长沙博物馆藏

青釉褐绿彩狮形瓷砚滴

唐（618—907）
长 6.8、宽 4.6、高 6.1 厘米
1979 年长沙望城铜官镇长坡垄出土
长沙博物馆藏

青釉瓷洗

唐（618—907）
腹径 25.8、高 12.1 厘米
1978 年长沙望城铜官镇长坡垄出土
长沙博物馆藏

青釉褐绿彩条纹瓷盂

唐（618—907）
腹径 6.6、底径 4.3、高 4 厘米
1979 年长沙望城铜官镇廖家坡出土
长沙博物馆藏

青釉褐彩“楪子”瓷盘

唐（618—907）

口径 15.2、底径 5.2、高 4.1 厘米

1978 年长沙望城铜官镇廖家坡出土

长沙博物馆藏

1983 年长沙窑发掘

1983 年，湖南省博物馆、长沙市文物工作队分别在蓝岸嘴、谭家坡等 8 个地点发掘探方 7 个、窑址 7 处，其中谭家坡 1 号龙窑较为完整，发掘面积 400 平方米，共出土陶瓷器 7211 件。这是迄今为止长沙窑考古发掘出土器形最多的一次，共有器形 70 种，以壶、碗、罐、洗、盒、瓶、瓷塑、窑具、印模等为主。釉色有青釉、绿釉、褐釉、红釉、白釉等。装饰技法包括釉下彩绘画、诗文广告、模印贴花、印花等。此次发掘，获得了关于长沙窑窑址的历史源流、位置分布、窑炉特点、制作工艺等方面的丰富资料。此后，长沙窑研究列入国家“七五”重点科研计划，学者们就长沙窑兴起的历史背景及年代、产品的主要特点及销售等问题进行专门探讨，成果丰硕。

谭家坡 1 号窑发掘现场

谭家坡 1 号窑是 1983 年长沙窑发掘窑址中最完整的一座，位于谭家坡大窑包的南坡。窑址方向正南北向，总长度 41 米，宽度不一，最宽处 3.5 米，最窄处 2.8 米。窑壁砖砌，窑墙的两侧有进出口，既便于放置产品，也可在燃烧时补充燃料。整个窑可分为窑头、窑床、窑尾三大部分。整个窑址发掘中，除填土中包含较多的破碎匣钵和青砖外，窑址底层出土大量的完整匣钵。

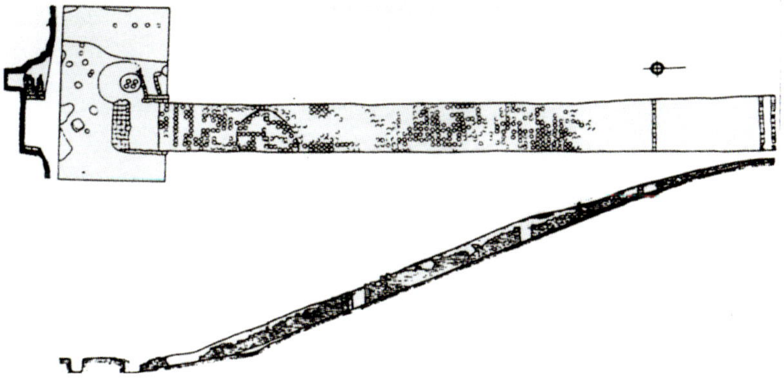

谭家坡 1 号窑窑址平剖面示意图

绿釉瓷唾盂

唐（618—907）
通高 10.3、口径 16.2、底径 8 厘米
长沙望城长沙窑窑址采集
长沙博物馆藏

白釉绿彩侈口瓷杯

唐（618—907）
口径 14、底径 7.7、高 8.3 厘米
长沙望城长沙窑窑址采集
长沙博物馆藏

青釉绿彩花瓣形瓷盏托

唐（618—907）
直径 13.6、高 3 厘米
长沙望城长沙窑窑址采集
长沙博物馆藏

青釉点彩“陶”字碗形瓷灯

唐（618—907）
口径 11.5、高 3.5 厘米
长沙望城铜官镇蓝岸嘴采集
长沙博物馆藏

青釉褐绿彩条纹穿耳钵

唐（618—907）
口径 14.1、底径 6.8、高 8.8 厘米
长沙望城长沙窑窑址采集
长沙博物馆藏

青釉褐彩花草纹瓷盒盖

唐（618—907）
直径 16.8、高 4.8 厘米
长沙望城长沙窑窑址采集
长沙博物馆藏

褐釉圆形瓷铃

唐（618—907）
径 4.5、高 5.2 厘米
长沙望城长沙窑窑址采集
长沙博物馆藏

青釉褐斑莲花形高足瓷杯

唐（618—907）
底径 5.7、高 5.6 厘米
长沙望城长沙窑窑址采集
长沙博物馆藏

褐釉莲花纹花口瓷碟

唐（618—907）
口径 7.6、高 2.1 厘米
长沙望城长沙窑窑址采集
长沙博物馆藏

青釉露胎瓷盘

唐（618—907）
口径 24.5 厘米
长沙望城长沙窑窑址采集
长沙博物馆藏

褐釉飞鸟衔绶带纹花口瓷碟

唐（618—907）
口径 11.9、底径 7.5、高 2.1 厘米
长沙望城长沙窑窑址采集
长沙博物馆藏

青釉褐绿彩花鸟纹瓷盘

唐（618—907）
口径 15.8、高 4 厘米
长沙望城长沙窑窑址采集
长沙博物馆藏

青釉红褐彩花鸟纹瓷壶

唐（618—907）
口径 8.6、腹径 12、底径 10、高 17.6 厘米
长沙望城铜官镇采集
长沙博物馆藏

青釉褐绿彩荷叶纹瓷壶

唐（618—907）
腹径 12、高 18 厘米
长沙望城铜官镇蓝岸嘴采集
长沙博物馆藏

青釉褐绿彩茅棚纹瓷壶

唐（618—907）
口径 9.3、底径 9.5、高 18.4 厘米
长沙望城长沙窑窑址采集
长沙博物馆藏

青釉褐绿彩云气纹瓷壶

唐（618—907）
腹径 15.5、高 28 厘米
长沙望城铜官镇蓝岸嘴采集
长沙博物馆藏

青釉褐彩“白玉非为宝”瓷壶

唐（618—907）

口径 8.8、底径 9.9、高 18 厘米

长沙望城长沙窑窑址采集

长沙博物馆藏

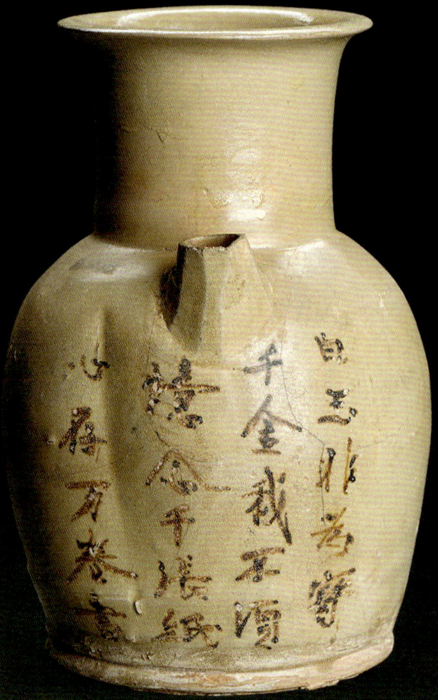

白玉非为宝
千金我不须
忆念千张纸
心存万卷书

青釉褐彩“男儿大丈夫”瓷壶

唐（618—907）

口径 10.4、底径 13.8、高 19 厘米

长沙望城长沙窑窑址采集

长沙博物馆藏

男儿大丈夫
何用本乡居
明月家家有
黄金何处无

青釉褐彩“人生壹世”瓷壶

唐（618—907）
口径 9.5、底径 11、高 17.5 厘米
长沙望城长沙窑窑址采集
长沙博物馆藏

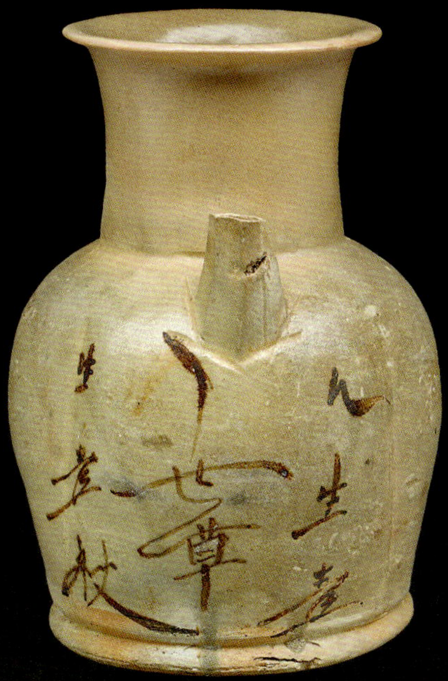

人生壹
世草
生壹秋

青釉褐彩“言满天下无口过”瓷壶

唐（618—907）
口径 10.7、底径 11.7、高 18.8 厘米
长沙望城长沙窑窑址采集
长沙博物馆藏

长沙窑以釉下彩绘画、诗文题记、模印贴花为主要装饰特点，其装饰题材种类多样，内容丰富。绘画题材涵盖动植物、人物、山水、建筑等。诗文题记既包括诗文，也涵盖广告、谚语等。据统计，已发现的长沙窑瓷上的诗文有 100 余首，绝大多数不见于《全唐诗》。模印贴花则更多以椰枣、狮子、人物等为装饰题材，具有浓厚的域外文化因素。

青釉褐斑贴人物纹瓷壶

唐（618—907）
腹径 16、底径 14.5、高 19.6 厘米
1982 年长沙望城长沙窑窑址出土
长沙博物馆藏

圆口，短颈，深腹，平底假圈足，肩腹部两侧各有一双轮系，前面有多棱柱短流。流口及双系下方分别饰三块模印贴花，壶嘴下方是一个持剑武士俑，双系下方均是一个舞蹈俑。持剑武士俑左手持剑举于头上，双腿弯曲，身穿紧身衣物。舞蹈俑高鼻深目，穿皮靴，戴花帽，双足呈外八字形踏于圆毯上，右手将环形手鼓举于头上，左手持环形鼓于腰间，呈“球转而行，萦回去来”的动态。

青釉露胎“美酒”瓷盘

唐（618—907）
口径 23.5、底径 8.4、高 5.3 厘米
长沙望城长沙窑窑址采集
长沙博物馆藏

青釉褐彩“庞家”高足盘

唐（618—907）
口径 19.5、底径 17.4、高 11.6 厘米
长沙望城长沙窑窑址采集
长沙博物馆藏

花卉纹器耳陶范

唐（618—907）
长 11、宽 9、高 4 厘米
长沙望城长沙窑窑址采集
长沙博物馆藏

蝴蝶纹贴花陶范

唐（618—907）
长 12.2、宽 7.5、厚 3 厘米
长沙望城长沙窑窑址采集
长沙博物馆藏

双鱼形器耳陶范

唐（618—907）
直径 10、高 4 厘米
长沙望城长沙窑窑址采集
长沙博物馆藏

印模，主要用于长沙窑瓷器贴花或附件如纽、系、耳等装饰。质地多为陶，仅见一例滑石质地。有阴刻、阳刻两种，纹饰常见椰枣、桫椤、蝴蝶、双鱼等。部分印模表面刻划有年号、工匠姓氏等。

青釉褐彩胡人瓷坐俑

唐（618—907）
底径 4.9、高 8.1 厘米
长沙望城长沙窑窑址采集
长沙博物馆藏

青釉褐彩瓷蛙

唐（618—907）
底径 4.6、高 4.7 厘米
长沙望城铜官镇廖家坡采集
长沙博物馆藏

褐斑鱼形瓷碾具

唐（618—907）
长 17.5、宽 8.1、高 2.7 厘米
长沙望城长沙窑窑址采集
长沙博物馆藏

青釉褐彩瓷犬

唐（618—907）
长 4.7、宽 3.3、高 4.5 厘米
长沙望城铜官镇尖子山采集
长沙博物馆藏

青釉抱球瓷俑

唐（618—907）
宽 3.1、高 6 厘米
长沙望城铜官镇蓝岸嘴采集
长沙博物馆藏

瓷塑是长沙窑较为大宗的产品种类之一，可分为儿童玩具、人物以及文房镇纸等。儿童玩具多以各种动物形状呈现，如狗、猪、象、猴、鸟、猫、马、羊、狮子等；人物多见幼儿，或爬卧，或站围栏，或执玩具，或抱动物等，还有胡人、僧人等；文房镇纸则以狮形为多，姿态各异，或伏或卧，或嬉戏，也有狗、犀牛等动物。这些瓷塑都是以简练的手法塑造，虽然器形不够精致，但是都非常传神。

1999 年长沙窑发掘

1999 年，长沙市文物考古研究所对蓝岸嘴窑区进行了发掘，出土器形可辨的陶瓷器 1692 件，其中瓷器 1587 件。器形涵盖壶、罐、碗、盘、灯、印模、碾轮、碾槽、笛等，装饰纹样与之前历次发掘基本一致，如素面、釉下彩、贴花等。

“住在録（绿）池边”青釉瓷碗

唐（618—907）
径 13.5、高 4 厘米
长沙望城蓝岸嘴窑区出土
长沙市文物考古研究所藏

住在録（绿）池边
朝朝学采莲
水深偏责就
莲尽更移舡（船）

“元和四年”附耳印模

唐元和四年（809）
长 9.2、宽 9、高 2.7 厘米
长沙望城蓝岸嘴窑区出土
长沙市文物考古研究所藏

滑石印模

唐（618—907）
长 11.5、宽 8.9 厘米
长沙望城蓝岸嘴窑区出土
长沙市文物考古研究所藏

“李□□”器耳陶范

唐（618—907）
长 10.4、宽 7.5、厚 2.7 厘米
长沙望城蓝岸嘴窑区出土
长沙市文物考古研究所藏

王家印模

唐（618—907）
长 6.8、宽 6.3、高 3.3 厘米
长沙望城蓝岸嘴窑区出土
长沙市文物考古研究所藏

长沙窑绿釉刻字瓷钵

唐（618—907）
残径 7.5、高 3 厘米
长沙望城蓝岸嘴窑区出土
长沙市文物考古研究所藏

“贞元十七年”碾轮

唐贞元十七年（801）
残径 10.5 厘米
长沙望城蓝岸嘴窑区出土
长沙市文物考古研究所藏

1999 年长沙窑址考古发掘共出土印模 12 件，均为阴模，其中陶质 11 件，滑石质地 1 件。陶质印模有草叶纹贴花 3 件、动物纹 2 件、人物纹 1 件，另有纽、系、耳等附件 5 件，部分上刻有“元和四年”“戴家鱼”等字样。滑石印模正面阴刻两人，背面阴刻一人和一蝴蝶，图案繁缛，形象生动，集西域风格和佛教文化于一体，堪称艺术精品。

青釉褐彩豹形镇纸

唐（618—907）
宽 7.4、高 9.6 厘米
长沙望城蓝岸嘴窑区出土
长沙市文物考古研究所藏

青釉瓷笛

唐（618—907）
长 9、径 3.1 厘米
长沙望城蓝岸嘴窑区出土
长沙市文物考古研究所藏

青釉褐绿彩花叶纹枕

唐（618—907）
长 15、宽 8.6 厘米
长沙望城蓝岸嘴窑区出土
长沙市文物考古研究所藏

1998 年“黑石号”沉船出水长沙窑瓷器

长沙窑大胆吸收域外文化因素，积极开拓海外市场，产品行销海内外，成为与越窑、邢窑比肩的重要出口瓷窑，为推动唐代的海外贸易发展和中西文化的交流发挥了重要的作用。1998 年，在印度尼西亚勿里洞海域打捞了一艘 9 世纪沉船，因附近有一块黑色礁石，称其为“黑石号”，船上出水 56000 余件长沙窑瓷器，这是长沙窑瓷器出土（出水）数量最多的一次，证明长沙窑外销具有相当大的规模，体现了长沙窑在唐代海上丝绸之路对外贸易中的重要地位。

“黑石号”沉船瓷器出水前堆积情况

青釉褐绿彩卷草纹瓷碗

唐（618—907）
口径 14.5、高 4.7 厘米
印度尼西亚勿里洞海域“黑石号”沉船出水
长沙博物馆藏

青釉褐绿彩荷花纹瓷碗

唐（618—907）
口径 20、高 7.5 厘米
印度尼西亚勿里洞海域"黑石号"
沉船出水
长沙博物馆藏

青釉褐绿彩卷草纹瓷碗

唐（618—907）
口径 15、高 4.5 厘米
印度尼西亚勿里洞海域"黑石号"
沉船出水
长沙博物馆藏

青釉褐绿彩云纹瓷碗

唐（618—907）
口径 20、高 7 厘米
印度尼西亚勿里洞海域"黑石号"
沉船出水
长沙博物馆藏

"黑石号"沉船出水长沙窑瓷器以碗居多，壶次之。装饰技法主要为釉下褐绿彩绘画，瓷碗口沿多有四处褐斑，内心则饰荷花、云彩、人物等纹饰；瓷壶以贴褐斑人物、椰枣纹等为主。

2006年长沙窑全面调勘

2006年，为配合长沙铜官窑国家考古遗址公园申报，长沙市文物考古研究所联合长沙窑遗址管理处对长沙窑遗址的范围和遗迹分布展开全面的调查勘探工作，基本探明了遗址的功能分区和四至范围。

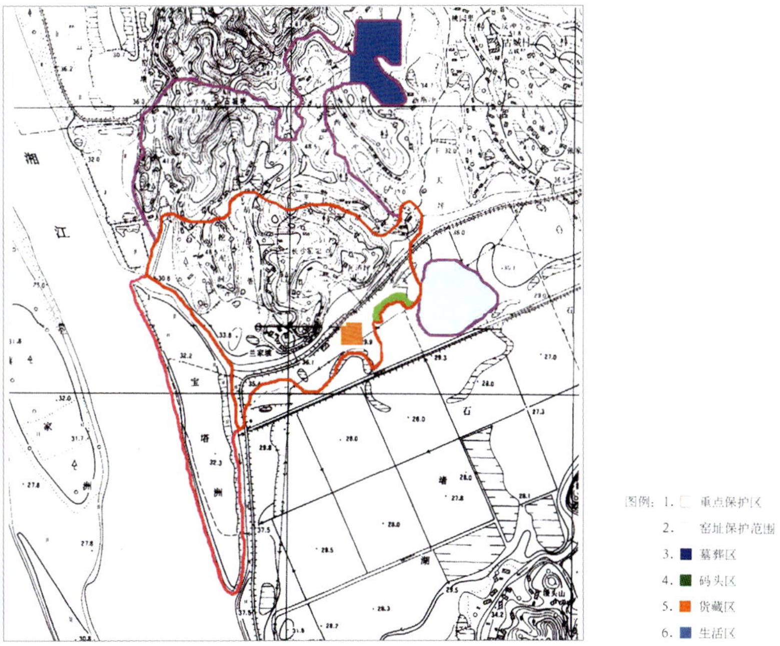

窑区保护规划图

2010年之后长沙窑考古重点调勘发掘

2010年至2016年，为配合考古遗址公园建设，湖南省文物考古研究所先后对谭家坡、陈家坪、石渚湖等遗址区域进行了考古调查，为后续展览陈列奠定了基础。该时期出土的长沙窑瓷器，造型更加丰富，纹饰更为多样。主要器形有碗、盏、碟、执壶、罐、洗、雕塑、鼓、窑具等。瓷器多为青釉素面，但出土了一类较为特殊的彩绘大盘。器形多作花瓣状，敞口，浅腹，内心平收，矮圈足，在内心用褐绿两彩勾绘各种纹饰，褐彩绘经络，绿彩绘轮廓，彩绘纹饰有荷花、童子、花鸟、云气等主题，造型与装饰罕见。

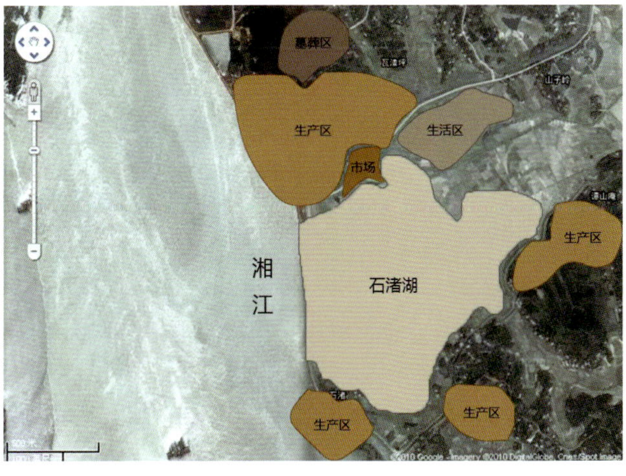

长沙窑区功能分布图

陈家坪窑区发掘现场照

火照（3 件）

唐（618—907）
①口径 6.6、高 2.5 厘米
②口径 10.4、底径 2.6、高 4.5 厘米
③残径 12.7、残高 4 厘米
2016 年长沙望城石渚片区出土
长沙铜官窑博物馆藏

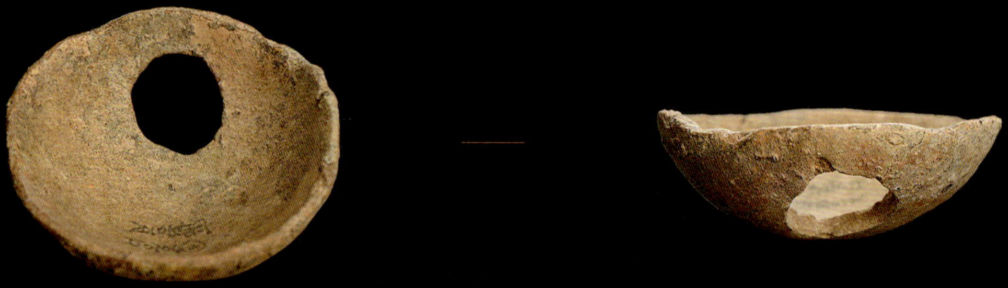

①

②

③

长沙窑大量使用窑具，如火照、垫圈、匣钵等。其中，火照用来测试窑内温度和气氛，其上必有一圆孔，利于窑工用铁钩将其从窑内勾出查验。长沙窑的火照有各种形状，如碗形、钵形、炉形、壶形等。有的火照有彩绘，可判断彩的烧成情况。

"咸通十年""张"姓窑具

唐咸通十年（869）

口径 13、高 13.5 厘米

2016 年长沙望城石渚片区出土

长沙铜官窑博物馆藏

青釉褐彩“美酒”瓷碗（3件）

唐（618—907）
①口径12.5、底径4.8、高5.3厘米
②口径11.8、底径4.7、高4.8厘米
③口径12、底径4.8、高5.5厘米
2016年长沙垦城石渚片区出土
长沙铜官窑博物馆藏

①

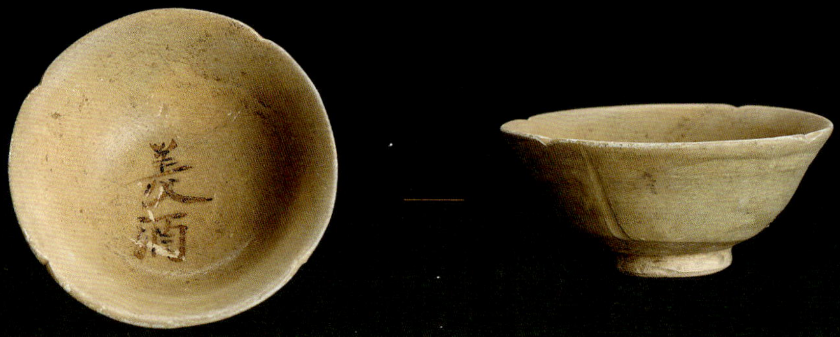

②

③

长沙窑善于将广告用于瓷器装饰中，较为常见的有作坊名、赞美产品用语、价格及为其他产品所作的广告等，如“美酒”“开禅院”等，这种广告也是社会经济发展的见证。

青釉褐绿彩荷花纹碟

唐（618—907）
口径 16、底径 6、高 4 厘米
2016 年长沙望城石渚片区出土
长沙铜官窑博物馆藏

青釉摩羯形瓷罐

唐（618—907）
长 14.5、底径 5、高 9.4 厘米
2016 年长沙望城石渚片区出土
长沙铜官窑博物馆藏

褐釉瓷鼓

唐（618—907）
残高 22.3 厘米
2016 年长沙望城石渚片区出土
长沙铜官窑博物馆藏

青釉褐绿彩瓷鼓

唐（618—907）
最宽处径 16、最窄处径 9、残长 24 厘米
2016 年长沙望城石渚片区出土
长沙铜官窑博物馆藏

第三单元
古郡回眸 星城溢彩

Archaeology in the 21st Century

21 世纪初，考古事业展开新的篇章。“凝练文明基因，阐发传统价值，厚植文化自信，助力民族复兴”成为中国考古的核心使命。政府重视、社会关注，长沙考古迎来了黄金时代。法律法规日益完善，人才梯队布局更加科学，技术理念不断革新，视野格局空前开阔。考古工作者先后十一次发现长沙古城墙和护城河遗迹并进行科学发掘，使长沙古城 2500 年来的风雨变迁呈现在世人眼前。科技考古的推广拓展丰富了研究思路、方法、内容，考古学与相关学科融合并进，在延伸历史轴线、增强历史信度、丰富历史内涵、活化历史场景的过程中，发挥越来越重要的作用。回眸古城，溢彩流光。炭河里、汉王陵、铜官窑等遗址公园的建设，体现了长沙考古成果的创造性转化和创新性发展，也让长沙焕发了新姿。

古城沧桑

1938年的“文夕大火”将长沙城化为废墟，曾经的风采灰飞烟灭，往日雄姿也零落地掩埋于地下。历年来，长沙考古工作者在大规模城市建设中穿梭奔波，辛勤耕耘，先后11次发现了长沙古城墙和护城河遗迹，并进行了科学发掘，取得了丰硕的成果，为复原长沙城的历史面貌提供了真实依据，也为研究长沙城市发展史提供了珍贵资料。

星城肇始

2000年，长沙市文物考古研究所在市中心五一广场东南，东牌楼街和犁头街交界处西北的新世界商贸城建设工地上发现一段夯土墙体遗迹，方向大致呈南北走向。墙体距地表深约2.4米，残存长度29米，底部宽6.9米，叠压于墙体之上的文化堆积层内出土陶鬲、陶豆及陶质板瓦、筒瓦等东周时期遗物。该夯土墙体系战国长沙城的东城墙遗迹。

1974年10月，在配合基建工程的发掘工作中，考古工作者在长沙市识字岭战国1号墓中发掘出土一件“长沙”戈。铭文“长沙”的“沙”字从“邑”，说明战国时期“长沙”之名的城邑已经存在。

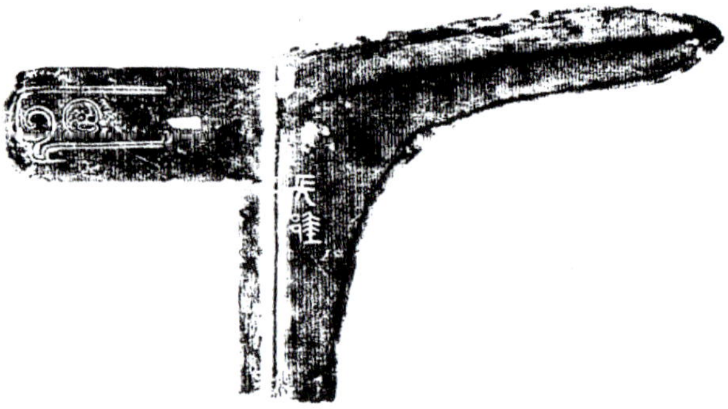

“长沙”铭文铜戈拓片

长沙东牌楼新世界商贸城建设工地战国城墙（由北向南）

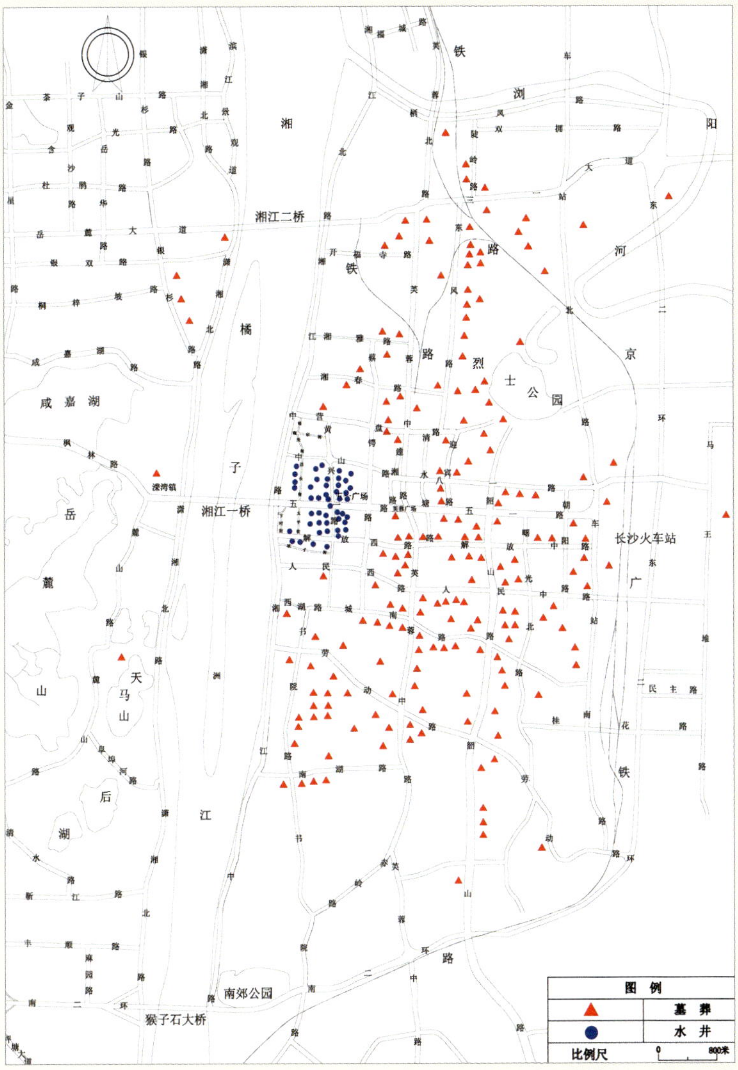

长沙春秋战国时期墓葬与水井分布示意图

自20世纪80年代至今，考古工作者在今五一广场及周边区域近20余个建设工地上发现并发掘了春秋战国时期的古井约190余口。从古井数量分析，春秋战国时期水井在长沙得到了广泛应用。与代表了礼制文化的贵族墓葬相比，水井更多地体现了战国时期长沙城市的规模和居民的日常生活。

中山商业大厦工地古井发掘现场

五一广场战国时期陶器作坊遗址发掘现场

长沙古城墙及护城河

1997 年考古工作者在芙蓉路绿化广场工地发现唐代护城河；1999 年在小吴门金帆大厦工地发现明清时期城墙基础；2000 年在东牌楼新世界商贸城工地发现战国城墙；2004 年在芙蓉路运达广场工地发现唐至五代护城河；2010 年在湘江大道潮宗御苑工地发现五代城墙基础；2010 年在湘春路泊富国际广场工地发现宋元至明清护城河；2011 年在东牌楼长沙国际金融中心工地发现战国、汉、南北朝城墙及护城河；2011 年在湘春路复地昆玉工地发现明清护城河；2012 年在湘江大道万达广场工地发现五代、宋元、明清城墙；2013 年在湘江大道华远华中心工地发现五代、宋元、明清城墙；2014 年在中山路长沙市青少年宫工地发现汉代、魏晋、唐代早期城墙及护城河。

长沙国际金融中心工地战国护城河剖面 （由南向北）

护城河保存较完整，位于城墙东面，平行于墙体，间距约 6 米。河道长约 113 米，截面呈规整的倒三角形，宽 4.55 米，深 6.55 米。河内堆积共有四层，最底层为灰白色淤泥，出土有战国时期的盆、罐等器物。该护城河为战国时期长沙城东面的护城河。

陶鬲

战国（前 475—前 221）
口径 13.5、底径 8.3、高 15.5 厘米
2010 年长沙湘江中路万达广场 B 区 122 号井出土
长沙市文物考古研究所藏

陶盆

战国（前 475—前 221）
口径 32、通高 28.5 厘米
2010 年长沙湘江中路万达广场 B 区 139 号井出土
长沙市文物考古研究所藏

带绳小口高领罐

战国（前 475—前 221）
口径 14.5、腹径 20、底径 8、通高 24.5 厘米
2010 年长沙湘江中路万达广场 B 区 148 号井出土
长沙市文物考古研究所藏

陶豆（2 件）

战国（前 475—前 221）
①口径 13.5、底径 8.3、高 15.5 厘米
②口径 12.5、底径 8、通高 14.3 厘米
2010 年长沙湘江中路万达广场 B 区 122、375 号井出土
长沙市文物考古研究所藏

① ②

诸侯王城

西汉初年，长沙王吴芮立都于临湘（长沙），并兴建都城、营造王宫。依周礼，诸侯国都的规模是县“邑”的三倍至九倍不等。作为长沙国的都城，地位远高于战国时期的长沙县城，因此需要进行大规模改扩建。这时期的长沙城，处于一个蓬勃发展的时期。汉代长沙城在战国城的基础上，南北两端向外拓展，重新建造城墙和护城河，东、西两端部分利用了战国城墙和护城河，但同时对原有城墙大幅加宽加高，对护城河进行了大规模拓宽。可以想见，汉代的长沙城池巍然屹立，展现出王国都城的气派。

长沙国际金融中心工地战国至汉代东城墙北段剖面 （由北向南）

长沙国际金融中心工地发现的汉代东城墙以原有宽 4.15 米的战国城墙为基础夯筑，两侧大幅加宽，残长 10 米、残宽 14.6 米、残高 1.85 米。墙体大致呈南北走向（北偏东约 10° ），系使用纯净的红色土层层夯筑而成。

长沙市青少年宫工地汉代至唐代早期护城河剖面 （由西向东）

长沙市青少年宫工地发现的护城河位于城墙北面，平行于城墙。其口部残宽 6.54 米，底部 4.01 米，发掘部分长 32.7 米。河内以灰褐色堆积为主，最底部堆积中出土有汉代灰陶盆、灰陶豆、硬陶罐等。该护城河属于长沙城北面的护城河，修建于西汉，并沿用至唐代早期。

筒瓦

西汉（前 202—8）
通长 70、通宽 17.5、高 9.5 厘米
2010 年长沙湘江中路万达广场 B 区 1 号井出土
长沙市文物考古研究所藏

卷云纹瓦当

西汉（前 202—8）
直径 12.3、残高 4.5 厘米
2010 年长沙湘江中路万达广场 B 区 136 号井出土
长沙市文物考古研究所藏

云纹瓦当

汉（前 202—220）
直径 13.8、厚 2.5 厘米
1997 年长沙五一广场科文大厦 24 号井出土
长沙市文物考古研究所藏

①

②

青瓷碗

东汉（25—220）
口径 15、底径 9.3、高 5.5 厘米
2010 年长沙湘江中路万达广场 B 区 360 号井出土
长沙市文物考古研究所藏

青瓷四系罐

东汉（25—220）
外口径 9.3、底径 11.5、腹径 18、高 17.5 厘米
2010 年长沙湘江中路万达广场 B 区 231 号井出土
长沙市文物考古研究所藏

青瓷盘口壶

东晋（317—420）
口残径 8、腹径 18、底径 10.5、高 14 厘米
2010 年长沙湘江中路万达广场 B 区 231 号井出土
长沙市文物考古研究所藏

褐釉四系瓷罐

东晋（317—420）
口径 11.8、底径 10.5、高 13.5 厘米
2010 年长沙湘江中路万达广场 B 区 231 号井出土
长沙市文物考古研究所藏

南国都会

隋唐时期，结束了长期以来南北分裂和封建割据的局面，政治稳定，经济逐步繁荣，长沙的社会发展也进入一个辉煌时期。764年，唐朝设湖南观察使，又称湖南道。768年，湖南道的治所由衡州迁至长沙城。至此，“湖南”名称开始出现在历史上，并单独成为一级行政区划。唐代的长沙经济繁荣、文化灿烂，并且成为我国南方农副产品的重要集散地和交换中心。安史之乱后，因避战乱，北方人口大量南迁，长沙城更是成为人口大量聚居的地方。由于政治、经济的需要和人口的激增，长沙城于唐代进行大规模扩城。

2010年湘江中路万达广场B区317号井发掘现场照

井砖（2件）

唐（618—907）
①楔形砖长18.5、宽5、高9—15厘米
②弧形砖长33.5、宽4.5、高16厘米
2010年长沙湘江中路万达广场B区317号井出土
长沙市文物考古研究所藏

①

②

①青釉四系双沿罐 ②青釉六系盘口壶 ③青釉盘口壶 ④青釉高足杯 ⑤青釉碗 ⑥青釉水注

唐（618—907）

①外口径 16.3、内口径 11.5、底径 13.5、高 22、腹径 21 厘米

②口径 16、底径 12、高 37 厘米

③口径 5.8、底径 4.5、高 12.5、腹径 11.5 厘米

④口径 6.5、底径 3.7、高 7.3 厘米

⑤口径 12、底径 4.5、高 3.8 厘米

⑥口径 1.8、底径 1.8、高 3 厘米

2010 年长沙湘江中路万达广场 B 区 317 号井出土

长沙市文物考古研究所藏

青釉高足盘

隋（518—618）
底径 6.8、口径 11.5、高 6.5 厘米
2010 年长沙湘江中路万达广场 B 区 222 号井出土
长沙市文物考古研究所藏

人面瓦当

唐（618—907）
长 18、宽 13、最厚处 8 厘米
2010 年长沙湘江中路万达广场 B 区 317 号井出土
长沙市文物考古研究所藏

漆筛盘

唐（618—907）
口径 23.2、底径 8.6、残高 6.4 厘米
2011 年长沙东牌楼国金中心工地 238 号井出土
长沙市文物考古研究所藏

五代时期长沙城遗迹

927 年，马殷建立楚国，以长沙为国都，立宫殿，置百官。这一时期是长沙城历史上真正的独立王国都城时期，长沙成为名副其实的大都会。五代时期的长沙，不仅经济繁荣，社会发展，城市规模和格局也有较大变化。首先是长沙城的西城墙、南城墙和北城墙向外扩展，其次是在长沙城外东、南、西、北四面大肆修建宫殿、园林，作为马氏王朝的行宫和游宴场所，这使长沙城的空间范围进入一个鼎盛时期。

万达广场工地五代时期长沙城西城墙基址 （由南向北）

2010 年长沙市文物考古研究所在长沙市开福区万达广场项目工地发现五代时期土木混合构筑的大型夯土墙体，长度约 200 余米，最宽处约 30 余米，最窄处约 10 余米，可以确认为五代时期的西城墙。西城墙向外拓展，直接临水而建，墙体内镶嵌大量木制构件，一排排整齐套合的地梁架构，一根根粗大的圆木立柱，一组组巨型的方形木枋，纵横交错，牢牢拼接，构筑了墙体内的坚固骨架。大量使用的木构材料和规模宏大的夯土墙体反映了工程的浩大，体现了马楚国的经济实力和当时发达的建筑工艺技术水平。

潮宗御苑工地五代时期长沙城西城墙基址剖面 （由西北向东南）

华远华中心工地五代时期长沙西城墙遗址（由北向南）

2012年长沙市文物考古研究所在坡子街华远华中心项目工地也发现了五代时期西城墙，长21.5米，宽11米。墙体平铺一排排横木，横木两端有榫卯结构，榫眼为方孔，榫头为一端尖锐的方木，长60—70厘米不等，由上至下嵌立夯土中，用以巩固横木，进而起到加固墙体基础的作用。

建筑木构件（雀替）

五代（907—979）
长33、宽4.8、高26.5厘米
2019年长沙黄兴北路华润置地1号房址出土
长沙市文物考古研究所藏

“使院”漆碗

五代（907—979）
残口径 18、底径 9.9、残高 4.4、壁厚 0.1 厘米
2019 年长沙黄兴北路华润置地工地 1 号房址出土
长沙市文物考古研究所藏

漆碗出土于培元桥五代时期 1 号房址的排水沟内。漆碗底部朱书“使院”二字。“使院”最早见于《资治通鉴》唐玄宗天宝六载（747），节度使出征、入朝，或死而未有后代，皆有留后摄其事，称节度留后。节度留后治事之官署，称使院。节度使便坐治事，抑或就使院。光化元年（898），昭宗命马殷任武安军留后；天复元年（901），马殷正式出任武安军节度使。马殷死后，其子世袭武安军节度使。鉴于漆碗出土的 1 号房址北面存在大型建筑基址，推测培元桥五代时期的使院遗址当为马殷任武安军节度留后时的治事之所。

瓦当（4 件）

五代（907—979）
①残长 16.5、残宽 13.5、残高 4 厘米
②径 15.5、残高 3.5 厘米
③残长 15、残宽 15.5、残高 3.5 厘米
④残长 16、残宽 14、残高 4 厘米
2019 年长沙黄兴北路华润置地工地 1 号房址出土
长沙市文物考古研究所藏

①

②

③

④

长沙窑青釉瓷执壶

五代（907—979）
残口径 8、底径 10.8、通高 21.5 厘米
2019 年长沙黄兴北路华润置地 1 号房址出土
长沙市文物考古研究所藏

茶叶末釉葫芦口瓷执壶

五代（907—979）
口径 4.5、腹径 13、高 18 厘米
2019 年长沙黄兴北路华润置地 1 号房址出土
长沙市文物考古研究所藏

衡州窑青瓷碗

五代（907—979）
口径 17、底径 7.5、高 3.7 厘米
2019 年长沙中山路湘江宾馆二期 4 号井出土
长沙市文物考古研究所藏

衡州窑青瓷高足杯

五代（907—979）
口径 9.5、底径 5.2 厘米
2019 年长沙中山路湘江宾馆二期 4 号井出土
长沙市文物考古研究所藏

白瓷执壶残件

五代（907—979）

残口径 11.5、残高 16 厘米

2019 年长沙黄兴北路华润置地 1 号房址出土

长沙市文物考古研究所藏

青瓷执壶

五代至北宋
口径 8、腹径 11、底径 6.5、高 18 厘米
2010 年长沙湘江中路万达广场 B 区 218 号井出土
长沙市文物考古研究所藏

长沙国际金融中心工地宋代街巷遗址

宋代长沙经济发达，人口众多，商贸也得到空前发展，是南方著名的米市、茶市。长沙城内，人口稠密，商肆林立，贸易繁荣，商业鼎盛，已蔚然成为国内大都市。《元丰九域志》列举宋代20万人口以上的国内大城市6处，其中便有长沙。

长沙国际金融中心工地宋代街巷遗址发掘探方全景

坡子街南宋大型木构建筑遗址

2004年7月—12月，长沙市文物考古研究所在长沙市区黄兴路与坡子街交界处的西北角（今君临国际C座）发掘了一处南宋大型地下木构供排水遗址，系国内首次发现。该建筑分布范围较大，由两部分组成，一是三角形木构建筑，二是沟槽式木构建筑遗迹。三角形木构建筑略呈东西向，全长38.1米，每块底板长2.5米，两端凿有凹槽，两侧板嵌于凹槽内，板与板之间相互扣合，结构严密，匠心独具，见证了长沙的古代城市文明和能工巧匠的高超工艺，也表明宋代的长沙城已具备功能完善的城市供排水系统。

坡子街南宋大型木构建筑遗址全景（由东向西）

坡子街南宋大型木构建筑遗址（沟槽部分）（由南向北）

万达广场工地宋代长沙西城墙遗址

2010年长沙市文物考古研究所在长沙市开福区万达广场项目工地发现宋代城墙。墙体内部为黄色夯土堆积，出土少量宋代青瓷、酱釉瓷残片。墙体残长120余米，顶部宽约3.8—5.7米，底部宽约6.2米，两侧用青砖砌建，西侧包砖宽约1.1米，东侧包砖宽约0.4—0.7米，墙体残存高约3米。墙体两侧青砖可见多处修补和改建，部分青砖上模印有“忠义军”“善化梁五砖（善化县建置于北宋哲宗元符元年，即1098年）”等字样。“忠义军”是活跃于南宋时期的地方武装组织。南宋末年，长沙抗元战斗颇为壮烈，城墙多次修补的痕迹，正是长沙城在这一时期频遭战争损伤的印痕。

万达广场C区宋代墙体西侧二次建造痕迹（由西向东）

华远华中心工地宋代长沙西城墙遗址

华远华中心工地位于长沙市天心区坡子街西段南侧，西侧与湘江大道紧相邻，距今湘江东岸45米左右，南侧紧接人民路。2012年长沙市文物考古研究所在坡子街华远华中心项目工地发现一段宋代墙体，长21米，墙体东西两侧砌有青砖，宽7.8米，属宋代长沙城西城墙的一部分。

宋代墙体全景（由北向南）

宋代城墙夯层解剖照

2012年长沙市文物考古研究所在坡子街华远华中心项目工地发现宋代墙体，长21米，东西两侧墙体外宽约7.8米。从发掘解剖情况来看，共有17个明显的夯筑层次，每层夯筑厚度20厘米左右，夯土结构紧密，土质坚硬，以红、黄色土为主。

泊富国际广场工地宋元时期护城河遗址

南宋时期，长沙城的四至范围为：东线自湘春路起，沿芙蓉路西侧—建湘路—落星田街—东庆街—马王街—都正街—高正街一线，南到城南路一线，西到江滨，北到湘春路一线。南宋末期为抵抗元兵的入侵，长沙城墙进行了改造，墙体两面加砌了青砖，增强了防御能力，同时将长沙北城墙移至今湘春路附近。该城池格局沿袭至元代。

宋代护城河遗址全景（由南向北）

发掘区护城河及地层堆积 （由西向东）

2010年长沙市文物考古研究所在开福区泊富国际广场建设工地发现宋代护城河，发掘部分呈东南—西北—西的转向走势，整体略呈弧形，长50米，河道宽4.81—5.86米，深1.98米。河内堆积以青灰色淤泥为主，出土了一些南宋时期的黑釉及酱釉瓷片。从地理位置分析，该护城河应处于长沙古城东北角的拐角处。

经幢

北宋（960—1127）
底径 30、中柱宽 15、宽 11、通高 80.5 厘米
2010 年长沙湘江中路万达广场 B 区 312 号井出土
长沙市文物考古研究所藏

经幢石质，由幢顶、幢身及基座三部分构成。幢顶与基座呈莲瓣造型，幢身呈六角形，一面刻有菩萨像，其余五面刻有《陀罗尼经》。经幢多放置于大道、寺院或墓葬周边，为纪念之用。这件经幢置于井中，原因在于北宋元祐年间，一名幼童溺毙于井中，父母信佛，请经幢置于井中，经幢上刻《陀罗尼经》，以安度幼童亡魂。

城墙砖（4 件）

宋（960—1279）
2011 年长沙湘江中路万达广场 C 区 2 号墙址出土
长沙市文物考古研究所藏

①

②

③

④

铺地砖（2 件）

宋（960—1279）
①长 33、宽 32、厚 5 厘米
②长 34.5、宽 34.5、厚 6.5 厘米
2009 年长沙中山路留芳岭二期工地 1 号房址出土
长沙市文物考古研究所藏

①

②

漆盘

北宋（960—1127）
通高 3.4、口径 16.3、底径 10、厚 0.4 厘米
2011 年长沙东牌楼国际金融中心工地 288 号井出土
长沙市文物考古研究所藏

漆盘

北宋（960—1127）
通高 3.3、口径 17.8、底径 10.8 厘米
2005 年长沙坡子街 5 号工地出土
长沙市文物考古研究所藏

漆碗

北宋（960—1127）
通高 6、口径 14.6、底径 8 厘米
2015 年长沙华远 5 期工地 209 号井出土
长沙市文物考古研究所藏

漆盏托

南宋（1127—1279）
通高 2.7、口径 15.4、底径 6.4 厘米
2013 长沙万达 CⅢ区工地 1 号探沟出土
长沙市文物考古研究所藏

银包边影青瓷盘

南宋（1127—1279）
口径 17、底径 7.5、高 3.7 厘米
2019 年长沙中山路湘江宾馆二期 10 号井出土
长沙市文物考古研究所藏

白梅窑酱釉执壶

南宋（1127—1279）
口径 8.3、通宽 17.5、腹径 15、底径 8.3、高 22 厘米
2019 年长沙黄兴北路华润置地 4 号井出土
长沙市文物考古研究所藏

韩瓶

南宋（1127—1279）
底径 5、口径 5.5、腹径 14、通高 32 厘米
2019 年长沙黄兴北路华润置地 73 号出土
长沙市文物考古研究所藏

瓶小口、双唇、弧肩、直腹，下腹斜内收，小平底，肩部有对称双系，这是典型的汲水器，汲水快捷，便于携带。相传此瓶为南宋名将韩世忠部队的汲水瓶，故称“韩瓶”。在长沙古城内不少南宋古井中，发现了大量的韩瓶，说明韩瓶不仅仅作为军用水瓶，在民间的使用率也很高。

花瓣纹铺地砖

元（1271—1368）
长 31、通宽 31、厚 4 厘米
2019 年长沙黄兴北路华润置地 4 号房址出土
长沙市文物考古研究所藏

（正）

（背）

龙泉窑青瓷高足碗

元（1271—1368）
口径 12.7、底径 4.3、高 11.6 厘米
2019 年长沙中山路湘江宾馆二期 7 号井出土
长沙市文物考古研究所藏

墨书“酒店用宝”醴陵窑青瓷大碗

元（1271—1368）
口径 27、底径 12.5，高 6 厘米
2019 年长沙黄兴北路华润置地 4 号房址出土
长沙市文物考古研究所藏

瓷碗极富市井情趣，出土时数个叠放。此件青瓷碗，内底墨书“酒店用宝”，碗底墨书“偷存在家，如同贼人”。从墨书内容可知这批青瓷碗属于酒肆用品，酒肆老板用墨书的形式宣示对这批青瓷碗的所有权。通过这件墨书青瓷碗，我们可以推测此 4 号房址性质为临街酒肆，墨书标记是防止其被混淆和被盗的有效手段。

藩邸省治

明朝建立以后，先后分封潭王朱梓、谷王朱橞、襄王朱瞻墡、吉王朱见濬就藩长沙，即明初开始，长沙城内出现了藩王府。其中潭王、谷王、襄王就藩长沙的时间较短，吉王一脉沿袭七代直至明末。1477 年，吉王朱见濬就藩长沙，并仿紫禁城的宫制，历时四年，兴建了一座规模宏大的吉王府。王府占据长沙城十之七八的面积，有城门四座，俨然城中之城，在长沙城市发展史上留下了辉煌的一页，至今长沙城内不少街巷名，如东牌楼、西牌楼、司门口、藩正街、藩后街等，仍是沿袭藩王府时的旧称。元末明初之际，新出现了用于战争的大炮，因而对城池的防御保卫有了更高的要求。明代初年，长沙城经过了一次大规模的修葺，城墙外侧改造为砖石结构，墙基全部为大型条石，石基以上用大青砖砌成，上下完固。城外护城河进行了拓宽。同时将长沙城东线移至浏城桥—凤凰台—天心阁一线，将此线的高亢地势纳入城内，以增强居高临下的军事攻防能力。1664 年，清王朝设湖广右布政使司于长沙，同年，又将原驻节沅州的偏沅巡抚移驻长沙，至此，湖广行省正式划分为湖北、湖南两省，湖南成为一个单独的行政省。1724 年，“偏沅巡抚”改为“湖南巡抚”，长沙府城自此为湖南省省会。清代长沙城沿袭明代的格局。城门仍为九座。东段城门两座，为小吴门、浏阳门；南段城门一座，即南薰门（南门）；西段设城门四座，为小西门、大西门、草场门、通货门；北段城门两座，即新开门、湘春门。

国际金融中心工地明代藩王府建筑基址（由东向西）

2011年，长沙市文物考古研究所在五一广场东南部的长沙国际金融中心工地发掘了藩王府遗址。其建筑布局规模宏大，建筑基础使用土质紧密、纯净的红色土夯筑，夯土层达数米之厚。这些都是王府建筑奢华气派的见证。

明代藩王府宫墙砖（3 件）

明（1368—1644）
长约 45、宽约 12、厚约 21 厘米
2011 年长沙湘江中路万达广场 C 区 1 号墙址出土
长沙市文物考古研究所藏

青砖尺寸大，质量好，规格高，侧面模印有铭文，如“提调官……”，往往由各地州府专门烧制。

明藩王府琉璃龙纹瓦当（2件）

明（1368—1644）
①当面径16.8、残长28.6、厚1.6厘米
②当面径16.4、残长9.6、厚1.8厘米
2004年长沙坡子街7号工地11号井出土
长沙市文物考古研究所藏

①

②

琉璃瓦当晶莹透亮，呈蓝色。上面雕刻有栩栩如生的龙纹图案。

明藩王府琉璃筒瓦(2 件)

明(1368—1644)
①残长 36、宽 17 厘米
②残长 35.6、宽 18.6、高 9.8 厘米
2004 年长沙坡子街 7 号工地 11 号井出土
长沙市文物考古研究所藏

①

②

明藩王府琉璃建筑构件

明(1368—1644)
残长 31.3、宽 10.5 厘米
2004 年长沙坡子街 7 号工地 11 号井出土
长沙市文物考古研究所藏

明藩王府琉璃构件（2件）

明（1368—1644）
①残长32厘米
②残长37、残宽23厘米
2004年长沙坡子街7号工地11号井出土
长沙市文物考古研究所藏

①

②

明藩王府建筑构件

明（1368—1644）
残长38、残宽33、残高11厘米
2004年长沙坡子街7号工地11号井出土
长沙市文物考古研究所藏

小吴门金帆大厦工地长沙明清时期东城墙遗址

2010 年长沙市文物考古研究所在开福区小吴门金帆大厦工地发现一段南北向长条形花岗岩石垒砌的明清时期墙体基础，总长 78 米，花岗岩石砌宽度 1.43 米，残存高度 3.3 米。墙体基础保存状况较好，共十一层，一至七层均为长方形麻石条铺砌，第一层为竖向平铺，第二层至第七层为横向平铺，石条间缝隙以楔形麻石块充塞，起加固墙体作用。第八层至第十一层为墙体垫底石，均为大块卵石竖向垒砌而成，起夯实基础作用。该段墙体基础应为长沙城东城墙的遗迹。

金帆大厦工地明清时期城墙遗址（局部）

金帆大厦工地明清时期城墙堆砌结构（由东南向西北）

1910 年天心阁影像

现存的天心阁城墙，为清乾隆四十二年（1777）重修，总长 249.7 米，墙基为花岗岩，墙体由青砖砌筑，面宽 6.1 米。城墙上有雉堞 173 垛，设置炮台，并屹立着“天心阁”城楼。该城墙属明清时期长沙城东南段，是现存的长沙古城的标志，也是长沙古城真实的历史写照。

复地崑玉工地长沙明清时期北护城河遗址

复地崑玉工地位于今湘春路与湘江路交会处东北角，紧邻湘春路。2011 年长沙市文物考古研究所在此发掘了明清时期护城河。护城河分布范围较大，长约 300 余米，宽约 40 余米，并向工地东西两端延伸出去。护城河内出土较多明清时期的青花瓷片。该护城河应为明清时期长沙城的北护城河。

复地崑玉工地长沙明清时期北护城河发掘现场（由西向东）

华远华中心工地长沙明清时期西城墙遗址

2012 年长沙市文物考古研究所在坡子街华远华中心项目工地也发现了明清时期城墙，长 22.5 米，宽 15.1 米，残高 2.9 米。墙体东西两侧由长条形花岗岩条石砌成，从下往上共砌有 13 层条石，起加固和保护城墙主体的作用。该段城墙属于明清时期长沙城的西城墙。

华远华中心工地长沙明清时期西城墙墙体基础（由西北向东南）

长沙城发展演变示意图

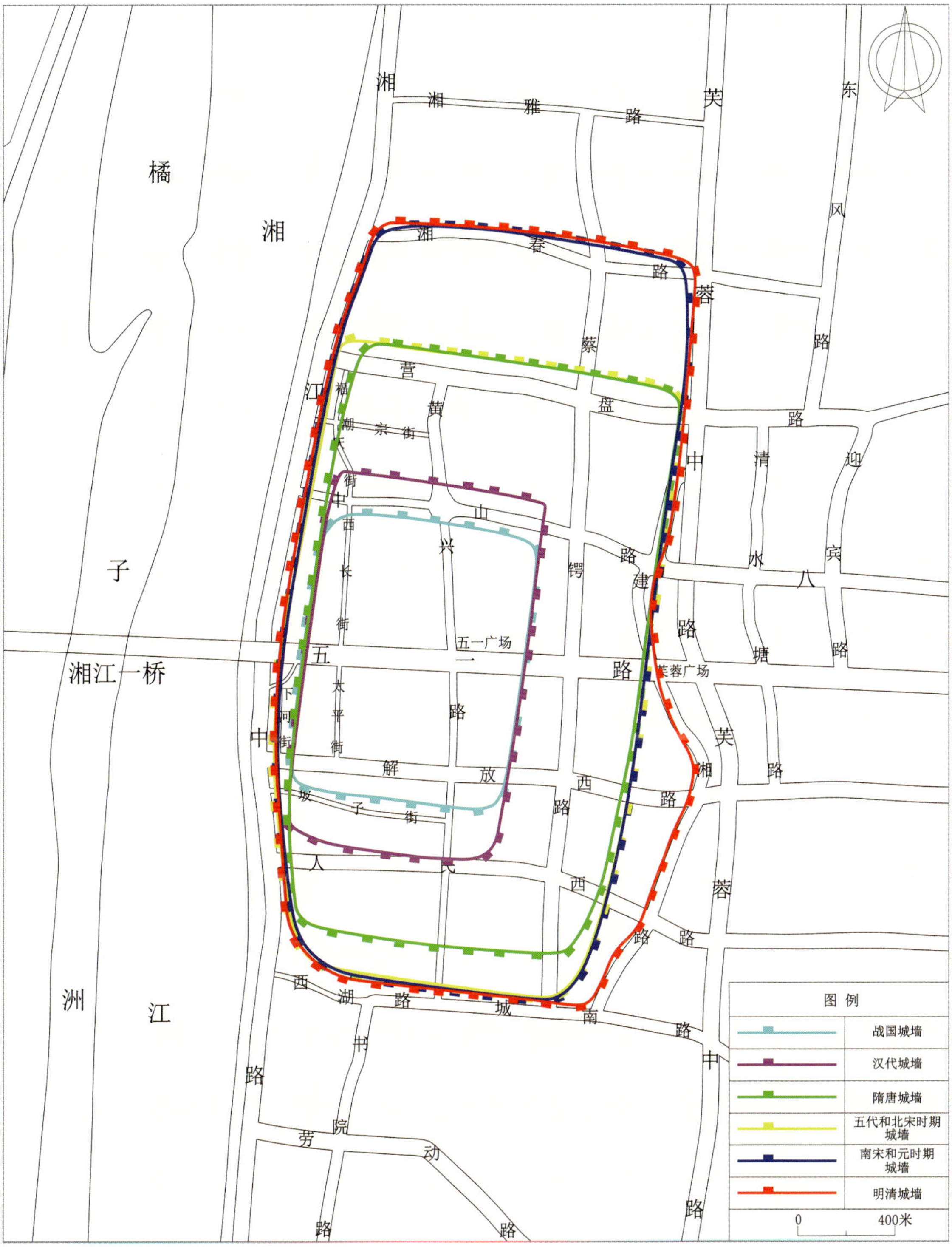

长沙城的布局东依山势，西傍湘江，南北面有丘陵岗地为屏障，城址的四至范围囿于一个南北长、东西窄的平缓台地上。城址方位依山势和江流走向，由南往北，略向东北方向倾斜。长沙建城后，从楚南重镇逐渐成为历代湖南地方军政长官的驻节之地。2000余年以来，长沙城从封邑之城先后发展成诸侯王城、郡城、州城、都城、省城，曾是王宫府邸及历代郡、州、道、路、府、省的治所，城址代代相沿，在长沙的历史进程中，始终雄姿巍然。

新姿绽放

"十三五"期间，湖南的国家大遗址项目有11处，位列南方各省前列。为充分实现考古成果的转化与利用，长沙积极开展大遗址保护和国家考古遗址公园建设，为文旅融合提供支撑。先后建设铜官窑、炭河里、汉王陵等考古遗址公园，并通过开展考古研学游等活动展示考古科研成果，向社会公众传播文物考古知识，推动文化旅游产业发展，使考古成果产生了丰富的社会价值，为增强长沙市民的历史自豪感和文化自信提供了精神助力。

炭河里国家考古遗址公园

炭河里古城是湖南最重要的考古发现之一，为研究宁乡青铜器群历史文化背景，破解湖南商周青铜器之谜，及探索湖南商周青铜文明的起源和发展过程提供了重要线索和实证资料。炭河里古城以及大型宫殿建筑基址、贵族墓葬的发现及其与宁乡铜器群的同属关系的确立，证明以炭河里城为中心的人类社会的组织形态已经进入国家文明时期。

2004年的考古发掘被评为当年"全国十大考古新发现"。

2006年被列入国务院公布的全国重点文物保护单位。

2012年被纳入国家大遗址保护规划。

2013年被列入国家考古遗址公园立项名单。

2016年炭河里青铜博物馆建成开放，目前已成为展示和保护炭河里遗址本体、研究湖南商周青铜文化和宁乡地域文明的重要平台和窗口。

炭河里考古遗址公园建设情况

长沙铜官窑国家考古遗址公园

2006 年，长沙窑遗址被国家文物局列为全国 100 个重要大遗址保护项目；2010 年和 2013 年先后获国家文物局批准的第一批国家考古遗址公园立项项目和国家文物局第二批“国家考古遗址公园”，并连续入选“十一五”“十二五”“十三五”和“十四五”时期国家 150 处重要大遗址保护名录。在国家、省市相关政策的大力支持下，长沙窑遗址规划和建设进入快车道，现已完成谭家坡遗迹馆、长沙铜官窑博物馆和陈家坪窑址区的建设和展示工作。

铜官窑博物馆航拍图

谭家坡遗迹馆内景

陈家坪遗迹馆全景

汉长沙国王陵遗址公园

为加强汉代长沙王陵墓群的保护和管理工作，2013 年，长沙市文物局编制《汉代长沙王陵墓群保护总体规划》，并着手实施汉王陵考古遗址公园的建设。公园选址在陵墓群集中分布的谷山区域，拟开展文物本体保护、环境整治、居民迁移等工作，建设汉代长沙王陵博物馆、遗址展示馆、考古工作站、文物修复保护中心、游客服务中心、大型停车场等设施。

汉代长沙王陵墓群谷山区俯瞰（由北向南）

汉长沙国王陵桃花岭汉墓航拍照

汉长沙国考古遗址公园设计图

与时俱进

随着考古学科与现代科学技术的发展，传统考古学技术不断进步，丰富的手段与崭新的理念不断运用到考古工作中，极大地扩展了考古认知。怎样从有限的古代遗存中获得更多信息，并运用多种手段进行全方位分析，多维度、立体化探求人类历史的真实面貌，成为考古学发展的重要方向。70 年来，长沙考古与时俱进，积极开展考古学多学科、跨学科的深入研究，取得了众多研究成果，推进了长沙考古事业的全面发展。

长沙考古机构沿革

1959 年 5 月 长沙市文化局内设长沙市文物清理工作队，配事业编制 2 名。	1969 年 2 月 长沙市文物清理工作队撤销。	1975 年 3 月 长沙市文化局内设文物管理组，配事业编制 5 名。	1979 年 12 月 长沙市革命委员会下文成立长沙市文物工作队事业机构，编制 8 人。
1981 年 3 月 长沙市文物工作队编制增至 18 人。	1984 年 11 月 长沙市文物工作队与清水塘纪念馆合并，筹建长沙市博物馆。	1987 年初 长沙市博物馆与长沙市文物工作队分开。	1988 年 8 月 长沙市博物馆与长沙市文物工作队合并。
1994 年 5 月 长沙市博物馆与长沙市文物工作队分开。	1997 年 6 月 长沙市文物工作队加挂长沙市文物考古研究所牌。	2001 年 12 月 取消长沙市文物工作队名称，正式定名为长沙市文物考古研究所，并升格为副县级事业单位，编制 45 名。	2007 年 10 月 长沙市文物考古研究所加挂长沙市文物科技保护中心牌。

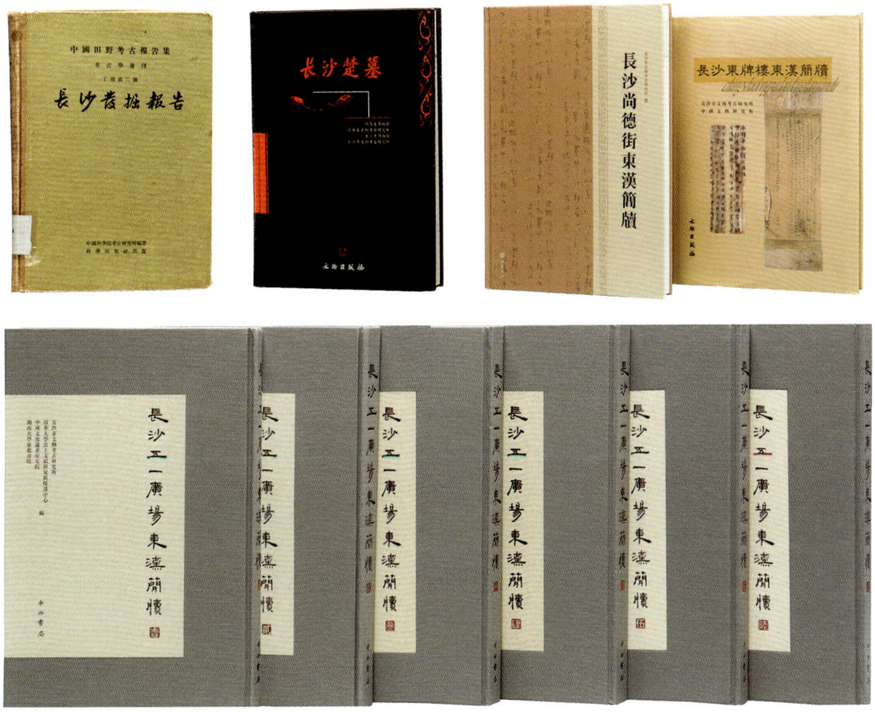

长沙考古重要科研成果（部分）

长沙重要考古发现大事记

时　间	名　称	时　代
1951 年 10 月—1952 年 2 月	伍家岭 203 号墓，第一次发现木质车船模型；五里牌 406 号墓、201 号墓、203 号墓和徐家湾 401 号墓发现一批战国及西汉简牍	战国、西汉
1953 年 7 月	仰天湖 25 号墓发现楚简 43 枚	战国
1954 年	杨家湾 006 号墓发现楚简 72 枚	战国
1956 年	发现望城长沙铜官窑遗址	唐代
1963 年	发现宁乡炭河里遗址并试掘	商周
1971 年 2 月	浏城桥 1 号墓发掘	战国
1972 年—1974 年	马王堆汉墓发掘	西汉
1973 年 5 月	长沙子弹库楚墓发掘	战国
1974 年	咸家湖陡壁山曹娭墓发掘	西汉
1976 年	长沙县鹿芝岭月亮山遗址发掘	新石器时代
1978 年	咸家湖象鼻嘴汉墓发掘	西汉
1983 年	长沙铜官窑遗址发掘	唐代
1986 年 2 月—3 月	暮云镇大塘遗址发掘	新石器时代
1988 年 12 月—1989 年 1 月	长沙县青山铺镇腰塘遗址发掘	新石器时代
1988 年	五一广场战国作坊遗址发掘	战国
1987 年	中南工大唐墓发掘	唐代
1991 年 8 月	浏阳永安镇芦塘村旧石器地点发掘	旧石器时代
1992 年	马益顺巷楚墓发掘	战国
1993 年	望城坡西汉渔阳墓发掘	西汉
1996 年	茅亭子楚墓发掘	战国
1996 年	走马楼三国吴简发掘	三国
1997 年 5 月	科文大厦东汉简牍发掘	东汉
1998 年	长沙万顺战国古城墙发掘	战国

1999 年	望城高砂脊遗址发掘	商周
1999 年	长沙铜官窑遗址发掘	唐代
2000 年	小吴门明清城墙发掘	明清
2001 年—2004 年	宁乡炭河里遗址发掘	商周
2002 年	三公里楚墓发掘	战国
2003 年 11 月	省供销社西汉简牍发掘	西汉
2004 年	运达国际广场唐代护城河遗址发掘	唐代
2004 年 4 月	东牌楼东汉简牍发掘	东汉
2004 年 8 月—12 月	坡子街大型木构涵渠遗址发掘	宋代
2005 年	望城蚂蚁山明墓发掘	明代
2006 年	望城风篷岭汉墓发掘	西汉
2008 年	望城风盘岭汉墓发掘	西汉
2009 年	明代藩王陵墓群考古调查	明代
2010 年—2014 年	万达广场古城墙遗址发掘	五代、宋元、明清
2010 年	五一广场东汉简牍发掘	东汉
2010 年	泊富国际广场护城河遗址发掘	宋—明清
2011 年—2012 年	国金中心长沙古城遗址发掘	战国—明清
2011 年—2022 年	汉代长沙王陵区考古调查	西汉
2012 年	华远华中心古城墙遗址发掘	五代—明清
2014 年	长沙青少年宫古城墙、护城河遗址发掘	汉—南北朝
2014 年—2017 年	宁乡罗家冲遗址发掘	新石器晚期—战国早期
2001 年、2014 年	宁乡花草坪遗址发掘	新石器时代
2018 年—2019 年	汉代长沙王陵区陪葬墓群发掘	西汉
2020 年	华润置业大型建筑基址发掘	五代
2020 年—2021 年	梅溪湖东周遗址发掘	春秋晚期—战国

考古发掘工具
长沙考古重要学术成果
与时俱进

结　语

参天之木，必有其根；怀山之水，必有其源。国家和民族的根脉，就是历史和文明。每一次考古发现，都是一次对历史的叩问、对精神的洗礼；每一项考古成果，都是一次信仰的集结、奋斗的凝聚。

丰富的长沙考古成果，印照着源远流长、博大精深的中华文明，展示了中华文明的风采。传播中华文明的优秀成果，凝聚了我们的民族自豪感，坚定了我们的文化自信，引导我们通向中华民族伟大复兴的光辉梦想。让文物活起来，让文明交流互鉴，通过陈列展览、公众考古、遗址保护与利用等方式，这些考古成果让我们日益真切地触摸到湖湘文化脉动的韵律，必将为长沙的发展提供磅礴的动力。

七十年风华，七十年序章。长沙考古人前赴后继，在习近平总书记“建设中国特色、中国风格、中国气派的考古学”的指引下继续砥砺前行。

在中国考古跨入新的一百年征程之际，长沙博物馆与长沙市文物考古研究所联合省内外多家文博单位，举办“发·现——长沙考古七十年成果巡礼”特展。

谨以展览致敬长沙灿烂历史文明的创造者！

谨以展览致敬七十年来为长沙考古事业辛勤耕耘的工作者！

谨以展览致敬伟大的时代！

Conclusion

History and civilizations are the roots of a country and a nation. Every archaeological discovery is an inquiry of history, and every archaeological achievement is a gathering of faith.

The fruitful archaeological achievements of Changsha are the reflection of the longstanding, extensive and profound Chinese civilization and show its glamour. A strong impetus for the political, economic and cultural development of Changsha has supported by the achievements of keeping cultural relics alive, making civilizations exchange through exhibitions, public archaeology, site protection and utilization etc. makes us sense the Huxiang culture more truly.

History over the past 70 years is just a preface of Changsha archaeology. Here, archaeologists have forged ahead under the guidance of President Xi Jinping to develop archaeology with Chinese features, style and ethos.

As the Chinese archaeology has entered a new stage for the second centenary, this special exhibition *Excavation & Exploration --- Selected Archaeological Achievements of Changsha in the Past 70 Years* is jointly held by Changsha Museum, Changsha Municipal Institute of Cultural Relics and Archaeology and other organizations to pay tribute to the creators of the brilliant civilization of Changsha, the workers for the development of Changsha archaeological undertakings and this great era!

探索与研究

Exploration and Research

探秘尘下无字天书 展示长沙文明之光

“发·现——长沙考古七十年成果巡礼”特展

何 佳

长沙是湖南省省会，自秦汉以来就是湖湘地区的政治、军事、经济、文化中心，素来有“楚汉名城”“潇湘洙泗”及“革命摇篮”之称，系1982年被国务院列入首批公布的24个历史文化名城之一，具有悠久的历史和灿烂的文化。长沙城更是镶嵌于湘江河畔一颗璀璨的明珠，她以岳麓为屏、湘江为带，橘子洲浮碧江心，浏阳河、捞刀河、靳江河围绕于城郊，特殊的地形地貌让这座千年古城历经岁月的洗礼，焕发出前所未有的新姿！

长沙位于东经112°56'—114°15'，北纬27°51'—28°40'，东西长约233公里、南北宽约90公里、总面积约11819平方公里。地处湘中偏东，处于湘中丘陵与洞庭湖冲积平原过渡地带和湘浏盆地。特殊的地理位置及地理条件，使长沙自古就成为北接江汉平原、南接湘赣及岭南的文化交流通道，南北多元文化因素在此交汇、碰撞、融合、发展，造就了独特的地域文化。

历史的变迁使得各类古代文化遗存最终在历史的长河中被尘封于广袤的大地及古城之下，人类的文明不仅要展望未来，也要追溯过去，以古鉴今。伴随着现代考古学的兴起与发展以及长沙经济与文化的建设，长沙考古从解放初期开始，至今已经走过了70个春秋。

70年来，几代长沙考古工作者筚路蓝缕、接续努力，发现了一大批印证长沙灿烂文化的文物古迹，为我们逐渐展开了一幅长沙上至旧石器时代，下至明清时期的生动历史画卷。

作为长沙地区文物考古及展示的专业单位，在跨越新的百年征程之际，长沙博物馆与长沙市文物考古研究所通力合作，对70年来长沙地区的文物考古发展历程及考古发现进行了系统梳理，从众多的考古发现中遴选出史前、商周、楚汉、两汉、简牍、长沙窑及城市考古等七大板块，以长沙考古发展历程及考古发现的时间先后分为“楚汉钩沉 名城重光”“溯洄求索 文明再现”“古郡回眸 星城溢彩”等三个单元构建了此次“发·现——长沙考古七十年成果巡礼”展。

一、长沙之名

史载，炎帝教耕，崩葬于长沙；黄帝南至于江，登熊湘；舜帝南巡，葬在长沙零陵界中。熊、湘两山即在长沙。禹分九州，长沙属荆州。时长沙属三苗国，据《国语》载，夏朝军队曾对三苗大肆征伐，败三苗部落，商周时代，古三苗国消失了，此时长沙为“扬越之地”，即生活在长沙的越人是扬越的一支。春秋中晚期长沙纳入楚国管辖范围，至战国中晚期建城，为楚国南部重镇。秦统一六国，设三十六郡，长沙郡为其一，此后，长沙作为一级行政区划延续至今。

长沙之名由来已久，主要有两说：一说得名于长沙星。古代天文学家观测天象时选择一批星象作为定位观测的标志，创二十八宿之说，认为上有星象，下有相应的“星野”，《史记·天官书》云：“天则有列宿，地则有州域。”二十八宿中轸宿有一附星名为“长沙”，古人按星象分野的理论，将长沙之地以应长沙星，认为长沙地名源于星名，故长沙又有“星沙”之称。一说得名于万里沙祠。万里沙祠一说最早见于十六国阚骃所著《十三州志》：“潭州有万里沙祠，西自湘川而东至东莱万里，故曰长沙。”此后，唐代李吉甫的《元和郡县志》援引《东方朔记》云：“南郡有万里沙祠，自湘川至东莱，地可万里，故曰长沙。”唐杜佑《通典》中潭州“秦为长沙郡”的自注亦云：“有万里沙祠，故曰长沙。”于是以后的各代地方志多引此说作长沙得名之源，并加以阐发考释，认为长沙在古代有祭祀沙土之神的活动。

“长沙”一名最早见于《逸周书·王会篇》，该篇记载了公元前11世纪周公营建雒邑竣工后，周成王大会诸侯，当时“长沙鳖”是作为方物贡献给周王室的，据孔晁注《王会篇》谓长沙鳖“特大而美，故贡也”。方物以地而名，可见长沙当时已是很有名气的地方，这是长沙之名出现有据可考的最早时间，此后在《战国策·赵策》中有“长沙之难，楚太子横为质于齐”、《史记·越王勾践世家》中有“长沙，楚之粟也”等记载。目前考古资料中“长沙”一名最早见于1986年湖北荆沙铁路包山2号楚墓出土楚简中，其中有“长沙正”“长沙公之军”等记载。包山2号墓年代为战国中期，约公元前300年。由此可见，长沙地名的出现不晚于战国中期。据《湘川记》云：“秦分黔中以南长沙乡为长沙郡，则长沙之名始于洪荒之世，而以之为乡为郡，则在后世耳。”

二、长沙古物

长沙素有楚汉名城之称，从战国时期建城至今，城址历经千载，城市中心却未发生偏移，一直以五一广场为中心逐步向外扩展，在考古学上堪称典型的“古今叠压型城市”，这致使长沙古城及周边地下埋藏了大量各历史时期的古代遗迹及遗物。《长沙府志》载明末时长沙“九鼎”曾分置于文庙及郡土地祠等处，自清末至解放前，长沙本地无专业考古机构及队伍，导致地下古墓葬及文物遭本地“土夫子”大肆盗掘，大量珍贵楚汉文物被盗掘出土，部分流失海外或遭破坏，面对此种情形，许多文物爱好者及有识之士自发开展长沙古迹梳理、收集流落于民间的文物著述图录及开展相关文物研究工作，其中最为有名的是清光绪二十年（1894）陈运溶所著的《湘城访古录》，书中记录了古城长沙众多古迹及两千多年的城市变迁和发展史，其中包括长沙各朝疆域图、历史沿革表、城邑、街巷、坊市、门名、书院、祠庙、宫观、寺院、山水、往迹、宅第、园亭、冢墓和碑碣等。

民国时期，著名考古学家商承祚于1939年及1941年先后著《长沙古物闻见记》及《续记》，是对当时长沙地区出土古代文物的系统记录，其中收录了大量楚国文物，被考古学界誉为楚文化研究的开拓性名著。著名古董商蔡季襄于1942年收购著名的长沙子弹库楚帛书，这是迄今为止我国出土年代最早且是先秦时期唯一一篇帛文资料，他于 1944 年发表了研究成果《晚周缯书考证》。该时期发现的重要文物还有 1938 年在宁乡县黄材镇转耳仑出土的四羊方尊及 1949 年在长沙市郊外陈家大山出土的《人物龙凤帛画》等国宝级文物。这些著录及研究都使得长沙文物当时在海内外产生了重大影响，也为此后的长沙商周至楚汉考古及长沙的文物保护打下坚实的基础。

三、“天团”莅临

新中国成立初期，百废待兴，长沙开始了大规模的城市建设，周边丘陵地带的地下古墓葬及精美文物屡遭破坏或盗掘。由于长沙地区考古力量薄弱，为了配合长沙城市基本建设及文物保护工作，1951 年 10 月 18 日至 1952 年 2 月 7 日，中国科学院考古所派出以著名考古学家夏鼐先生为首的湖南省调查发掘团支援长沙考古工作，参加发掘的有安志敏、石兴邦、王伯洪、王仲殊、陈公柔、钟少林以及南京博物院的宋伯胤、王文林和湖南省博物馆的程鹤轩等。他们先后在长沙东郊彼此相距二公里多的陈家大山、伍家岭、识字岭、五里牌与徐家湾等地开展古墓葬考古发掘工作，共计清理古墓葬 162 座（战国墓葬 73 座、西汉墓葬 65 座、东汉墓葬 7 座、唐宋墓葬 15 座、时代不明墓葬 2 座），并于 1957 年以科学的方法整理并出版了《长沙考古发掘报告》[1]。

此次发掘，不仅抢救保护了一大批重要文物，建立了楚汉墓葬的考古学年代标尺，对长沙地区楚汉墓葬的文化内涵有了初步的认识，并积累了在南方地区发掘古代墓葬的经验，还为长沙及整个湖南地区培养了一批本地的考古专业人才，同时也拉开了长沙乃至于南方地区科学考古工作的序幕，长沙考古自此开篇并发展至今。

四、楚汉钩沉　名城之光

楚国 800 年的发展造就了精美绝伦的楚文化，长沙作为春秋战国时期的楚南重镇，是楚国向南扩张的战略要地。自 20 世纪 50 年代初中国科学院援长考古开始，长沙地区的楚文化墓葬考古一直是长沙考古工作的重点，长沙考古工作者先后发掘了数十座楚国贵族大中型墓葬以及数以千计的普通吏民小型墓葬。这些墓葬遍布战国时期长沙古城周围，重要的大中型墓葬有 1953 年左家公山 M15[2]、仰天湖 M25[3]、1954 年杨家湾 M6[4]、1958 年烈士公园 M3[5]、1971 年浏城桥 M1[6]、1973 年子弹库 M1[7]、1976 年杨家山 M65[8]、1980 年五里牌 M3[9]、1986 年荷花池

（1）中国科学院考古研究所：《长沙发掘报告》，科学出版社，1957 年。
（2）湖南省文物管理委员会：《长沙左家公山的战国木椁墓》，《文物参考资料》，1954 年第 12 期。
（3）湖南省文物管理委员会：《长沙仰天湖第 25 号木椁墓》，《考古学报》，1957 年第 2 期。
（4）湖南省文物管理委员会：《长沙杨家湾 M006 号墓清理简报》，《文物参考资料》，1954 年第 12 期。
（5）高至喜：《长沙烈士公园 3 号木椁墓清理简报》，《文物》，1959 年第 10 期。
（6）湖南省博物馆：《长沙浏城桥 1 号墓》，《考古学报》，1972 年第 1 期。
（7）湖南省博物馆：《长沙子弹库战国木椁墓》，《文物》，1974 年第 2 期。
（8）长沙铁路车站建设工程文物发掘队：《长沙新发现春秋晚期的钢剑和铁器》，《文物》，1978 年第 10 期。
（9）长沙市文物工作队：《长沙市五里牌战国木椁墓》，《湖南考古辑刊》第 1 集，岳麓书社，1982 年。

M1[1]、1991年马益顺巷 M1[2]、1996年茅亭子 M1[3]、2002年三公里 M1[4]等，这些墓葬均为土坑竖穴墓，部分带有斜坡墓道，葬具有椁有棺，部分还有楚地特有的丧葬用具笭床。就墓葬规模而言，以现长沙一医院、浏城桥等地的墓葬规模最大、等级最高，其他区域的墓葬规模相对较小，这也反映了当时楚墓是按等级分区域埋葬的制度。墓葬中出土了一大批具有典型楚文化特色的鼎、敦、壶、盒、钫、簠、匜、盆、豆、盘、勺、镜、剑、戈、矛、刀等青铜器，漆案、几、奁、虎座凤鸟鼓架、镇墓兽等漆木器，大量仿铜陶礼器以及玉器、琉璃器、铁器，还有国宝级文物《人物御龙帛画》[5]，这些精美文物充分展示了长沙地区在战国时期的社会政治制度、经济文化水平、丧葬习俗及等级制度等。长沙地区楚文化墓葬及各类楚系精美文物不断面世，为了加大楚文化的系统研究工作，1981年由湘、鄂、豫、皖四省楚文化集中区域共同创立的楚文化研究会成立大会在长沙召开[6]。此后，学术界结合楚文化分布区域，楚典型器物及其形态演变，楚文化的渊源、物质生产水平、精神文化等方面的综合研究，使得楚文化的概念得以基本确立，楚墓年代学初步建立，楚墓分期和分类更深入和细致，在全国掀起了楚文化研究热潮。2000年，湖南省博物馆等数家在长文博单位对长沙1954年至1992年间发掘的2048座楚墓进行了系统整理，出版了《长沙楚墓》发掘报告[7]。2014年至2022年，考古工作者又先后在宁乡青山桥镇罗家冲、梅溪湖梅子滩及宁乡老粮仓镇向家洲等地发现了一批春秋晚期至战国早中期楚文化遗址[8]，这些均为研究楚人入长时间及路线提供了重要线索。相信日后学术界会利用长沙楚文化考古资料深入探讨楚国势力入湘、长沙地区楚文化的特点以及长沙地区的社会结构、文化交流与融合等，以充分展示长沙作为楚南军事重镇、粮食基地以及商业重镇的风采。

长沙地区汉承楚制，自汉初，汉王朝为巩固政权，加强中央集权的统治，便以长沙为中心设立了疆域广袤的长沙国，作为西汉历史上重要的诸侯国之一，长沙自此被纳入大一统的汉王朝统治之下。在长沙国经营的200余年间，长沙地区的汉文化在楚文化的基础上进一步繁荣，社会政治、经济、文化得到了空前的发展，为长沙地区留下了大量汉文化遗存及精美的汉代文物。

长沙地区汉代考古工作起始于20世纪50年代初中国科学院援长考古发掘期间对一批汉墓的清理及相关研究，此后，省级及长沙考古工作者在配合城市建设过程中陆续在长沙汉代古城周边发掘了数以千计的汉代古墓葬。这些墓葬按照汉代的丧葬规制及习俗，在墓葬规模、形制及随葬品方面都有很大的区别，代表着当时社会上的不同阶层。对于长沙地区汉文化最早最充分的认识也是基于长沙汉墓的考古发掘及相关研究。

长沙最早发现的等级最高、随葬品最丰富的汉墓当属轰动海内外的马王堆汉墓，这也是20世

(1) 长沙市文物工作队：《长沙市荷花池1号战国木椁墓发掘报告》，《湖南考古辑刊》第5集，岳麓书社，1989年。
(2) 长沙市文物考古研究所：《长沙市马益顺巷一号楚墓》，《考古》，2003年第4期。
(3) 长沙市文物考古研究所：《长沙市茅亭子楚墓的发掘》，《考古》，2003年第4期。
(4) 长沙市文物考古研究所：《湖南长沙三公里楚墓发掘简报》，《文物》，2007年第12期。
(5) 湖南省博物馆：《新发现的长沙战国楚墓帛画》，《文物》，1973年第7期。
(6)《简讯：楚文化研究会成立大会在长沙召开》，《湖南考古辑刊》第1集，岳麓书社，1982年。
(7) 湖南省博物馆等：《长沙楚墓》，文物出版社，2000年。
(8) 长沙市文物考古研究所发掘资料。

纪最重大的考古发现之一。该墓地地处浏阳河畔，因形似马鞍，人称“马鞍堆”，后疑为五代马殷冢，改称“马王堆”，亦传为西汉长沙国定王刘发母亲程、唐二姬的“双女坟”。1952 年，考古学家夏鼐先生曾率队对其进行了实地调查，确认为一处汉代家族墓群。1972—1974 年，长沙考古工作者为配合省军区地下医院工程建设对马王堆三座汉墓进行了考古发掘，三座墓葬呈品字形分布，为西汉初期长沙国丞相、轪侯利苍的家族墓地，其中二号墓主为汉初长沙丞相轪侯利苍，一号墓主为利苍妻辛追，三号墓主是利苍之子利豨。[1]该墓结构宏伟复杂、保存完好，出土的 3000 多件珍贵文物，涵盖丝织品、帛书、帛画、漆器、陶器、竹简、印章、封泥、竹木器、农畜产品、中草药等，尤其是“千年女尸”的发现轰动中外，让我们一睹千年遗容，堪称人类防腐技术的奇迹！马王堆汉墓的发掘是长沙汉代考古的重要突破，在中国考古史上具有重要意义，为研究汉代初期丧葬制度、手工业和科技发展水平及长沙国的历史、文化和社会生活等方面提供了重要的考古资料。

对于长沙汉代考古，西汉长沙国王陵一直以来都是重中之重。据史料记载，自公元前 202 年，汉高祖刘邦封衡山王吴芮为长沙王，都临湘，始建长沙国，吴氏长沙国传五代，历 46 年，至汉文帝后元七年（前 157）因无嗣而国除，汉景帝二年（前 155），封庶子刘发为长沙王，复置长沙国，刘氏长沙国七代八传，历 164 年，至新莽始建国元年（9）废，长沙国 200 余年的繁华经过岁月的变迁，吴、刘两姓王室成员也在享尽荣华富贵后最终归于尘土，其安葬之地却成了千年之谜！为此，长沙考古工作者一直在不懈地努力探寻汉王陵的确切位置。

20 世纪 50 年代初中国科学院考古研究所援长发掘团在五里牌、徐家湾一带曾发掘过一批大中型汉墓，并出土过“杨主家般”和“今长沙王后家般”等字样的漆器[2]，当时被认为是刘姓“长沙王后墓”以及刘姓长沙王陵所在地。其后，随着 1974 年及 1978 年先后对河西陡壁山一号墓[3]及象鼻嘴一号墓的发掘[4]，拉开了西汉长沙国王陵考古工作的序幕，这两座大型墓葬以特有的诸侯王级黄肠题凑葬制及丰富精美的随葬品，被认定为吴姓长沙王妻妾“曹𡡉”墓及长沙靖王吴著墓，由此学术界作出了吴姓长沙王陵在河西咸嘉湖一带、刘氏长沙王在河东杨家湾一带的结论。1993 年发掘的望城坡西汉渔阳墓是目前湖南省乃至于全国保存最为完整的一座西汉王室墓[5]，该墓的发掘曾荣获当年的全国十大考古发现之一。研究表明，墓主为吴氏长沙国的某代王后，墓葬虽然在汉唐两代曾被三次盗掘，但保存完好的黄肠题凑葬具及出土的 3000 余件涵盖金、玉、铁、玛瑙、漆、竹、木、丝织品及陶器等精美文物，让我们目睹了汉代诸侯王室丧葬等级制度的威严与奢华！

随着 2006 年望城风篷岭汉墓的发掘，考古工作者对汉长沙王陵的分布情况逐步有了新的认识，认为刘氏王室墓与吴氏王室墓一样也可能位于湘江西岸的低矮丘陵区域。风篷岭汉墓为一座大型“中”字形黄肠题凑葬制的墓葬，墓葬虽然于唐代被盗数次，但仍出土了金器、鎏金器、铜器、漆木器、玉器、水晶、银器、铁器、丝织品等各类文物 200 余件（套），尤其从出土的“长沙王后家杯”“张

(1) 湖南省博物馆等：《长沙马王堆一号汉墓》，文物出版社，1973 年；湖南省博物馆等：《长沙马王堆二、三号汉墓》，文物出版社，2004 年；陈松长：《马王堆三号墓主的再认识》，《文物》，2003 年第 8 期。
(2) 中国科学院考古研究所：《长沙发掘报告》，科学出版社，1957 年。
(3) 长沙市文化局文物组：《长沙咸家湖西汉曹𡡉墓》，《文物》，1979 年第 3 期。
(4) 湖南省博物馆：《长沙象鼻嘴一号西汉墓》，《考古学报》，1981 年第 1 期。
(5) 长沙市文物考古研究所、长沙简牍博物馆：《湖南长沙望城坡西汉渔阳墓发掘简报》，《文物》，2010 年第 4 期。

姬榜盘”等铭文漆器可知，该墓墓主为某代刘氏长沙王后[1]。在此期间，又确认了该墓附近的桃花岭汉墓也为一处大型王室墓。此后，随着2008年风盘岭汉墓的发掘[2]、第三次全国文物普查以及2008年底至2009年初长沙“12·29”古墓葬被盗案的成功破获[3]，考古工作者开始以此为线索并综合此前已经发掘过的汉王室墓葬的分布区域，自2008年起将汉代长沙王陵墓群列为重大课题并组织专门队伍对南起天马山、北至望城星城镇戴公庙一带沿湘江西岸的低矮山丘进行系统的考古调查与勘探，到目前为止，已发现长沙王陵墓23座（含已发掘的5座）[4]及一批王陵陪（从）葬墓。至此，通过常年的考古工作，基本确认了汉长沙国吴、刘两姓王陵的分布范围，即南起天马山、北迄风篷岭、西至蜈蚣蒂，南北长约16公里、东西宽约1—2公里的范围之内[5]。近年，通过对汉王陵东山及马坡山、庙坡山王陵区的调查勘探，已经发现有陵寝、陵园墙体、道路、门阙、陪葬墓等陵园建筑的相关设施存在[6]。自此，该项考古工作的思路及重点开始从探寻陵墓位置向单个陵园的整体布局转变。相信随着考古工作的持续深入，西汉长沙国王陵的文化内涵将更加丰富与清晰，这也将为日后西汉长沙国王陵遗址公园建设及文物保护提供科学依据。

除了以上汉代大型墓葬外，考古工作者还在长沙古城周边发掘了数千座小型汉墓，通过考古研究，基本掌握了各时期此类墓葬的分布范围及文化内涵，这对充分了解汉代市井阶层普通吏民的丧葬习俗及物质文化有很大的价值。

五、溯洄求索　文明再现

一个地区的文明化进程，不但需要向上追溯文明的源头，还要充分发掘、提炼本地的古代文化特色，长沙考古工作者就是以此为己任，始终带着学术课题意识开展相关考古工作。

20世纪80年代以来，随着大批专业考古人才的加入以及全国文物普查工作的开展，长沙考古在配合城市建设开展工作的同时，开始涉足城市以外广阔的田野与山间丘陵地带，探寻长沙先民的足迹，构建长沙史前及商周的文明化进程。

伴随着长沙考古工作的开展，长沙考古工作者对尘封于地下的史前文明的探索从未停止。20世纪50年代初中国科学院考古研究所援长考古发掘团对五里牌古墓葬发掘期间，在编号为M406的战国墓填土中首次发现一批史前陶器与磨制石器[7]。1955年7月湖南省文物管理委员会在长沙县烟墩冲一带进行调查，采集了一批新石器时代晚期的石器及陶器[8]，为长沙第一处通过考古

(1) 长沙市文物考古研究所等：《湖南望城风篷岭汉墓发掘简报》，《文物》，2007年第12期。
(2) 长沙市文物考古研究所等：《湖南长沙风盘岭汉墓发掘简报》，《文物》，2013年第6期。
(3) 长沙市文物考古研究所：《长沙“12·29”古墓葬被盗案移交文物报告》，见《湖南省博物馆馆刊》第六辑，岳麓书社，2009年；邱东联等：《简析长沙市博物馆2009年度征集的一批西汉漆耳杯》，见《湖南省博物馆馆刊》第六辑，岳麓书社，2009年。
(4) 何旭红：《汉代长沙国考古发现与研究》，岳麓书社，2013年，第50页。
(5) 长沙市文物考古研究所：《西汉长沙王陵出土漆器辑录》，岳麓书社，2016年，第2页。
(6) 长沙市文物考古研究所考古调查资料。
(7) 中国科学院考古研究所：《长沙发掘报告》，科学出版社，1957年。
(8) 湖南省文物管理委员会：《长沙烟墩冲新石器时代遗址调查简报》，《考古通讯》，1957年第5期。

工作确认的史前遗址。1955年冬，湖南省文物管理委员会又在长沙颜家嘴、徐家湾等地的战国至西汉墓葬及灰坑的填土中发现有新石器时代晚期遗物(1)。1976年湖南省博物馆、长沙市文化局文化管理组联合对长沙县黄兴镇月亮山遗址进行了小规模的发掘。通过这些工作，对长沙地区的史前文化面貌有了初步的认识(2)。1985年随着第二次全国文物普查工作的推进，长沙市文物工作队联合区县文物部门新发现了一批史前遗址，尤其是在长沙县发现的9处遗址中，包含了相当于大溪文化早期、岱子坪一期、龙山文化等几个时期的遗存(3)，为了了解相关遗址的文化内涵，1986年至1988年先后对长沙县南托乡大塘遗址(4)及广福乡腰塘遗址进行了考古发掘工作(5)。其中大塘遗址年代为距今7000年左右，系长沙地区目前发现最早的新石器时代遗址，出土了丰富的石器及陶器，陶器以夹砂红陶及灰白陶的圜底器与圈足器为主，最具特色的是陶器上繁缛的刻划模印图案及彩绘，纹饰主题有鸟、太阳、兽面、水波、山峰、房屋等神秘的史前艺术元素，显示出高超的绘画与制作水平，说明该时期长沙先民已经与沅水上游的高庙文化、洞庭湖区域的皂市下层文化等发生过广泛的文化交流。腰塘遗址为距今5000—4000年前后的新石器时代晚期遗址，也出土有大量石器及陶器，陶器类型较大塘遗址更加丰富，大部分为夹砂红褐陶，纹饰以绳纹为主，种类有釜形鼎、盘形鼎、按窝鼎足、鬶、圈足豆，文化内涵以本地土著文化因素为主，另有江西樊城堆文化、广东石峡文化及湖北石家河文化等多元文化因素，体现了文化融合的多样性。进入21世纪，随着全国第三期文物普查工作的开展，以及响应中央提出的文明探源工程，考古工作者持续开展系统考古工作，对史前文化的认识更加深入。2001年及2014年湖南省文物考古研究所先后对宁乡老粮仓镇楚江北岸的花草坪遗址进行了考古调查及发掘工作，该遗址主体文化为一处距今5600—5000年的堆子岭晚期文化遗存(6)，发现有房址、墓葬及灰坑，出土的石器多为磨制，种类有斧、凿、锛、锤、网坠、钻芯、砺石等，陶器主要为夹砂红陶，其次为泥质陶，另有少量灰陶和白陶，种类有鼎、鼎釜口沿、罐、豆、圈足盘、大口缸、钵、甑、碗、杯、盆、纺轮、器盖、球、陶拍等，器表纹饰有绳纹、弦纹、镂孔、按窝、附加堆纹、刻划纹、压印纹等。2022年，长沙市文物考古研究所又在长沙南郊大塘遗址附近发掘了一处堆子岭文化晚期的竹山湾遗址(7)，这些在长沙本地已发现的新石器时代文化中具有承上启下的作用。

2013—2018年长沙市文物考古研究所对宁乡市青山桥镇楚江北岸的罗家冲遗址进行了考古调查及发掘工作。该遗址主体文化为新石器末期至夏，距今4500—4000年，出土遗物非常丰富。其中石器种类有镞、斧、锛、石刀、穿孔石刀、犁、凿、矛、钺、砺石等，拥有完整的石器加工链，体现了高度发达的石器手工业传统。陶器以夹砂红陶及泥质灰陶为主，器形以鼎、釜、豆、圈足盘、高领罐、刻划纹纺轮、鬶、麻花状把手、大口缸等为代表，这些极大地继承了本地自大塘文化及

(1)周世荣：《长沙东郊两汉墓简介》，《考古》，1963年第12期。
(2)(5)长沙市志编纂委员会：《长沙市志》第十三卷第三章《文物名胜》，湖南出版社，1996年。
(3)长沙市文物工作队：《长沙县新石器时代遗址普查简报》，《湖南考古辑刊》第5集，岳麓书社，1989年。
(4)长沙市博物馆：《长沙南托大塘遗址发掘报告》，《湖南考古辑刊》第8集，岳麓书社，2009年。
(6)湖南省文物考古研究所等：《湖南宁乡花草坪遗址新石器时代遗存发掘简报》，《江汉考古》，2021年第5期。
(7)长沙市文物考古研究所2022年发掘资料。

堆子岭文化以来的土著文化传统，另兼有湖北石家河文化及广东珠三角河宕文化等外来文化因素，体现了多元文化特征。发现的大型回廊式建筑为同时期遗址中所罕见，表明遗址性质为区域性聚落中心[1]。

通过70年来的史前文明探索，基本可以勾勒出长沙地区自距今7000年的大塘文化至距今4000年前后的史前文化发展序列，即大塘文化（以大塘遗址为代表，距今约7000年）→堆子岭文化（以花草坪遗址、竹山湾遗址为代表，距今5200—4800年）→岱子坪一期文化（以腰塘早期、月亮山遗址早期早段为代表，距今5000—4600年）→罗家冲文化（以罗家冲遗址早一期、腰塘遗址晚期及月亮山遗址早期晚段为代表，距今4500—4000年），虽然目前尚有时间段上的缺环，但考古工作是持续推进的，相信日后长沙地区的史前文化面貌会日益清晰。

长沙地区旧石器时代考古的推动较为缓慢，20世纪90年代，随着湖南地区旧石器时代遗址点在全省各地的陆续发现，长沙考古工作者为填补长沙地区旧石器考古的空白，针对性地在长沙地区寻找旧石器时代遗存。1991年8月，为配合浏阳永安中学新建校舍工程，长沙市文物工作队在永安镇芦塘村北部的山包上发现了3件打制石器，这是长沙地区首次发现的旧石器地点。此后在城区五一路袁家岭、南郊高桥、东郊张公岭等地相继发现几处旧石器点[2]。这批石器的地质时代为中更新世晚期至晚更新世早期，极具华南旧石器文化特征，考古历史年代为旧石器时代中期，这些发现将长沙人类历史轴线向上延伸至20—10万年前，充分表明此时已有人类在长沙大地上繁衍生息。

长沙地区的商周文明在中国青铜器时代璀璨夺目，在中华文明进程中占有重要地位。自20世纪30年代以来，长沙地区尤其以宁乡黄材盆地为中心的沩水流域出土青铜器数量达300余件，是目前湘江流域出土商周青铜器数量最多、分布最密集的地区，其中以四羊方尊、人面纹方鼎、象纹大铜铙、凤鸟纹戈卣、兽面纹巨型瓿等国之瑰宝最具代表。这些青铜器不仅数量多、种类丰富，而且造型奇特、装饰华丽、工艺精湛，为中原和其他地区所不见，完全可以与中原商周王朝中心地区出土的青铜器媲美。但由于这些青铜器多属非考古发掘品，缺乏与之相关的考古学文化背景信息，关于其性质、来源、族属文化内涵等问题，长期困扰着学术界，因此被称为“宁乡青铜器群之谜”。为了揭开宁乡青铜器的神秘面纱，几代考古工作者围绕沩水流域及湘江流域展开了数十年的探索。1963年湖南省博物馆在黄材盆地首次发现并确认了炭河里遗址，并于1973年进行了小规模的试掘工作。1964年7月湖南省博物馆调查发现并发掘了二里岗早商文化时期的浏阳樟树塘遗址[3]，1986—1988年，在第二次全国文物普查时，在各区县发现了一批商周时期的遗址点。该时期由于考古工作开展较少，主要是对湖南地区与其他地区出土青铜器进行对比研究，均未有效解决相关学术问题。

从20世纪90年代至21世纪初，长沙地区的商周考古迎来了重大转折，1996年冬、1999

（1）长沙市文物考古研究所等：《湖南宁乡市罗家冲遗址石家河文化遗存发掘简报》，《考古》，2021年第5期。
（2）李鄂权：《长沙发现的旧石器》，《湖南考古辑刊》第6集，岳麓书社，1994年。
（3）湖南省文物考古研究所：《湖南浏阳城西樟树塘遗址发掘的主要收获》，《考古》，1994年第11期。

年春湖南省文物考古研究所联合长沙市博物馆、长沙市文物考古研究所等单位对沩水汇入湘江处的望城高砂脊遗址进行了两次考古发掘，出土了一批商代晚期至西周中期随葬有青铜器的墓葬以及窑址与灰坑[(1)]，这是湖南地区首次发现的唯一一处商周青铜器与陶器文化堆积有直接层位关系的遗址，为探寻湖南商周铜器群的文化背景提供了重要线索。1994 年重启炭河里遗址及周边区域考古调查工作，2001 年、2003 年和 2005 年湖南省文物考古研究所等单位先后三次对炭河里遗址进行了大规模发掘，发现了大型宫殿建筑基址 6 座（清理了 2 座）、西周墓 7 座、春秋墓 2 座、战国墓 3 座[(2)]，炭河里被确认为南方第一座西周时期的城址，其中 2004 年的考古发掘被评为“中国十大考古新发现”。2016 年为配合宁乡炭河里国家考古遗址公园配套设施项目的建设，湖南省文物考古研究所又对该遗址的新屋湾、钟家湾等地点进行考古发掘工作[(3)]。炭河里西周古城及大型宫殿建筑基址、贵族墓葬的发掘为宁乡铜器群确立了同属关系，为破解宁乡铜器群之谜以及了解湖南商周青铜文明的起源及发展过程奠定了坚实基础，证明以炭河里城为中心的人类社会的组织形态已经进入国家社会（或文明社会）。

此外，为了进一步探寻长沙地区史前至商周时期文化遗址分布情况，长沙文物考古研究所于 2012 年组建“长沙史前至商周文化遗址调查组”，率先对沩水流域上游、浏阳河流域开展专项系统调查工作，另在原文物普查发现的基础上新发现了商周时期遗址点近 60 余处，其中包括 2012 年黄材镇月山转耳仑及松溪村九牯洞的商代晚期至西周早期聚落遗址[(4)]，2018 年浏阳市古港镇战国古城遗址、2022 年长沙梅溪湖东周梅子滩遗址及宁乡老粮仓镇战国早中期向家洲遗址[(5)]，这些也将为日后长沙地区的商周考古工作提供新的线索。

长沙地区出土的古代简牍在国内首屈一指，享誉海内外。自 20 世纪 50 年代初至 90 年代中期，长沙地区的简牍均出土于楚汉墓葬中，年代为战国至西汉时期，其中 1951—1954 年先后在五里牌、仰天湖、杨家湾等地出土战国简牍 153 枚[(6)]，在徐家湾、伍家岭等地出土西汉简牍 11 枚[(7)]，1972—1974 年在马王堆 1 号汉墓出土 361 枚简牍[(8)]，在马王堆 3 号汉墓出土 613 枚简牍[(9)]。1993 年在望城坡古坟垸西汉渔阳王后墓出土 100 余枚简牍[(10)]。墓葬出土的简牍形制各异，性质主要为记录随葬品的遣册与木楬、签牌、封泥匣等，唯马王堆 3 号墓出土 200 余枚医简。

(1) 湖南省文物考古研究所等：《湖南望城县高砂脊商周遗址的发掘》，《考古》，2001 年第 4 期。
(2) 湖南省文物考古研究所等：《湖南宁乡炭河里西周城址与墓葬发掘简报》，《文物》，2006 年第 6 期。
(3) 湖南省文物考古研究所等：《湖南宁乡市炭河里遗址钟家湾地点商周遗存发掘简报》，《考古》，2021 年第 4 期。
(4) 长沙市文物考古研究所、宁乡市文物局：《湖南宁乡转耳仑遗址 2012 年调查简报》，《湖南省博物馆馆刊》第十五辑，岳麓书社，2019 年。
(5) 长沙市文物考古研究所调查资料。
(6) 中国科学院考古研究所：《长沙发掘报告》，科学出版社，1957 年；湖南省文物管理委员会：《长沙仰天湖第 25 号木椁墓》，《考古学报》，1957 年第 2 期；湖南省文物管理委员会：《杨家湾 M006 号墓清理简报》，《文物参考资料》，1954 年第 12 期。
(7) 中国科学院考古研究所：《长沙发掘报告》，科学出版社，1957 年。
(8) 湖南省博物馆等：《长沙马王堆一号汉墓》，文物出版社，1973 年。
(9) 湖南省博物馆等：《长沙马王堆二、三号汉墓》，文物出版社，2004 年。
(10) 长沙市文物考古研究所、长沙简牍博物馆：《湖南长沙望城坡西汉渔阳墓发掘简报》，《文物》，2010 年第 4 期。

1996 年至今，长沙出土的简牍均是在配合城市基本建设过程中发现的，主要集中在五一广场周边区域，年代上涵盖了秦、西汉、东汉、三国等时期：先后在 1996 年科文大厦（九如斋）建设工地 6 口古井出土东汉简牍 200 余枚[(1)]、1996 年走马楼平和堂商厦建设工地 J22 出土三国吴简 80000 余枚[(2)]、2003 年走马楼省供销社建设工地 J8 出土西汉简牍 2667 枚[(3)]、2004 年东牌楼湘浙汇大厦建设工地 J7 出土东汉简牍 206 枚[(4)]、2010 年五一广场地铁 2 号线建设工地 J1（窖）出土东汉简牍 6862 枚[(5)]、2011—2012 年长沙国际金融中心建设工地 9 口古井出土 171 枚东汉简牍[(6)]、2015 年坡子街 5 号建设工地出土 122 枚秦代简牍[(7)]。该区域因历来是秦汉至三国时期郡县一级的各类官署及机构所在地，所以简牍多出土于古井（窖）中，形制多样，内容涉及官府行政文书、赋税账册、户籍、仓库管理、钱粮出入、军民屯田、司法案件、药方、象人、名刺、私人书信、习字简等。

总体而言，目前长沙地区出土的简牍年代上起战国下至三国时期，拥有多个全国之最，即出土简牍数量全国第一、入藏数量全国第一、年代跨度全国第一[(8)]，这些古代文献对于了解该时期长沙地区的社会、经济、政治、法律、军事、宗教、职官制度、行政区划、丧葬习俗及普通市井居民生活等方面具有重要的学术研究价值。

长沙窑也是 20 世纪长沙考古的重要发现之一。长沙窑是 9 世纪一朵璀璨的世界陶瓷之花，以其绚丽多姿的装饰艺术，在中国陶瓷发展史上写下了浓墨重彩的篇章。唐安史之乱后，由于北方连年混战，大批北方窑工南下，带来了先进的制瓷技术，促进了长沙窑兴起。长沙窑又名铜官窑，位于长沙市望城区湘江东岸铜官镇至石渚湖一带。其产品早在 1938 年由商承祚等先生收集并在美国等地展出。长沙窑遗址的考古工作起始于 1956 年，当时在第一次全国文物普查时由湖南省文物管理委员会发现窑址，其后于 1957—1959 年、1964—1965 年、1974 年、1978 年、1983 年、1999 年、2006 年、2010 年、2016 年先后由省市文物考古部门对其多次进行了调查、勘探、发掘，出土瓷器近万件，并被确认为我国最早烧制釉下彩瓷的窑址。

长沙窑作为当时的大型民窑，始于初唐，盛于中晚唐，衰于五代，距今已逾千年。唐代诗人李群玉的《石渚》中所写“古岸陶为器，高林尽一焚。焰红湘浦口，烟浊洞庭云”，描述的就是窑场运作时的场景。长沙窑烧制的器形多样，有壶、碗、盘、碟、罐、坛、盂、洗、盒、瓶、熏炉、脉枕、砚、灯、碾轮、碾槽、鼓、笛、印模、雕塑及各类窑具等数十种之多，还有人物、动物等各类栩栩如生的造型玩具。釉色有青釉、绿釉、褐釉、红釉、白釉等。其中饰有纹饰的约占一半以上，其装饰技法以釉下彩绘画、诗文题记、模印贴花为主要特点，另有刻花、划花、镂刻、堆塑、印花等。绘画题材涵盖动植物、人物、

（1）宋少华、黄朴华：《长沙市五一广场东汉简牍》，《中国考古学年鉴（1997）》，文物出版社，1999 年。

（2）长沙市文物考古研究所等：《长沙走马楼 J22 发掘简报》，《文物》，1999 年第 5 期。最新统计有字简牍 80000 余枚。

（3）长沙简牍博物馆等：《长沙市走马楼西汉古井及简牍发掘简报》，《考古》，2021 年第 3 期。

（4）长沙市文物考古研究所等：《长沙东牌楼东汉简牍》，文物出版社，2006 年。

（5）长沙市文物考古研究所：《湖南长沙五一广场东汉简牍发掘简报》，《文物》，2013 年第 6 期。最新统计有字简牍为 6862 枚。

（6）长沙市文物考古研究所：《长沙尚德街东汉简牍》，岳麓书社，2016 年。

（7）长沙市文物考古研究所 2015 年发掘资料。

（8）夏笑容：《“2013 年长沙五一广场东汉简牍学术研讨会”纪要》，《文物》，2013 年第 12 期。

山水、抽象写意、建筑塔庐等。诗文题记既包括诗文，也有广告、谚语等。据统计，已发现的长沙窑瓷上的诗文有 100 余首，绝大多数不见于《全唐诗》，诗文内容涉及酒、劝学、民间故事、离别等。模印贴花则更多是以椰枣、狮子、人物等为装饰题材，具有浓厚的外域文化因素。

通过 70 年的考古工作，目前基本已经对长沙窑的历史源流、窑区布局、窑炉特点、制瓷工艺以及产品销售范围等有了清晰的认识。长沙窑瓷器目前在全国各地的同时期遗址中有发现，并且作为当时行销海外的外销瓷，在东南亚、东北亚、南亚、西亚甚至非洲都有发现，长沙窑成为与越窑、邢窑比肩的重要的出口瓷窑，为推动唐代的海外贸易发展和中西文化的交流发挥了重要的作用。1998 年，在印度尼西亚勿里洞海域打捞了一艘 9 世纪的被称为“黑石号”的沉船，船上共有 6.7 万件瓷器，其中 5.6 万余件就来自长沙窑，这是长沙窑瓷出土（出水）数量最多的一次，充分证明了长沙窑外销产品具有相当大的规模，体现了长沙窑在唐代海上丝绸之路的对外贸易地位。

六、古郡回眸　星城溢彩

长沙是古代南方著名的城池之一，东、北、南依丘陵岗地山势为屏障，西傍湘江，优越的地理位置，使长沙自战国时期建城至今，历经 2000 余载，城市中心一直是以五一广场为核心向外扩展，成为我国在同一地理坐标建城延续历史最久的古今叠压型城市之一。

长沙城从楚南重镇封邑之城先后发展成诸侯王城、郡城、州城、都城、省城，曾是历代郡、侯国、州、道、路、府、省及属县的治所，历经岁月变迁，城址历经朝代更替、数次焚毁，曾经的风采灰飞烟灭，往日雄姿也掩埋于尘土之下，但考古工作让昔日繁华的长沙城重见天日。

长沙城市考古起始于 20 世纪 80 年代末，为配合长沙城市建设，长沙考古工作者穿梭奔波于各建设工地，以找寻长沙古城的历史印迹。随着城市大规模建设的开展以及考古专业队伍的不断壮大，关于长沙古城的考古新发现不断涌现，尤其重要的是发现了一批历史上各时期与古城址相关的古城墙和护城河等遗址：先后有 1997 年芙蓉路绿化广场唐代护城河遗址，1999 年小吴门明清时期城墙遗址，2000 年东牌楼万顺工地战国城墙遗址，2004 年芙蓉路运达广场唐、五代护城河遗址，2010 年潮宗御苑工地五代城墙遗址，2010 年湘春路泊富国际广场宋代护城河遗址，2011 年东牌楼长沙国际金融中心工地战国、汉、南北朝时期城墙与护城河遗址，2011 年湘春路复地崑玉工地明清时期护城河遗址，2012 年中山西路和潮宗街的万达广场工地五代、宋元、明清时期城墙遗址，2013 年坡子街华远华中心工地五代、宋、明清时期城墙遗址[1]，2014 年中山路长沙市青少年宫工地魏晋南北朝至唐代初期城墙及西汉至唐代初期护城河遗址[2]，2020 年黄兴北路恒大珺璟府工地五代护城河遗址[3]等。

几代考古工作者通过拼图式的考古工作并结合相关文献不断勾勒出长沙各时期古城的范围、布局及发展脉络。长沙城自战国建城至明清时期，共经历了五次大的修筑，其中春秋战国时期为长沙

(1) 黄朴华主编：《长沙古城址考古发现与研究》，岳麓书社，2016 年。含 1997—2013 年发现的城墙及护城河遗址资料。

(2) 长沙市文物考古研究所：《长沙市青少年宫考古工地发掘情况简报》，《湖南省博物馆馆刊》第十一辑，岳麓书社，2015 年。

(3) 长沙市文物考古研究所 2020 年发掘资料。

城的始建期，是作为楚人南扩的地方县邑而存在，城址以五一广场为中心，略呈东偏北的方形布局，面积约为 80 万平方米。西汉时期为长沙城的拓展期，随着汉初中央设立长沙国，长沙城作为长沙国都城在原城址的基础上将城墙与护城河加宽加厚并向南北外扩，从而使汉长沙城周长达到 4200 余米，足以彰显王者之气！唐代为长沙城的发展期，随着唐初在长沙设立军事机构潭州都督府以及其后经济的发展、人口的增加，至迟在唐代中晚期，长沙城向东、南、北三面拓展，东线已近今芙蓉路，南线近今城南路，北线已至今营盘路，相比汉代长沙城，城址面积增加约 1.5 倍。五代时期为长沙城的鼎盛期，随着南楚马殷政权的建立，长沙城成为王国都城，此时主要向西、南、北扩展，西线扩展至湘江边，南线至今城南路，北线至今湘雅路，规模扩大很多，较唐代长沙城的面积增加约 190 万平方米，北宋长沙城基本沿袭五代时期的布局。明清时期为长沙城的整固期，该时期长沙城西、南两面基本沿袭五代时期以来的城池格局，北线扩展至湘春路，东南部外扩，将天心阁、凤凰台、浏城桥等一线的高冈地势纳入城池范围内，南北长约 2900 米，东西宽约 1700 米，平面大体呈东南部微鼓的近似长方形，城址范围又在原基础上扩大约十分之一，同时将城墙用砖、石加固，拓宽护城河，至此，基本奠定了长沙古城的格局。从考古实证材料可以清楚地看到，长沙古城经历了从萌芽、发展到繁荣、稳定的演变历程，从初具雏形的小规模城邑不断扩展至大规模的区域性中心城市，也经历了从最初简单的夯土墙体到坚固巍峨的砖石墙体，从浅窄的壕沟到宽阔的护城河的发展历程(1)。

除此之外，在城市考古工作中，考古工作者还发现了长沙古城内外各个历史时期的古代建筑及生活设施基址，并出土了大量与历代官府及市井吏民生活相关的各类日用器具，其中不乏精美文物，这些均让我们感受到了千年古城的厚重与昔日繁华的烟火之气！

已发掘重要的建筑遗址先后有 1985 年汉代定王台遗址(2)；1988 年五一广场地下商场工地战国时期作坊遗址(3)；2000 年黄兴中路改扩项目工地明王府道路遗址(4)；2004 年坡子街工地(5)、2010 年南阳街工地(6)、2014 年五一路绿化广场工地南宋大型木构涵渠建筑遗址(7)；2004 年坡子街宋代仓储遗址(8)；2008 年北津城城墙遗址及南门口胜德 001 号工地明清时期作坊及房屋建筑基址(9)；2009 年铂宫二期工地宋代大型建筑基址(10)；2011 年长沙国际金融中心工地唐代佛寺地宫遗址(11)、宋代街巷遗址、明王府宫墙遗址(12)；2019 年黄兴北路华润置地工地五代大型建筑及宋代街巷遗址；2019 年体育馆路深业中心工地宋代街巷遗址等(13)。重要的生活设施主

(1)(2)(3)(4)黄朴华主编：《长沙古城址考古发现与研究》，岳麓书社，2016 年。

(5)长沙市文物考古研究所：《湖南长沙坡子街南宋木构涵渠遗址发掘简报》，《文物》，2013 年第 6 期。

(6)长沙市文物考古研究所 2010 年考古发掘资料。

(7)长沙市文物考古研究所 2014 年考古发掘资料。

(8)长沙市文物考古研究所：《湖南长沙坡子街 7 号地块考古发掘简报》，《湖南省博物馆馆刊》第十七辑，岳麓书社，2022 年。

(9)长沙市文物考古研究所 2008 年考古发掘资料。

(10)长沙市文物考古研究所 2009 年考古发掘资料。

(11)雷永利：《长沙东牌楼出土“佛顶尊胜灵验陀罗尼幢”及其相关问题浅析》，《湖南省博物馆馆刊》第十四辑，岳麓书社，2018 年。

(12)长沙市文物考古研究所：《2011 年长沙东牌楼工地考古发掘情况简报》，《湖南省博物馆馆刊》第八辑，岳麓书社，2012 年。

(13)长沙市文物考古研究所 2019 年考古发掘资料。

要是各历史时期的古井，长沙城区目前已经发掘的古井数量达2000余口，这些古井形制各异，有土壁井、木板壁井、砖砌井，砖木壁井、砖石壁井，用途上上至官府、下至平民百姓，密密麻麻地分布于长沙古城内外，这在其他古代城市中实属罕见。古井内出土的文物更是数以万计，材质上有金器、银器、铜器、铁器、陶器、瓷器、琉璃器、玉器、漆木器、丝织品等，用途上以日常使用的饮食器具陶瓷器为主，另有装饰品、运输工具构件、文房四宝、娱乐休闲用品、医用器具、兵器、古代文书、生产工具、建筑构件等，涉及古代各级官府及居民日常生活的各个方面。从这些古井出土的琳琅满目的文物既可以直观地反映古代物质发展水平，也可以让我们跨越时空隧道真切地感受昔日长沙城内嘈杂繁荣的市井生活场景。同时这些古井在各个历史时期的数量与分布情况还与长沙古城的不断扩展高度吻合，为日后我们进一步研究长沙城市历史发展演变的考古工作提供重要线索。

此外，除以上楚汉墓葬外，长沙考古工作者还发掘了一大批东汉至明清时期的古墓葬，其中不乏高等级的大型墓葬，如1987年中南工业大学唐墓[1]、2005年蚂蚁山明墓[2]等，这些都为研究长沙地区古代墓葬的形制演变及丧葬习俗等提供了重要的考古资料。

习近平总书记提出，文物考古工作既要充分发掘和有效保护历史文化遗产，以延伸历史轴线，增强历史信度，丰富历史内涵，活化历史场景，同时还要做好考古成果的挖掘、整理、阐释、展示工作，充分实现考古成果的转化与利用。

70年来，几代长沙考古工作者不但用手铲探寻长沙先民的足迹，还对考古资料进行科学整理与研究，涌现出了一大批科研成果。尤其是进入21世纪，长沙考古与时俱进，深入贯彻中央政治局关于考古工作及中华文明探源重要指示，加大考古专业力量及考古工作力度，利用多学科、多角度开展考古及相关研究工作，同时为有效保护文化遗产，推动文化旅游产业发展，积极开展大遗址保护和国家考古遗址公园建设，先后建设铜官窑、炭河里、汉王陵等考古遗址公园，向社会公众展示考古科研成果及传播文物考古知识，使考古成果产生了丰富的社会价值，为增强长沙市民的历史自豪感及文化自信提供了精神助力！

每一次考古发现，都是一次对历史的叩问、对精神的洗礼，每一个考古成果，都是一次信仰的集结、奋斗的凝聚！七十年风华，七十年序章，长沙考古人前赴后继，在新时代习近平总书记“建设中国特色、中国风格、中国气派的考古学”指引下继续砥砺前行。

（作者系长沙文物考古研究所副所长、研究员）

参考文献：

（1）长沙市博物馆：《长沙市中南工业大学桃花岭唐墓发掘简报》，《湖南省博物馆馆刊》第十一辑，岳麓书社，2015年。
（2）长沙市文物考古研究所等：《湖南望城蚂蚁山明墓发掘简报》，《文物》，2007年第12期。

地方考古专题陈列策划的实践与思考

——以长沙博物馆“发·现——长沙考古七十年成果巡礼”特展为例

方 芳

摘要：长沙考古工作为中国现代考古事业的重要组成部分，伴随新中国建设与发展不断奋进，为梳理中华文明脉络、探寻湖湘地域文明作出了不可磨灭的贡献。为向公众展示长沙考古七十年风采，长沙博物馆与长沙市文物考古研究所共同举办“发·现——长沙考古七十年成果巡礼”特展。长沙考古这一主题具有专业化程度高、地域特征明显等特点，策展团队通过深入剖析、精心设计，有效解决难点，突出展现重点，使陈列产生较好效果。文章对策展过程进行回顾与总结，旨在为今后地方考古专题陈列策划提供一定经验。

关键词：地方考古 专题陈列 策划 解决路径

一、展览缘起

2021年10月17日，习近平总书记为中国现代考古学诞生100周年发出了贺信，充分肯定中国现代考古事业“展现了中华文明起源、发展脉络、灿烂成就和对世界文明的重大贡献，为更好认识源远流长、博大精深的中华文明发挥了重要作用”，并提出了“努力建设中国特色、中国风格、中国气派的考古学，更好展示中华文明风采，弘扬中华优秀传统文化，为实现中华民族伟大复兴的中国梦作出新的更大贡献”的要求。为积极响应这一号召，长沙博物馆联合湖南省文物考古研究院举办了“发现湖南”系列讲座。“发现”系列讲座将默默无闻的考古人和他们的工作成果从幕后推到了台前，观众参与度高，反响强烈，获得了良好的社会传播效果。在此基础上，长沙博物馆与长沙市文物考古研究所产生了联合多家文博单位以“长沙考古”为主题举办展览的构想。

在长达百年的中国现代考古事业发展历程中，长沙考古地位突出，起点高、亮点多，且具有代表性意义。民国初年，“长沙古物”便已声名远播。因粤汉铁路修建等原因，长沙城郊多有动土之举，出土了大量铜、漆、陶、玉、琉璃等物品，“商贩外人”大肆购藏，“土夫横行，物价腾踊”，无数珍贵文物散佚。其中，尤以痛失中国最古之墨迹“晚周缯书”令人扼腕。中华人民共和国成立之后，一方面长沙古墓盗掘屡禁不止，另一方面社会主义建设如火如荼，施工过程中常见古墓，加强长沙文物保护工作迫在眉睫。在此背景下，1951 年至 1952 年，原中国科学院考古研究所副所长夏鼐率安志敏、王伯洪、石兴邦、王仲殊、陈公柔、钟少林等考古大家，组建“长沙考古队”来长沙开展考古工作，发掘了大批珍贵文物。这是我国南方地区第一次大规模的正式考古发掘，揭开了长沙考古的序幕。此后，长沙考古工作者再接再厉，先后开展了浏城桥一号墓等系列楚墓，马王堆汉墓及汉代长沙王陵墓群的发掘，使长沙以楚汉名城的姿态蜚声宇内；望城坡西汉渔阳墓、走马楼东汉吴简、炭河里商周古城的发掘分别被评为当年的“全国十大考古新发现”；长沙窑、城市考古方向的工作持续开展，不断取得重要新成果。这些丰富成果是湖湘文化形成与发展的重要缩影，助推长沙入选国家首批历史文化名城，为建立湖南博物院、长沙博物馆、长沙简牍博物馆，建设炭河里、铜官窑、汉王陵三大国家考古遗址公园打下坚实基础，在凸显长沙历史文化区域特色，促进文旅融合、引领城市发展等方面发挥了重要的现实作用。

2021 年底，长沙博物馆决定在原有三大展陈体系——世界文明、中华文明、湖湘文化系列特展基础上，增加“长沙记忆”系列特展，用来加强长沙历史文化的研究和展示，激发市民对城市的认同感，培育公民的家国情怀，更好地体现“让公众认识长沙、热爱长沙”的宗旨，从而增强市民的文化自豪感，构建市民与城市更深的关联，留下难以磨灭的乡愁羁绊。鉴于“发现”系列讲座的效果及长沙考古的地位与意义，长沙博物馆决定以“长沙考古”为主题举办展览，为“长沙记忆”系列特展开篇，时间定于 2022 年 7 月 6 日—12 月 4 日。经多番讨论，展览定名为“发·现——长沙考古七十年成果巡礼”特展（以下简称“发现”特展）。

二、重点、难点分析

“发现”特展以向公众展示个性十足、成果丰富、贡献突出的长沙考古为要，肩负以下几个方面重要任务。一是高度概括，集中呈现长沙七十年来考古工作成就，展示长沙优秀的历史文明，阐释长沙在中华文明多元一体演进过程中的重要贡献；二是系统整理，全面梳理长沙考古事业发展历程，展现一代代考古人为文化遗产的保护和利用踔厉奋发、砥砺前行的精神风貌；三是讲求实际，活化考古成果，讲好长沙故事，推动城市文旅融合发展，坚定文化自信，增强民族自豪感和爱国情怀。而“发现”特展作为原创临时陈列，时间紧，任务重，策划难度可想而知。

首当其冲就是如何避免“发现”特展与长沙博物馆“湘江北去·中流击水”基本陈列同质化。二者叙事逻辑、展品范畴、所涉学术研究基本相同，都是以长沙考古丰硕成果为基础，以特色文物展品为支撑，“透物见史”，表现名城长沙的历史文化特色和两千余年来城市发展历程。相比之下，基本陈列策划团队庞大，筹备时间充分，硬件设施完备，文物品质已达上限。“发现”特展因此陷入或者大量选取长沙博物馆基本陈列中的展品，或者选择从库房剩余器物中挑选展品的两难境地。这就自然面临了另外一个考古专题陈列极易面临的困难——调和考古出土实际情况展示的专业要求和其视觉效果欠佳的矛盾。考古专题陈列重在展示考古学科特点、工作成果及相关意义，展品挑选原则与精品文物陈列有很大不同。以陶瓷釉面、胎土工艺展示为例，对遗址出土具有典型意义的陶瓷残片断面进行展示是最为直观的做法。但展示效果上，残片与精美完整器往往存在极大差异，专业观众能看懂，非专业观众很难理解。然而，专业与非专业的理解壁垒不仅仅在视觉层面，还极大限制了展览对社会的触达。考古学作为一门综合性交叉学科，涉及博物馆学、文物学、人类学、艺术史学、民族学与民俗学等专业，专业化程度非常高。以其为主题制作展览，必然涉及相关学科知识与理论方法；又因考古工作很长一段时间内都保留着神秘标签，近年来虽然公众考古得到推行，但对很多市民来说仍然具有较高认知门槛。因此，考古类专题展览天生具有信息量丰富、目标用户群体小等特点，难以吸引社会公众参与和实现预期传播目标，甚至出现“专业叫好、社会不叫座”的局面。

三、解决路径探索

第一，馆所精诚合作，是“发现”特展高品质如期开放的重要保障。

“发现”特展作为原创性临时陈列，从决定举办到展览开放只用了不到一年时间。长沙博物馆与长沙市文物考古研究所之间感情深厚，合作紧密，有着非常好的联合办展基础。首先，长沙博物馆的成立是长沙考古事业硕果累累的重要体现之一。1952 年之后，长沙本地考古力量逐渐成长。1959 年 5 月，长沙市文化局内设长沙市文物清理工作队；1975 年 3 月，长沙市文化局内设文物管理组；1984 年 11 月，长沙市文物工作队与清水塘纪念馆合并，筹建长沙市博物馆；此后，二者先后分开、合并又分开；1997 年 6 月，长沙市文物工作队加挂长沙市文物考古研究所牌，与长沙市博物馆各自独立发展至今。长沙博物馆馆藏文物基础由此奠定。其次，“发现”系列讲座的举办，“长沙记忆”系列特展开篇的定位，极大鼓舞了博物馆与考古所合作办展的信心。经商议，考古所主要提供专业力量撰写内容方案、挑选和组织展品、提供工作资料、参与教育活动等，博物馆组织人员做好内容到形式的转化与设计、宣教活动设计与实施、公共服务保障等。

第二，深入剖析，形成恰当叙事逻辑，使展览明显区别于地方通史类陈列。

七十年来，长沙考古工作者砥砺奋进，取得了丰硕成果。其中，反映长沙地区楚、汉、史前、商周时期历史文化的考古工作，及长沙窑、长沙简牍与长沙城建的考古工作尤其令人瞩目。博物馆与考古所邀请业内专家多次研讨，策展组充分吸收相关意见，同时广泛开展资料搜集与整理，终于发现：以上七个方面工作，其重点工作、重点开展的时间具有一定集中性，并与中国现代考古事业的发展呈现出一致的阶段性特点。展览以此进行归纳与概括，进行相关内容的铺排与设计，采取考古年鉴的形式展开叙述，从人、事、物三个维度搭建框架，首先以“长沙古物”为引，带出“‘天团’莅临”的往事，由此分为三个单元，展开长沙考古七十年辉煌历程。

第一单元“楚汉钩沉 名城重光”重点展示一系列重要楚墓以及以马王堆汉墓、汉王陵为代表的汉墓发掘历程及重要成果，再现了楚汉时期高度灿烂的长沙地方文明。正是通过一系列科学严谨的考古工作，发掘并展示了长沙地区楚汉时期高度发达的文化要素，长沙才得以奠定“楚汉名城”的历史基调，成功入选第一批“全国历史文化名城”。第二单元“溯洄求索 文明再现”概述了长沙考古在探索史前文明、破解湖南商周青铜器之谜、发掘长沙简牍、考证长沙窑窑址及文化面貌等方面的重要收获及其对凸显长沙地区历史文化区域特色的重要意义，更体现出长沙地区古代文明与中原文明交流互鉴，并最终融入中华文明的历史演进路径。第三单元“古郡回眸 星城溢彩”从长沙古城墙和护城河等反映长沙古城的地下遗迹展开，辅以城市考古发掘出土的、贴近普通市民生活的从战国至元明历代常用器物，生动展现了古城长沙 2000 多年的城市发展演变历程。同时，结合长沙地区三大国家考古遗址公园的建设、七十年来的考古技术发展与研究成果展示，让观众进一步了解到考古工作在促进文旅融合、引领城市发展以及构建文化自信等方面具有的重要社会价值。

在此叙事基础上，展品挑选有了更为广阔的空间。长沙博物馆基本陈列展品挑选的是 1970 年代至 2015 年间出土、征集的文物及相关研究资料。“发现”特展展品虽限定在考古出土范畴，但挑选时间覆盖 1951 年至 2021 年长达 70 年的时间，力求全面反映长沙考古事业发展面貌、一代代考古人的辛勤工作及长沙绚烂的历史文化。策展组精心挑选中国国家博物馆、中国科学院考古研究所、湖南博物院、湖南省文物考古研究院等文博单位馆藏珍贵文物与各类考古资料共计 622 件 / 套。其中文物展品 528 件 / 套，出版物类展品 20 件，考古资料复制品 8 份，考古工具类展品 26 件，影像展品（电子版）40 件。这些展品时代跨度大、器型器类丰富，大部分系首次展出，如夏鼐手稿及发掘器物、东汉象人、明藩王府琉璃瓦当、华远秦牍、“使院”漆碗等，使展览具有较高的学术专业性、前沿性及良好的视觉效果，让观众真切感受到中华优秀传统文化脉动的韵律和考古人勇毅开创的精神信仰。

第三，形式设计突出“考古人”元素，强调展品组合陈列，由外向内递进诠释展览情感内涵。

形式设计人员在内容设计起步阶段就积极参与包括展品挑选、内容研讨等诸多方面的工作，确保对展览内容充分理解。主视觉以“2011 年东牌楼国金中心工地探方分布”照片为破壁点进行设计。照片拍摄视角宏大，以长沙地区红壤为底色，其余色彩分布灵动和谐；考古人员或绘图，或掘土，或探讨，动作丰富；宋代街坊遗迹已然显露，与主展标“发·现”高度契合。设计人员从照片出发，对展览信息进行解构与重组，提炼长沙土壤色、夏鼐手绘车马图线稿等元素，叠加考古现场发掘、探讨及遗迹呈现情况，无声诠释主展标“发（发掘）·现（呈现）”的核心概念，形成强烈视觉冲击力和考古专题陈列的独特调性。

在主视觉引领下，展陈设计采取“以线串点，以点化面”的方式，巧妙架构“人、事、物”三线并行的展览叙事结构，或多点位、或大面积展示考古工作照以突出“考古人”叙事，使考古人和他们的工作场景可视化，从而传达给观众这一信息：神秘的考古人和考古工作本质上是社会主义建设者和社会主义建设工作，与观众一样，都是中华民族伟大复兴梦的追梦人。以此为理性的考古学科赋予强烈感性色彩，构建专业与非专业的关联，引发观众共情。通过增加材料厚度、强化光影质感等手段，将平面立体化、空间化、质感化，塑造多样化空间感受，在视觉上产生强烈冲击力，增强展览感染力。另外，精心组合展品，提前设计、高质量制作展台展架，确保组合陈列实现预期目标。充分展示重点文物，诠释信息与相关展品紧密对应，在满足丰硕考古成果展示需要的同时，充分保证展览视觉的艺术性与疏密有致的观赏节奏。采用艺术装置、纱幕剪影、灯箱造型等辅助展品，进一步提高展览信息获取的便利性。结合展示长沙考古相关出版物、考古工具、影像资料、H5 互动游戏、展览宣传片等，巧妙搭建既氛围感浓厚，又集知识性、科普性、教育性于一体的“叙事性展示空间”，尽可能地提高观众展览参与度。

为进一步突出考古人风采，增强展览感染力，策展团队根据展览内容选取 24 位长沙考古专家录制访谈视频。他们从年龄来看，覆盖了老中青三代长沙考古人，他们对长沙考古事业发展作出了突出贡献。专家们从自身经历说起，对所从事的考古工作娓娓道来，无一不透露出对考古事业的无比热忱。希望通过将默默耕耘的考古人从幕后推向台前，讲述他们生动而鲜活的考古故事，展现考古人的风采，营造更为打动人心的展览氛围。

第四，多渠道开展丰富的宣教活动，切实提高展览的社会触达。

宣传方面，多场景、新形态、多链路构建广阔传播平台，开发全媒体传播路径，扩大展览社会影响力。共计 54 家媒体通过报纸图文、电视新闻、电台广播、网站资讯、微信微博等不同渠道对展览进行全方位、多角度的推广。各级媒体发表报道共计 110 篇次。其中，博物馆与媒体深度合作，适配社会热点议题及展览内容选择重点展品，邀请专家从其发掘过程、文物本身到历史文化意义进行系列、深度的报道，引发社会广泛关注。尤其是关于“住在録池边”长沙窑瓷碗的报道发布后，引发央媒接力热议。2022 年 11 月 9 日，新华社发稿《听文物讲故事丨“住在绿池边，朝朝学采莲”——长沙窑“补遗”〈全唐诗〉》，重点推介展览中首次展出的唐代长沙窑瓷碗，浏览量达 188.6 万人次，引发全民热议。人民网及新华社、新华网、新华社日本专线、人民日报、光明日报、中央政法委、人民日报评论、半月谈等国家级媒体官微先后转载、报道，多篇阅读量超 10 万，全国多家网站、自媒体进行转载，点赞和收藏均数以千计。另外，宣传人员还注重展前与展期内全时段热度维护，首次依托腾讯平台大数据能力，尝试使用微信朋友圈广告精准投放的宣传方式。通过长沙博物馆微信主体账号，分别以湖南博物院、滨江文化园和谢子龙影像艺术馆等场馆为中心，向其辐射区域内的历史文化爱好者推送展览信息、精美文物照片及“长沙考古地图”创意 H5，实现了特定地理位置和标签特征用户数十万级精准有效覆盖，最终达成曝光 52.54 万次，总点击量 7548 次，平均互动点击率超 1.44%，单次投放互动点击率最高达 2.72%，为“发现”特展带来兼具人文表达和创意互动的传播效果。

教育方面，共举办线上线下活动 33 场（不含专项），吸引 6077 名观众线下参与，1122300 次线上参与。通过精分观众群体，教育人员针对青少年制作“考古小侦探”导览单、“长沙考古小侦探”活动，开发“地上一座长沙城”网络课程等；针对成年人推出“发现长沙”系列讲座、沙龙，全方位、立体、深入诠释展览。“青春之歌——我在长沙干考古”“岁月如歌——我和长沙考古的故事”两场沙龙，分别请两代考古人分享他们的考古经历；“‘发·现——长沙考古七十年成果巡礼展’背后的故事”沙龙，向观众分享策展过程。沙龙的氛围与讲座相比更加轻松开放，嘉宾之间的讨论引发观众极大兴趣。展览开放期间，因新冠疫情反复出现，观众参观博物馆或参与线下活动受到限制，为满足公众丰富文化生活的需求，同时拓宽博物馆宣传渠道，教育人员策划了讲座、导赏、沙龙等教育活动的线上直播，向观众通俗化讲解展览、解读文物、讲述考古故事。

四、总结与反思

展览开放之后，获得了令人较为满意的效果。开放期间，展览共接待观众 308186 人次，2022 年 7 月 12 日，展览获得当月博物馆十大热搜展览推介；11 月，获首届长株潭优秀陈列展览特别奖；12 月 31 日，获评年度文博行业 100 个热门展览。2023 年 1 月 23 日，展览海报获评 2022 年中国博物馆美术馆海报 100 强，位列第 17。

“发现”特展以地方考古为主题进行展览策划，为今后更好地举办同类型展览提供了很好的经验。但总的看来，此类展览还是具有相当程度的灵活性和较为广阔的设计空间，策展团队因此进行了较多尝试与探索，收获良多。首先是愉快而精彩的馆所合作，考古所以其深厚的学术功底为博物馆丰富的策划方式保驾护航，实现了“1+1 > 2”的展览效果，也为后续更多合作展览夯实合作基础。其次是地方考古专题展览很容易与地方通史陈列趋同，需要充分体现地方考古事业的特色，并寻找适合的视觉表达与陈列方式去完整呈现。再次，专题展览除应满足专业观众观展需求外，还应充分考虑非专业观众需求，努力寻求更多展览与观众的关联度，产生更为广泛的社会影响。同时，应重视阶段性总结专题展览的提前铺排，为展览策划留出充裕的时间，并高度重视展前、展期内和展后专业与非专业观众调查，既可以确保展览品质，也可为类似展览工作积累更多经验。最后，策展工作不但内容庞杂且专业化程度高，在开展执行策划过程中，策展人不仅要不断加强自身统筹协调能力，还要始终保持一定程度好奇心，赋予展览更大的可能性与更为动人的表现力。

（作者系长沙博物馆副研究馆员）

论长沙窑的继承与发展

张海军

从20世纪50年代至今，文物考古工作者对位于今长沙市望城区铜官镇一带的长沙窑窑址进行了多次调查和发掘，并结合海内外各地出土（水）长沙窑陶瓷器得知，晚唐时期长沙窑烧造规模非常大，产量也很高，这从1998年印度尼西亚勿里洞岛海域“黑石号”沉船上一次性出水56000余件长沙窑陶瓷器可见端倪。长沙窑陶瓷器造型千姿百态，常见的有壶、罐、碗、枕、杯等数十种；釉彩多种多样，光单色釉就有青釉、绿釉、红釉、黑釉、白釉、褐釉、窑变釉和茶叶末釉等；装饰手法也是丰富多彩，主要有釉下彩绘、模印贴花和雕塑等。长沙窑的兴起以及以上这些工艺的出现都是长沙窑继承和发展岳州窑与中原地区瓷窑等窑场的结果，本文即是对此作简单解读。

一、岳州窑

长沙窑兴起所在地属岳州窑窑区，因岳州窑大部分位于湘阴县，故又称“湘阴窑”。根据学者研究，长沙窑应是在湘阴窑的基础上发展起来的，早期产品与湘阴窑如出一辙，准确地说，原来是湘阴窑的一部分。长沙窑在胎釉、器型、烧造方法、装饰技法等方面都继承了岳州窑的特点，并在其基础上有所发展。

胎釉方面，两座窑场的成分大体相同。《长沙窑》一书中对岳州窑和长沙窑的青瓷碗作了分析，“造型和釉的化学成分与岳州窑产品相似”。

器型方面，长沙窑产品中有着大量的碗、罐和瓶，而这些在岳州窑中也较为多见，两者的关联不难看出。岳州窑的瓶多以盘口瓶为主，肩部有系，长沙窑早期产品中也较为常见此类造型的瓶，并由此演变成其他瓶的式样。长沙窑的壶也是由此演变而来的，并根据壶的不同用途，演变成各种不同的型和式。

烧造方法方面，两者存在渊源关系。根据已发掘的情况显示：长沙窑与岳州窑均采用龙窑，且窑炉结构相同；都采用匣钵装烧，两座窑场使用的匣钵近底处都有一对穿圆孔（图1）。可见

图 1

图 2

长沙窑基本继承了岳州窑的烧造方法，但是其龙窑的窑体更长、更宽，容积更大，一次能装烧更多的产品，这显然是对岳州窑的改进和创新。

装饰技法方面，长沙窑继承了岳州窑的釉下彩技法。墓葬出土资料表明，东汉时期岳州窑就很有可能出现了釉下彩饰，而在郴州一座晋墓中也出土了一件带有褐彩的四系瓷罐。除此之外，1997 年考古工作者对马王堪窑址进行了发掘，发掘情况表明，岳州窑在东晋、南朝时期便已较为频繁地使用釉下点彩装饰，并一直延续到隋唐。长沙窑普遍采用了釉下彩装饰手法（图 2），显然与岳州窑有关，只是长沙窑对这一手法进行了创造性地发展。除此之外，岳州窑较为普遍使用的印花装饰手法也在长沙窑有所体现，虽然使用的频率不高，但也是继承了岳州窑的这一装饰手法。

无论是胎釉、造型，还是烧制方法抑或是装饰技法，长沙窑都或多或少地继承了岳州窑的制造因子，故而其早期产品中带有浓厚的岳州窑风格，只是随着各种技术的不断进步和发展，长沙窑并没有严格按照岳州窑的风格走下去，而是走向了彩瓷这条路，两窑间也出现了诸多不同。这是长沙窑发展的结果，也是彩瓷发展的结果。比如两者最大的不同表现在釉色和装饰手法上，岳州窑属青瓷窑，长沙窑为彩瓷窑；岳州窑多以印花为主，而长沙窑则更多地采用釉下多彩和模印贴花等。

二、中原窑场

如前所述，长沙窑在早期产品中有着浓厚的岳州窑风格，只是后来因各种技术的进步而异军突起，进而形成自己的风格——彩瓷。这种技术的进步则主要来自中原地区窑场的优秀基因，如胎釉、装饰手法及题材等。

胎釉方面，长沙窑瓷的胎相对疏松，这与岳州窑紧密而厚重的胎完全不同，却与河南地区窑瓷的胎质基本类似，说明长沙窑胎的加工方法很可能受河南地区影响。唐代南方窑的釉色相对单一，多为青釉，只是各窑的釉色有些差异，有的偏绿，有的偏黄，或开片，即使是同一窑内，因烧制气氛的不稳定也会呈现出不同的色阶，如岳州窑、越窑等。除黑釉、酱釉外，均不烧制其他釉色。河南地区陶瓷窑则不同，除了青釉外，还烧造白釉、黑釉、黄釉、绿釉等釉色陶瓷器，如黄冶窑、西关窑等，特别是白釉、绿釉和窑变釉等在南方很少见，长沙窑却广为烧制，而长沙窑所烧白釉瓷均为乳白釉（图3），这在河南地区的一些瓷窑中较为常见。除此之外，长沙窑在底足的处理上也与北方的邢窑、巩县窑相似，其早期的碗多为玉璧底，底面光滑，底边沿斜一刀，这种修坯法同于北方窑场。

图3

在施釉之前，长沙窑普遍会涂一层化妆土，这是岳州窑不常见到的，但在河南地区自北朝以来陶俑就多施化妆土，唐代河南瓷器使用化妆土的情况也非常普遍，西关窑便“全部使用化妆土”，巩县白瓷也使用化妆土，这足以说明长沙窑化妆土的工艺直接来自河南地区。

图4

装饰手法方面，长沙窑早期釉色属于岳州窑青瓷系，后来风格突变，创烧出红釉、绿釉、黑釉、白釉等多种釉色瓷，且彩复杂多变。长沙窑最主要的特征便是彩的运用，常见的有褐绿彩（图4），另外还可见黑彩、红彩、蓝彩等，呈色剂基本上都是铜、铁等，工匠对这些彩的运用非常熟练，显然是另有初始阶段，可从唐三彩找到源头。长沙窑施彩方法除传承了岳州窑的釉下彩技法外，也采用了唐三彩的釉上加彩，彩釉交融，形成意想不到的装饰效果。虽然暂时没有直接证据表明北方工匠直接参与了长沙窑制瓷过程，但是两者在技术上的传承与创造性的变异则显而易见。

图5

装饰题材方面，长沙窑瓷上也有许多来自中原地区瓷窑的纹饰。长沙窑瓷碟及枕等器物上常见一种菱形图案（图5），其中又被“十”字分成四个小菱形，外点缀棕榈树叶纹。这种图案在中原的白釉绿彩器、青花器上都能看到，而青花瓷已证明为巩县窑所烧，“黑石号”出水的白釉绿彩器也是出自中原的河南或河北地区。

白釉绿彩是长沙窑的一大亮点，绿彩并不描绘具体图案，而是随意画成，这一装饰手法最早见于范粹墓出土的白釉绿彩四系罐和长颈瓶。唐代河南巩县、黄冶、洛阳、北齐窑，陕西黄堡窑，河北邢窑等均烧制白釉绿彩陶瓷，“黑石号”沉船也出水了不少白釉绿彩器，对于沉船上的白釉

图 6

图 7

图 8

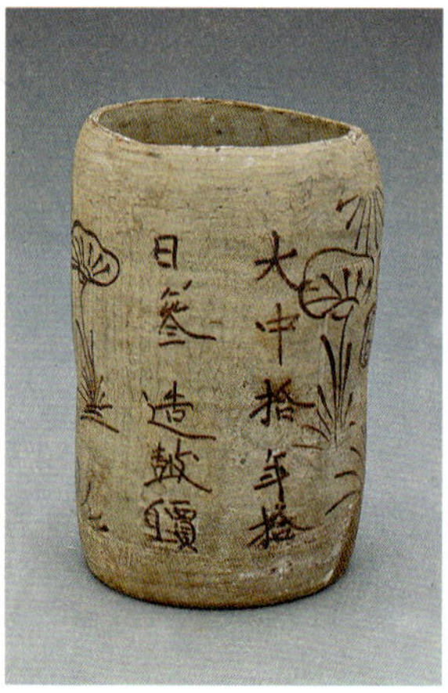
图 9

图 10

绿彩器，基本都认为出自河南、河北地区。长沙窑白釉绿彩与中原地区白釉绿彩无论是釉色，还是施彩方法都如出一辙，其传承关系不容置疑，只是长沙窑瓷绿彩多施在乳白釉上（图 6）。

除了白釉绿彩外，贴花装饰也是长沙窑的一大特色，题材包括人物、动物（如龙纹）和植物等，其中以椰枣纹、娑罗树对鸟（图 7）等最多，这些贴花图案多带有西亚、南亚文化色彩，贴花装饰的器物多用于外销。贴花装饰当与金银器有关，古波斯流行金银器的锤揲工艺，唐三彩中对贴花工艺即有所运用，且技术已非常娴熟。河南黄冶窑最常见的装饰技法就是模印贴花，内容有人物、动物和植物等，题材非常丰富。由此可见长沙窑与黄冶窑在模印贴花方面也具有传承关系，只是长沙窑为了适应外销需求而对这种由三彩嫁接的表现西亚文化元素的技术进行了改造。

长沙窑除了继承和发展中原地区窑场胎釉、装饰题材及技法等方面的元素外，其产品种类也深受中原地区影响。首先，长沙窑生产了很多玩具产品（图 8），这在岳州窑是看不到的，却在河南地区的窑场常见，唐三彩尤多，如三彩狮子、三彩龟、三彩象、三彩羊、三彩狗以及铃铛等，类似的瓷质玩具在长沙窑十分常见，这应该不是巧合。其次，瓷鼓也是北方窑场的生产品种之一，鲁山腰鼓就很有名，长沙窑也有生产，笔者所在单位就收藏有一件“大中拾年拾日叁造鼓价”（图 9），有学者认为“鼓价”当为“鼓架”。再次，长沙窑还生产了双鱼背水瓷壶（图 10），白居易诗中称之为“榼”，这是一种仿制金银器的产品，在北方的邢窑白瓷和南方的越窑青瓷中都有发现，但最早仿制金银器的应该是三彩器。最后，长沙窑生产了多种样式的瓷枕，形制有方形枕、兽座枕（如狮座枕、犀牛座枕、大象座枕等）、腰形枕、梯形枕（即元宝形枕）等，这些瓷枕在南方地区很少看到，尤其是毗邻的岳州窑更是几乎不见，相反却在中原地区较为常见，其中绝大部分产于河南地区，有三彩枕、绞胎枕等。唐代中原瓷枕，以三彩枕为多。就气候而言，南方比北方更炎热，作为消暑纳凉的瓷枕在南方应该更多，可是南方瓷窑却很少生产瓷枕。长沙窑所生产的瓷枕，其形制都可在河南地区找到母本，除装饰有所不同外，成形工艺也可看到相似之处，都是泥片黏结而成，其中一面钻有一出气孔。

综上所述，长沙窑从中原地区尤其是河南地区的窑场继承了胎釉、装饰手法及题材和产品种类等优秀基因，并将之发扬光大，成为国内最为耀眼的彩瓷之窑，这是继承与发展共同结合的成果。长沙窑并不只是简单地吸收中原窑场优秀基因，还根据市场需求创造性地进行生产，所以有部分造型是河南地区窑场所没有的。

三、结论

根据以上论述可知，长沙窑是在岳州窑的基础上，因南迁窑工的加入，迸发出的新的火花。没有北方窑工的参与，长沙窑仍然是岳州窑的一部分，所以我们可以说长沙窑不是哪一座瓷窑的简单翻版。长沙窑之所以能在短时间内迅速崛起，主要在创新，并将创新沉淀为长沙窑的独特内涵，而这也奠定了长沙窑在中国陶瓷史上的重要地位。创新得益于南北烧造技术、工艺的融合，同时也得益于窑工敏锐的市场意识，能根据市场需求生产陶瓷，如前所述，长沙窑产品中就有很多是在岳州窑或河南地区窑场中看不到的。长沙窑在继承南北窑场诸多优秀基因并将之发扬光大后，并没有故步自封，而是加入了很多新的装饰技法和题材，比如在器物表面书写诗文、以西亚题材作为装饰等都是它的新创。

（作者系长沙博物馆副馆长、副研究馆员）

参考文献：

（1）长沙窑课题组 . 长沙窑［M］. 北京 : 紫禁城出版社 ,1996.
（2）李建毛 . 湖湘陶瓷（二）长沙窑卷［M］. 长沙 : 湖南美术出版社 ,2009.
（3）周世荣 . 湖湘陶瓷（一）［M］. 长沙 : 湖南美术出版社 ,2008.

长沙铜官窑彩绘瓷施釉技术“实验考古”简报

阳　帆

摘要：彩釉装饰技术是目前长沙铜官窑研究讨论的热点。近年来，诸多学者对长沙铜官窑瓷器的装饰、造型、釉色以及组成等方面作了大量的研究，但在“实验考古”方面的工作鲜有报道。本课题利用当地的原料和传统彩绘工艺，通过“实验考古”探索了铜官窑釉彩装饰技术的表观问题，为长沙铜官窑进一步的研究提供可借鉴的科学实验依据。

关键词：长沙铜官窑　彩绘瓷　施釉技术　实验考古

引　言

长沙铜官窑近些年成为了研究的热点，不仅是因为其存世品量多器丰，更因其彩釉装饰技术是陶瓷史上一项重要的发明创造，使中国古陶瓷进入了“南青北白长沙彩”的格局。但是，长沙窑釉彩装饰工艺、呈色机理等一直存在争议。近年来，长沙博物馆联合中国科学院上海硅酸盐研究所陆续对库房保存的60余件长沙铜官窑瓷片进行了全面的检测分析。获得了胎、釉、彩的化学组成及釉彩关系的数据。基于前期的研究结果，以及研究过程中凝练的一些科学问题，向长沙市科技局申报了《基于历史、艺术、文化、科技基础的唐长沙窑系信息大数据库研发建设》课题。其中，重要的任务就是研究长沙窑瓷器的制备工艺，主要包括胎釉配方的设计，制瓷原料的选取、加工，泥料的配置，陶瓷的装饰和烧成工艺。并基于此过程中的一些认识，联合新加坡 Heritage Conservation Centre 的研究人员，对比研究了部分长沙窑唐代窑址出土瓷片，以及新加坡亚洲文明博物馆馆藏“黑石号”长沙窑瓷器的部分残片。本文即为此项目的初步实验成果报告。

1. 原料测试筛选与实验

项目组前往铜官窑地区挑选了数种当地用来烧制古代长沙窑陶瓷的原料进行测试，化学组成结果如表 1 和表 2 所示，综合实际情况选取了黄泥 A 作为基础原料调和了其他矿物原料进行彩绘釉的实验。

表 1 WDXRF 测试结果（主量元素）（%）

Table 1 WDXRF test results (major elements) (%)

	Na_2O	MgO	Al_2O_3	SiO_2	K_2O	CaO	Fe_2O_3	烧蚀
潮泥	0.07	0.19	22.21	66.05	1.13	0.04	1.66	7.77
黄泥 A	0.322	0.70	13.18	72.20	1.90	0.09	4.85	5.33
沉淀后的黄泥	0.27	0.70	14.09	69.45	1.73	0.24	5.08	6.79
粉土	9.91	1.60	3.90	69.45	1.00	6.76	1.04	3.6
梅土	0.10	0.36	15.13	75.52	1.64	0.04	0.95	5.1

表 2 WDXRF 测试结果（微量元素）（%）

Table 2 WDXRF test results (trace elements) (%)

	P_2O_5	MnO	Cr_2O_3	SO_3	ZnO	SrO	ZrO_2	BaO	PbO
潮泥	0.072	0.014	0.009	0.081	0.005	0	0.065	0.003	0.02
黄泥	0.066	0.091	0	0.167	0.008	0.005	0.046	0.044	0.008
沉淀后的黄泥	0.057	0.043	0.014	0.183	0.01	0.008	0.046	0.051	0.01
粉土	0.031	0.213	0	0.108	0.024	0.028	0.031	0.216	1.769
梅土	0.02	0.005	0.015	0.083	0.003	0.002	0.057	0.021	0.049

第一阶段实验：

以黄泥作为胎料，黄泥配合一定量的助熔剂矿物作为釉料和彩绘料进行实验，素胎直接上满釉，实验室制备样品如图 1 所示：

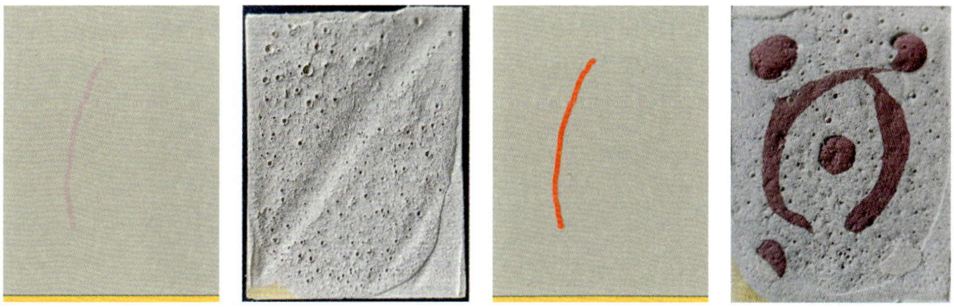

图 1 未烧样品：釉下彩绘和釉上彩绘

Figure 1 Unfired sample: underglaze and overglaze painting

烧成制度实验设计如图 2 所示：

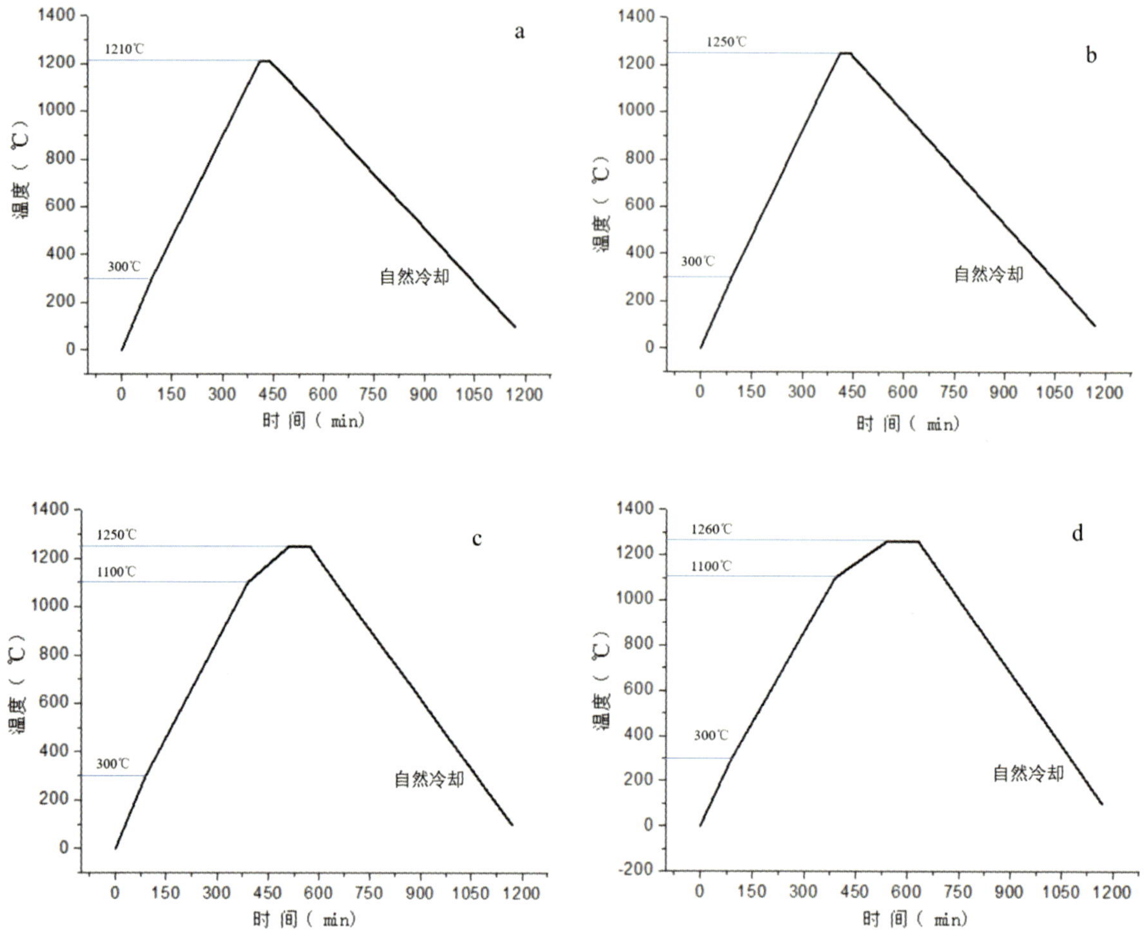

图 2　烧成制度曲线
Figure 2　Firing schedule curve

烧成样品如图 3—6 所示：

图 3　基于烧成制度（a）制备的样品
Figure 3　Samples prepared based on firing schedule (a)

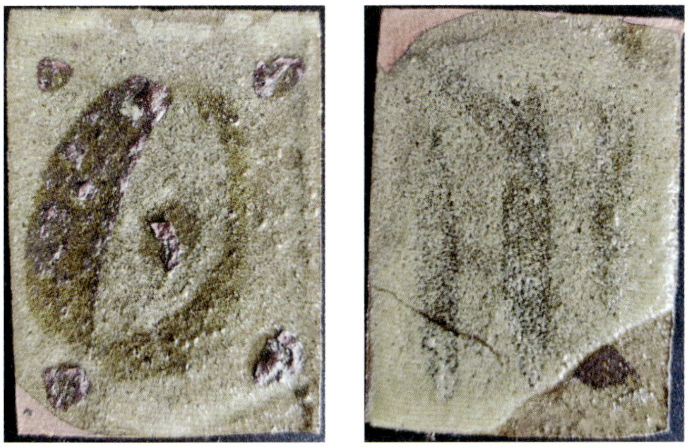

图 4　基于烧成制度（b）制备的样品

Figure 4　Samples prepared based on firing schedule (b)

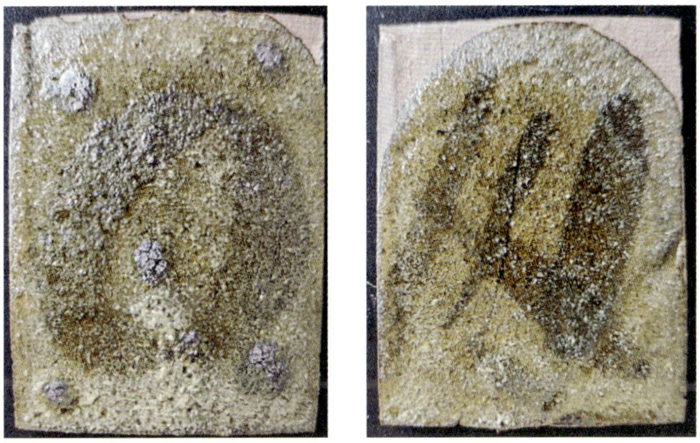

图 5　基于烧成制度（c）制备的样品

Figure 5　Samples prepared based on firing schedule (c)

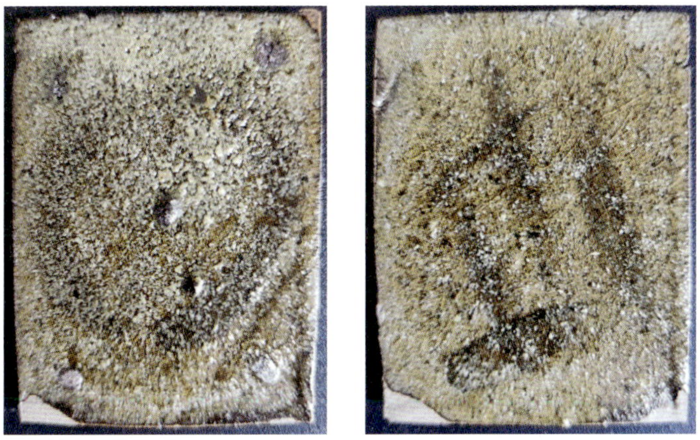

图 6　基于烧成制度（d）制备的样品

Figure 6　amples prepared based on firing schedule (d)

这一阶段的实验结果显示：以黄泥作为制胎原料，那么烧成制度（c）比较符合，暨，烧结温度约 1250℃；烧结温度大于 1260℃出现了过烧的现象，如图 6 所示。

第二阶段实验：

以黄泥作为胎料，选取矿物原料配釉及彩料进行实验，素胎上半釉，露出胎及彩绘线条，制备样品如图 7 所示：

图 7　未烧样品：釉上彩绘和釉下彩绘
Figure 7　Unfired samples: overglaze and underglaze painting

烧成制度实验设计如图 8 所示：

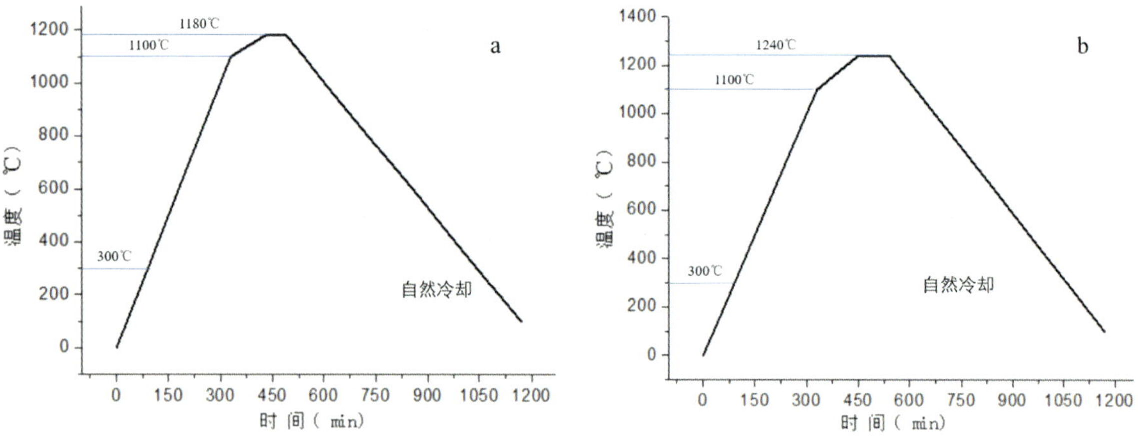

图 8　烧成制度曲线
Figure 8　Firing schedule curve

烧制样品如图 9 和图 10 所示：

图 9　基于烧成制度 8-（a）制备的样品
Figure 9　Samples prepared based on firing schedule 8 -（a）

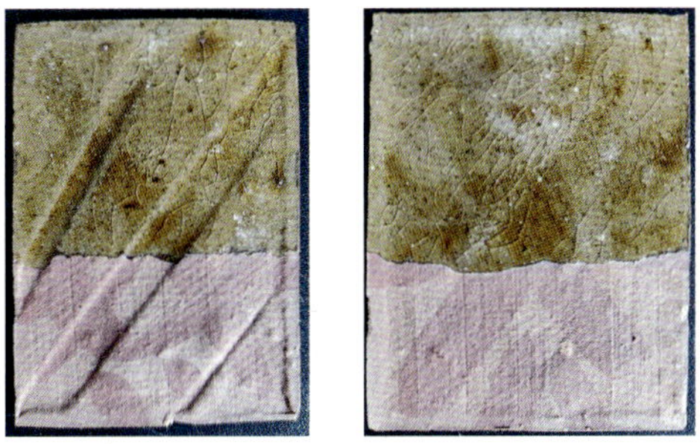

图 10　基于烧成制度 8-（b）制备的样品

Figure 10　Samples prepared based on firing schedule 8 -（b）

这一阶段的实验结果显示：基础釉以及彩绘料中助熔剂的量超出 20% 后，虽然釉的成熟温度降低较大，透明程度也高，但是彩绘线条基本完全融入釉中，釉面偏黄，并且裸露在胎上的彩绘线条也大部分熔融渗透入胎中。

第三阶段实验：

以黄泥作为胎料，降低釉中铁含量，降低彩绘料中助熔剂的含量，选取矿物原料配釉及彩料进行实验，配方及矿物原料化学组成如表 3、表 4 和表 5 所示，素胎上半釉，露出胎及彩绘线条，制备样品如图 11 所示：

表 3　WDXRF 测试矿物原料化学组成（%）

Table 3　Chemical composition of mineral raw materials tested by WDXRF (%)

	SiO_2	Al_2O_3	Fe_2O_3	TiO_2	MnO	CaO	MgO	K_2O	Na_2O
钾长石	69.66	16.95	0.14	<0.01	0.05	0.19	<0.1	8.45	4.06
高岭土	56.35	40.56	0.24	<0.01	0.03	0.06	0.32	2.01	<0.1
方解石粉						55.82			
滑石粉	64.71		0.18			1.02	33.29		
石英粉	98.78		0.092						
Fe_2O_3			98.5						

图 11　未烧样品：釉上彩绘和釉下彩绘

Figure 11　Unfired samples: overglaze and underglaze painting

表 4　彩和釉配方化学组成（%）

Table 4　Chemical composition of painting and glaze formula (%)

	SiO_2	Al_2O_3	Fe_2O_3	CaO	MgO	K_2O	Na_2O
釉	62	10	0.14	17	2	2	0.3
彩	40.32	13.4	19.96	11.21			

表 5　彩和釉配方矿物组成（%）

Table 5　Mineral composition of painting and glaze formula (%)

	钾长石	高岭土	滑石粉	碳酸钙	石英粉	Fe_2O_3
釉	21.28	13.29	5.39	27.38	32.95	
彩		39.13		20.30	23.57	17

烧成制度实验设计如图 12 所示：

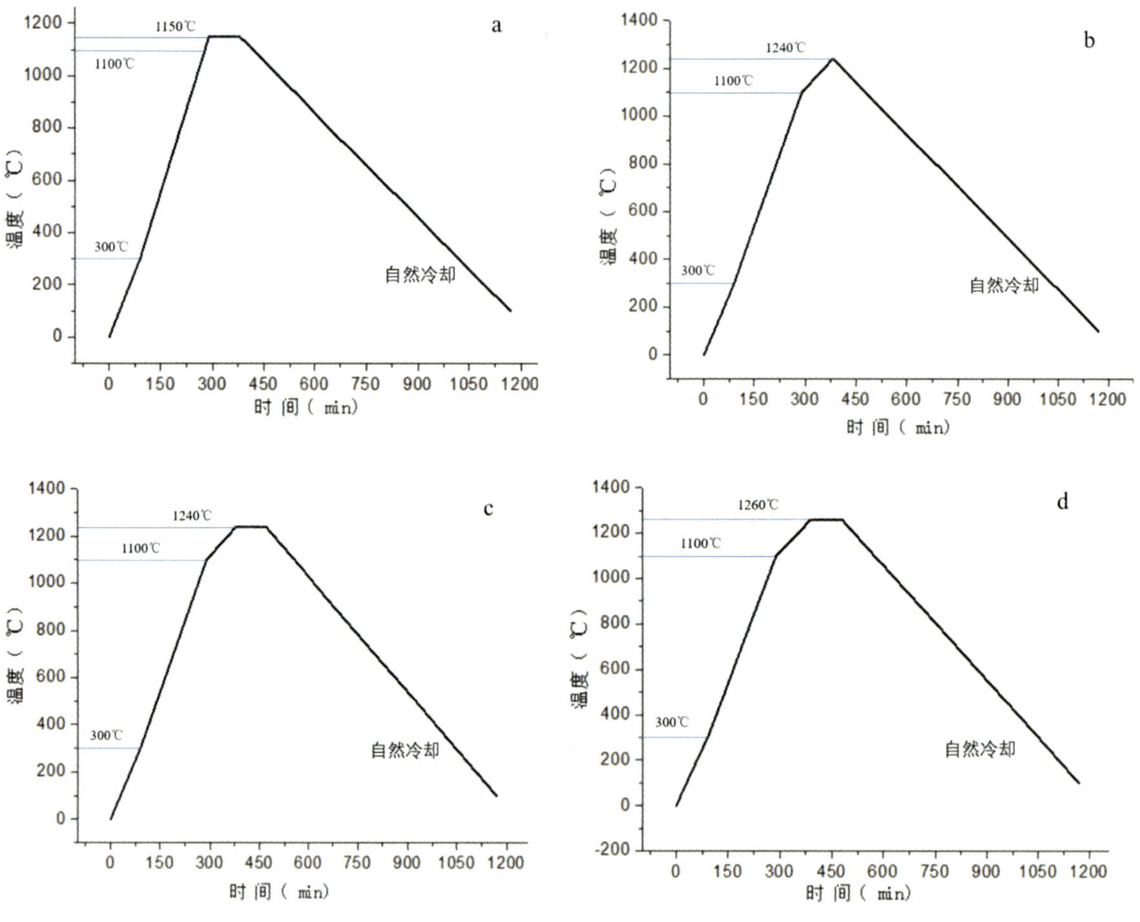

图 12　烧成制度曲线

Figure 12　Firing schedule curve

烧制样品如图 13—16 所示：

图 13　基于烧成制度 12-（a）制备的样品
Figure 13　Samples prepared based on firing schedule 12 -（a）

图 14　基于烧成制度 12-（b）制备的样品
Figure 14　Samples prepared based on firing schedule 12 -（b）

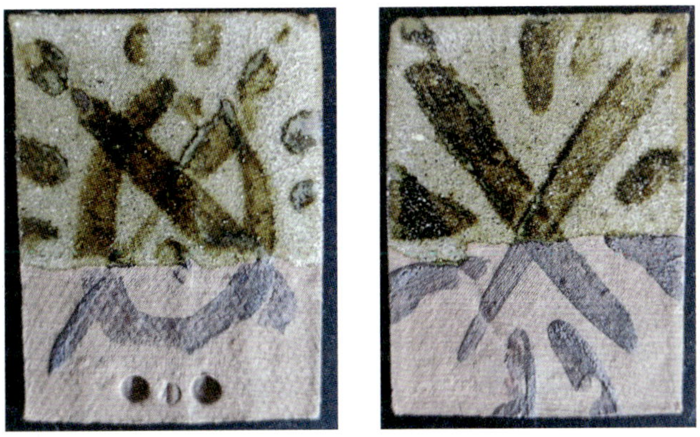

图 15　基于烧成制度 12-（c）制备的样品
Figure 15　Samples prepared based on firing schedule 12 -（c）

图 16　基于烧成制度 12-（d）制备的样品
Figure 16　Samples prepared based on firing schedule 12 -（d）

这一阶段的实验结果显示：采用黄泥做胎料时，调整后的釉和彩配方在图 12-（c）的烧成制度下可以制备出外观与唐代长沙窑窑址出土彩绘装饰瓷器相似的样品，烧结温度也相对比较宽，符合古代窑炉所能达到的温度值。但是对于烧结良好且釉面透明的样品，仅仅从外观已经无法区分是釉下彩还是釉上彩施釉样品。

2. 分析与讨论

由前期的研究发现，胎釉界面是有望解决长沙窑釉彩装饰技术的关键，因此，选择窑址出土装饰线条贯穿胎釉的样品作详细的研究（图 17），同时也对实验室特别制备的裸露胎的样品作相应的研究：

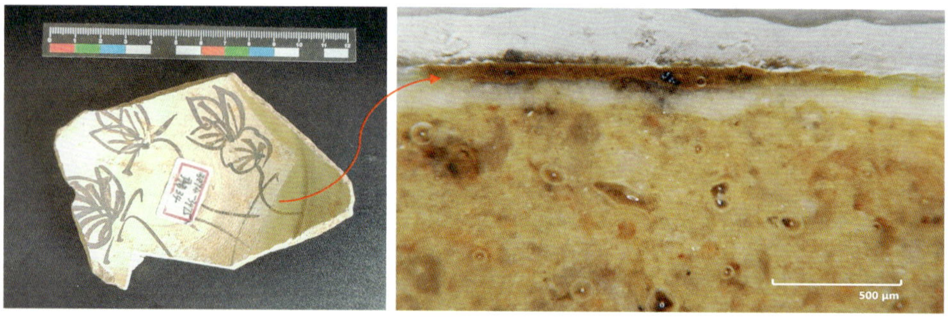

图 17　古瓷片的釉面光学照片
Figure 17　Optical photographs of glazed surface of ancient porcelain

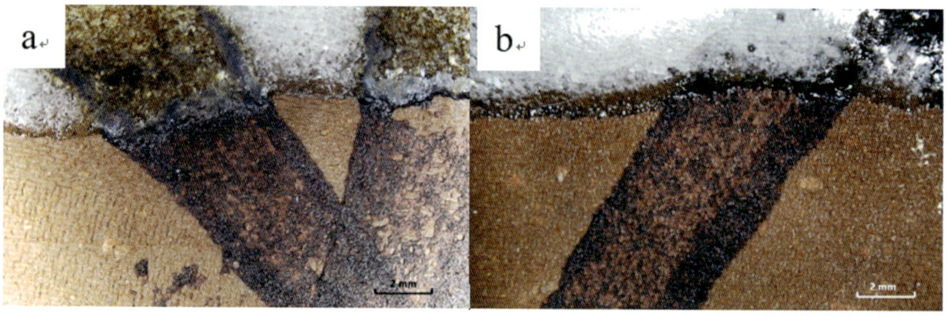

图 18　基于烧成制度 12-（b）的样品釉面光学照片：（a）釉上；（b）釉下
Figure 18　Optical photographs of sample glaze surfaces based on firing schedule 12-(b): (a) overglaze; (b) underglaze

图 19　基于烧成制度 12-（c）的样品釉面光学照片：（a）釉上；（b）釉下

Figure 19　Optical photographs of sample glaze surfaces based on firing schedule 12-(c): (a) overglaze; (b) underglaze

由图 17 可以看出窑址出土样品中棕色线条书写笔锋走向是非常清晰的，也可以基本确定当时采用了书法及中国山水画一样的彩绘模式，这与文献的报道也是一致的。而且，结合图 17 和图 19 所示，无论是古瓷片，还是实验室考古样品的釉上彩绘和釉下彩绘样品，在胎釉界面处都有相似的铁锈物质，采用光学显微镜观察釉面的分析方法无法区分采用了哪一种施釉装饰工艺。但是，对于没有完全烧结的样品，在部分胎釉界面处可以明显地辨别出釉下彩绘工艺。

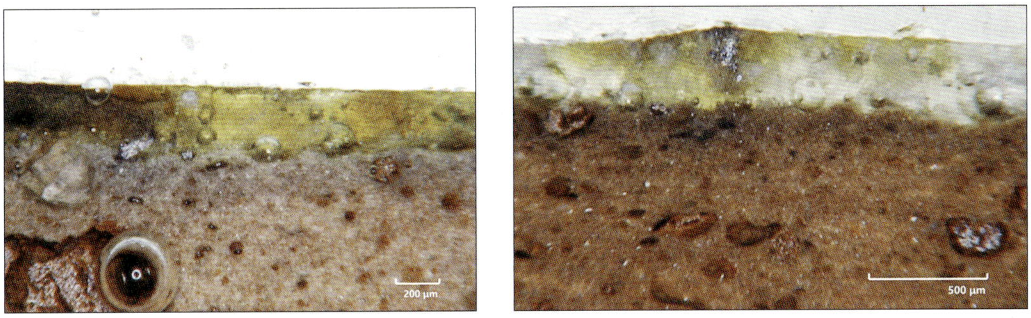

图 20　基于烧成制度 12-（c）的样品断面光学照片：（a）釉上；（b）釉下

Figure 20　Optical photographs of the cross-section of the sample based on firing schedule 12-(c): (a) overglaze; (b) underglaze

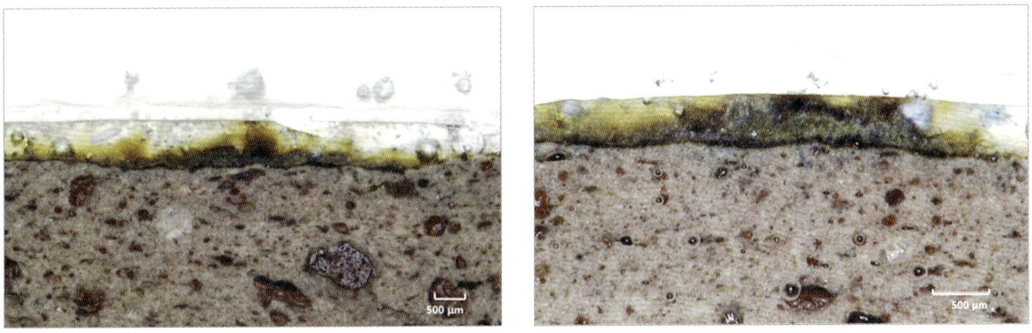

图 21　基于烧成制度 12-（d）的样品断面光学照片：（a）釉上；（b）釉下

Figure 21　Optical photographs of the cross-section of the sample based on firing schedule 12-(d): (a) overglaze; (b) underglaze

由图 20 和图 21 样品断面的光学照片可以看出，无论是釉上还是釉下样品，无论是在正烧还是过烧的情况下，彩绘和基釉都熔融在了一起，很难判断是釉上还是釉下装饰，而且还有可能导致错误的判断。

目前文献报道的长沙窑彩釉装饰技术的科学研究基本都是采用遗址发掘的瓷片作为研究对象，由于窑址发掘获得的瓷片样品多数为当时生产的次品，不能全面反映长沙窑的工艺与技术水平，所以在此次实验室考古研究中，也联合新加坡研究者 Lynn Chua 对部分“黑石号”瓷片与窑址出土的样品作了相关的检测分析。

表 6　样品 SEM-EDS 化学组成测试结果

Table 6　SEM-EDS chemical composition test results of samples

Type	Sample	Na_2O	MgO	Al_2O_3	SiO_2	P_2O_5	K_2O	CaO	TiO_2	MnO	Fe_2O_3	CuO
黑石号褐绿彩碗样品	39835 IB	0.39	2.10	14.50	55.49	0.59	2.89	15.98	1.09	0.44	4.65	1.89
	39838 IB	0.25	2.55	12.56	52.06	1.06	1.73	19.42	0.95	0.61	8.59	0.23
	39842 IB	0.27	2.16	14.88	54.23	0.90	2.57	17.50	1.02	0.23	5.20	1.05
	39835 OB	0.10	2.86	13.31	51.76	0.92	1.83	20.33	0.98	3.11	4.79	—
	39838 OB	0.10	2.87	13.26	54.51	1.26	1.54	21.61	1.04	0.61	3.19	—
	39842 OB	0.10	2.79	15.68	51.54	0.60	1.61	18.79	1.11	2.88	4.90	—
	39835 G	0.34	2.42	15.44	56.18	1.06	2.56	16.97	1.05	0.47	2.17	1.34
	39838 G	0.35	2.90	12.86	53.02	1.17	1.88	21.85	1.22	0.58	2.23	1.95
	39842 G	0.35	2.49	15.45	54.37	1.25	2.37	19.12	0.93	0.39	1.98	1.29
	39835 T	0.13	2.60	14.49	56.87	1.19	2.32	18.82	1.14	0.40	2.03	—
	39838 T	0.13	2.88	12.54	55.53	1.19	1.41	22.85	1.02	0.68	1.76	—
	39842 T	0.16	2.44	14.84	55.39	0.88	1.76	20.85	0.99	0.55	2.15	—
窑址出土的铜红碗和罐	01—003 R	0.33	3.24	13.13	55.72	1.44	2.03	19.74	0.93	0.47	2.11	0.85
	01—003 T	0.37	2.88	13.36	57.41	1.01	2.09	19.34	0.91	0.42	2.20	—
	01—007 R	0.27	3.43	13.04	55.31	1.75	2.62	19.89	0.90	0.45	1.83	0.50
	01—003 T	0.17	3.35	14.15	54.89	1.42	2.40	20.35	0.97	0.43	1.87	—

由表 6 可以看出，“黑石号”样品的基础釉与长沙窑窑址出土样品基本一样，区别仅仅在于一些显色元素的含量。

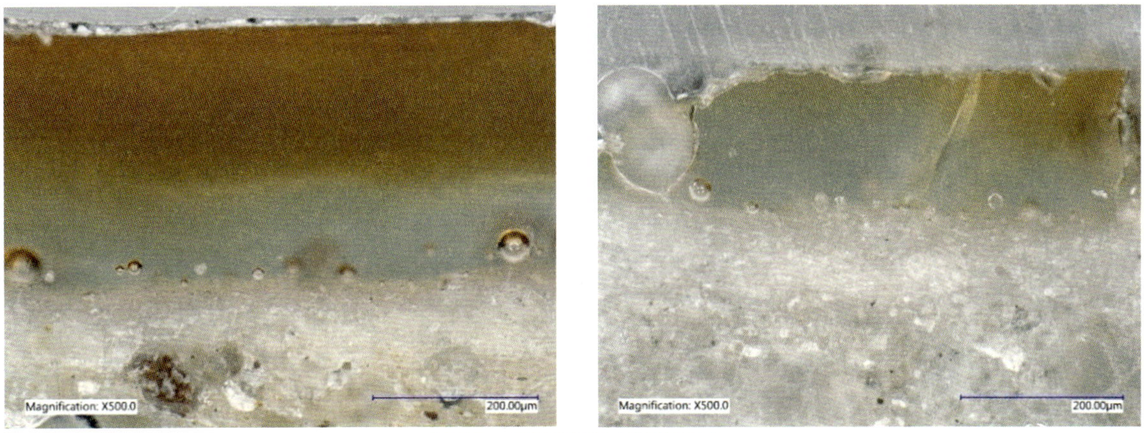

图 22　褐彩釉薄片光学照片

Figure 22　Optical photographs of brown glaze flakes

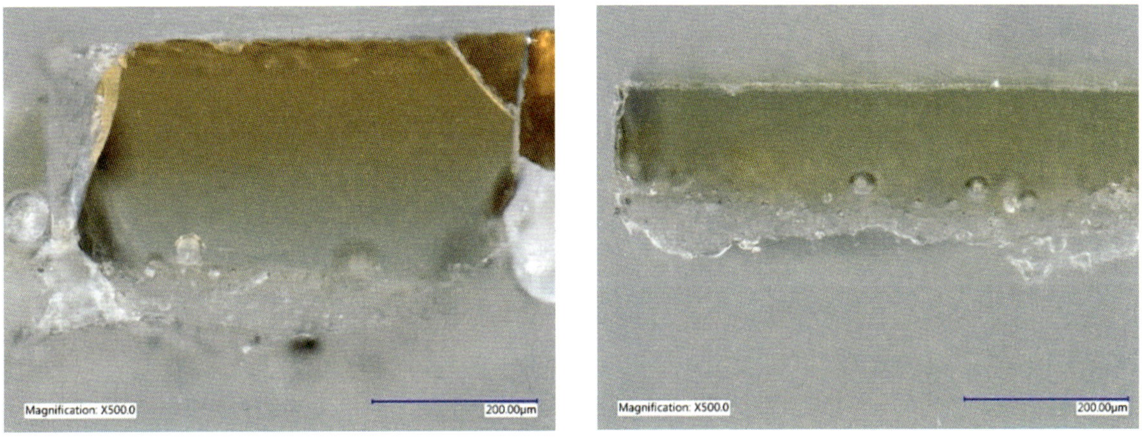

图 23　绿彩釉薄片光学照片

Figure 23　Optical photographs of green glaze flakes

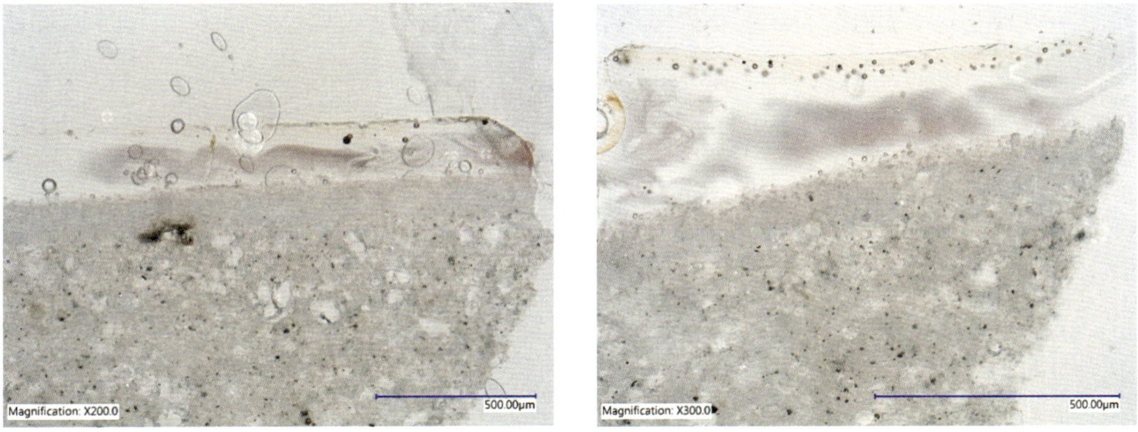

图 24　红彩釉薄片光学照片

Figure 24　Optical photographs of red glaze flakes

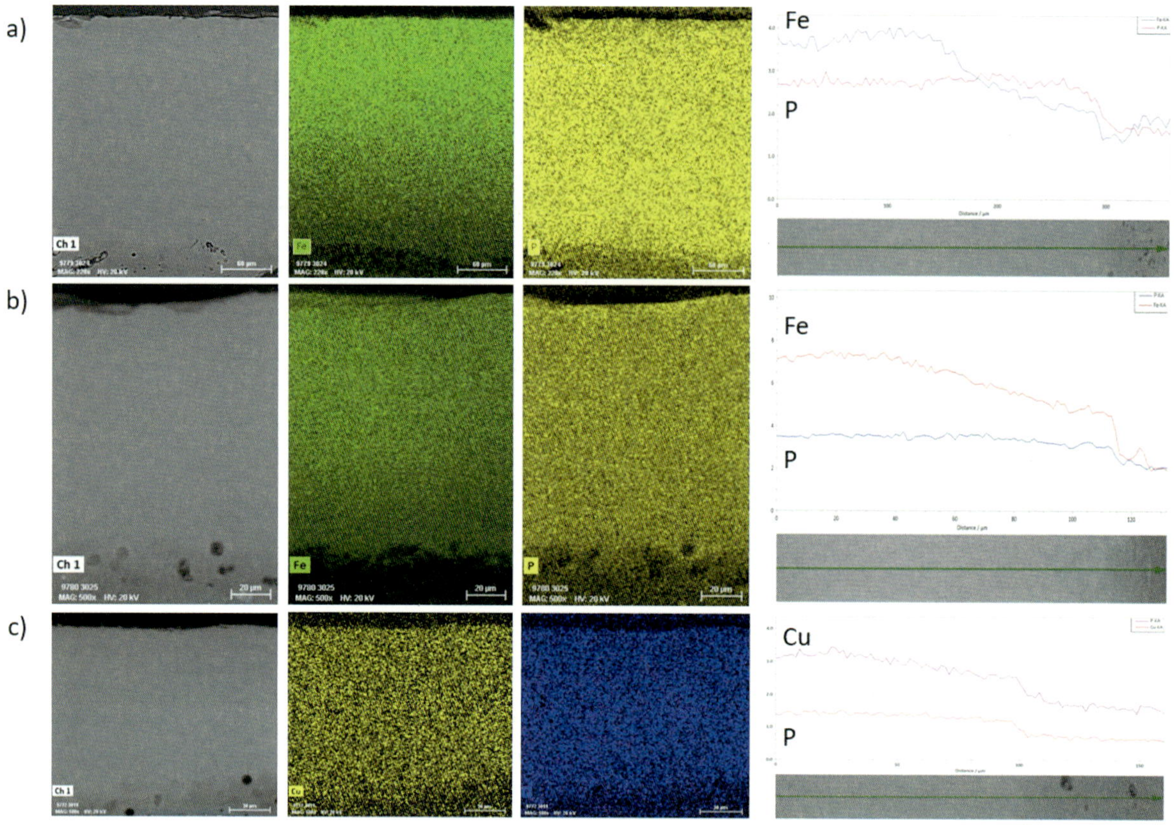

图 25　彩釉 SEM-EDS 线扫描

Figure 25　Scanning result of SEM-EDS line of colored glaze

当样品足够薄的时候，结果显示长沙窑样品可能是一种“釉中彩”（红彩）以及“釉上彩”（褐绿彩），如图 22—24 所示。而且通过 EDS 线扫的结果也证实长沙窑可能采用了多种彩釉装饰技术，如图 25 所示，对于 Fe、P、Cu 的追踪，此部分的相关结果在另外的文章中作了详细的报道。

3. 结论

通过上述实验制备和初步的分析，我们发现通过对已经烧结完成的实验室考古瓷片和长沙窑古瓷片的分析研究，难以解决长沙窑彩釉装饰工艺技术问题。这或许也是为什么到目前为止，有关长沙窑彩釉装饰技术可谓是仁者见仁，智者见智。其主要问题是：前人的研究也表明长沙窑彩并不是单纯的彩料，而极有可能是一种含显色原料的釉料。因此，在陶瓷烧制过程中，不论是釉上彩还是釉下彩，彩料和基础釉基本已经完全熔融在一起。因此，想要解决长沙窑彩釉装饰工艺问题，在古陶瓷窑址的考古发掘过程中应该注意收集能直接反映装饰工艺的“半成品”以及原料等信息，这些信息对于解决科学技术史是有极大作用的。

感谢上海硅酸盐研究所古陶瓷中心李强博士、徐霁明高工对本课题的大力支持，以及新加坡国家文物局文化遗产保护中心 Lynn Chua 女士的检测分析数据。

（作者系长沙博物馆文物科技保护中心副主任）

参考文献：

（1）李建毛，方昭远，沈柏霖等．唐五代长沙窑彩饰工艺再探讨 [J]. 中国国家博物馆馆刊，2021(11):82—93.

（2）张兴国，姜晓晨阳，崔剑锋等．长沙窑高温釉上彩瓷的检测分析 [J]. 故宫博物院院刊，2020(5):71—85、110.

（3）栗媛秋，杨益民，张兴国等．长沙窑铜红釉上彩的显微分析 [J]. 南方文物 ,2014(4)：148—150、178.

（4）孙莹，毛振伟，周世荣等．能量色散 X 射线荧光光谱法探针线扫描分析“长沙窑”彩绘工艺 [J]. 理化检验 (化学分册)，2008(9)：807—809、814.

（5）Jiayu Hou，Cui Jia, Xingguo Zhang， He Li，Gen Li， Hanwen Liu，Baoqiang Kang，Yong Lei. The birth of copper−red glaze： Optical property and firing technology of the glaze from Changsha Kiln (8th−9th century) [J]. Journal of the European Ceramic Society，2022,24(3)：1141 — 1148.

基金项目：长沙市科技计划项目经费资助（kq2004150）

长沙地区六朝考古综述

张大可

前　言

长沙，又称“临湘”，是六朝时期湘州及长沙郡的州治及郡治所在地。湘州为六朝时期长江中游的重镇之一，自永嘉元年（307）初设以来，几经废立，最终于刘宋孝建元年（454）常设。湘州北达沔汉、东连吴会，西通巴蜀，南控交广，战略地位十分重要。晋元帝司马睿评价曰：“湘州南楚险固，在上流之要，控三州之会，是用武之国也。”(1)长沙作为湘州的政治、军事及文化中心，留下了极为丰富的考古遗存。长沙地区数代考古人，历经七十年的筚路蓝缕，辛勤耕耘，调查并发掘了大量六朝时期古井、古墓葬及古窑址，并对六朝时期湘州城的范围、年代及布局有了初步的认识，成果颇为丰硕。

一、长沙地区六朝考古工作综述

长沙地区六朝考古工作始于建国初，至今已历 70 年，可分为三个阶段。

第一阶段：肇始期，20 世纪 50 年代初至“文革”前（1964 年）。1952—1958 年，为配合长沙市郊的基本建设工程，湖南省文物管理委员会文物清理工作队（1958 年与湖南省博物馆合并设文物工作部）对长沙近郊的古墓葬开展了抢救性的考古发掘工作，发掘自春秋至元、明时期墓葬共计 4600 余座，其中包括两晋（包括部分孙吴墓）、南朝、隋墓 47 座(2)。这批墓葬主要分布在长沙东郊的容园，北郊的砚瓦池、丝茅冲、桂花园，南郊的黄土岭、雨花亭、烂泥冲、金盆岭等地，其中南郊发掘的墓葬数量最多。截至 1964 年，又陆续在左家塘(3)、野坡(4)、黄泥坑(5)等区域发掘了数座六朝墓。这一时期发现的重要墓葬较多，如 1954 年识字岭永明十一年墓、1955 年烂泥冲宁康三年刘氏女墓、1956 年烂泥冲永元元年墓、1958 年金盆岭永宁二年墓等纪年墓(5)。“文革”期间，长沙六朝考古工作基本陷入停滞状态。

这一时期长沙六朝考古工作主要配合基本建设，且工作重心主要为墓葬的考古发掘，很少涉及对居址（古井、城址）、生产区域（窑址）等相关领域的发掘与研究。这一阶段的工作为日后的六朝考古分期及类型学研究打下了良好的基础。

第二阶段：发展期，“文革”后—2000年。“文革”结束，百废待兴。随着改革开放的步伐加大，长沙的城市化进程猛然加快，城市面貌日新月异。长沙市文物考古研究所（前身为长沙市文物工作队）在配合长沙城市基建的过程中，发掘了大量六朝时期的古井、墓葬及文物，其中，1996年走马楼三国吴简的发现还被评为当年的全国考古十大发现及新中国考古百大发现[6]。在五一广场、坡子街等周边区域发现大量的六朝古井，说明这些古井分布密集的区域位于城址内或城址周边，这也为日后六朝城址的考古发掘及研究打下了坚实的基础。此外，在第二次全国文物普查期间，在岳麓区黄鹤村土城头发现了一处六朝时期的城址，根据城址年代及地望确认其为六朝湘西县故城[7]。这一阶段六朝墓葬的发掘主要集中在长沙东郊、北郊及南郊，如东北郊的五里牌、砚瓦池、识字岭一线，南郊的南湖路一线、韶山路一线、贺龙体育馆周边，北郊的伍家岭—九尾冲—四方坪一线等区域。其中重要的墓葬有1979年左家塘线材配件厂六朝墓群、1985年贺龙体育馆六朝墓群及1992年南湖路水运机械厂六朝墓群等[8]。

这一时期长沙六朝考古工作依然以配合城市基建为主，但考古发掘及研究的对象不再局限于墓葬，开始慢慢聚焦于六朝时期的城址考古及出土文献研究。相比于前一时期，城市考古的学术思维及意识有了明显的提升。

第三阶段：2000年至今。随着长沙城市的不断发展，旧城区的棚户改造如火如荼。坡子街悦方、万达广场、东牌楼国金中心等大型基建项目的考古发掘均获得了巨大的收获，尤其是东牌楼国金中心项目发现了刘宋时期湘州城南城墙及护城河遗址，这一发现填补了长沙六朝城址考古的空白，为研究湘州、长沙郡、临湘县三级治所的地望及变迁提供了可靠的考古实证！[9]这一阶段六朝墓的发掘除去一、二阶段的区域外，北郊至鹅羊山—长沙新港一带，南郊至桂花坪一带，河西的洋湖区域（土城头六朝城址、靳江河以南）亦发现数座六朝墓。这一阶段孙吴西晋墓发现较少，仅有大椿桥、羊鼻冲等少量孙吴墓群，绝大部分墓葬的年代为东晋—南朝。重要的墓葬有2000年园艺场东晋墓[10]、2001年新港东晋墓[11]、2009年桂花坪印山坡东晋墓[12]、2016年洋湖宜家六朝墓与天心一中泰始六年刘宋墓[13]、2020年连山东晋墓[14]等。

二、城址篇

湘州始设于永嘉元年，数经废立，于刘宋孝建元年常设。郦道元《水经注·湘水》记载：“湘水又北，左会瓦官水口，湘浦也。又径船官西，湘州商舟之所次也。北对长沙郡，郡在水东州城南，旧治在城中，后乃移此。”“城之西北有故市，北对临湘县之新治。”《大清一统志》卷三五五《长沙府二》记载：“汉时临湘县城为长沙郡治者，在今城之南。而今之长沙县治，即《水经》所谓临湘新治，南北朝宋所徙，本在城外，隋唐时包入城中。”根据文献可知湘州城位于河东临湘县；长沙郡治即为临湘县旧治在州城南，清代为长沙城南；临湘新治在刘宋时迁至城北郊外，即清代长沙县治所在。刘宋时期常设湘州，当筑湘州城，湘州城位于长沙郡城北，湘州城的具体位置在何处，郡城在州城南如何解释，成为困扰学界多年的遗留问题。

图一 湘州城南城墙及护城河（由东向西） 护城河内采集的南朝早期青瓷残片

2011 年东牌楼国金中心项目发掘了一段东西向城墙及护城河（图一左）。城墙为夯土筑就，其两侧残存有一线包砖，从护城河采集到大量岳州窑青瓷残片，这些残片的年代为南朝早期（图一右）。推测该城墙始建于南朝早期，结合相关史料进行分析，最终认定该段城墙及护城河为湘州城南城墙及南护城河。湘州城南城墙的发掘也为解决州郡城的相对位置提供了重要线索。

汉代临湘故城北至中山路以北、南不过人民路、西至太平街附近、东不过蔡锷路，从东牌楼国金中心工地发掘可知汉代临湘故城沿用战国长沙东城墙，2014 年在长沙青少年宫发掘了一段东西向包砖城墙，确认为汉至六朝时期临湘故城的北城墙。综合分析，刘宋时期因为军事需要常设

图二 州郡位置示意图

湘州，取临湘故城中段筑墙将其一分为二，新墙与临湘故城北部其余三面城墙合围之处即为湘州城，新墙与临湘故城南部其余三面城墙合围之处即为长沙郡城（图二），原位于城北的临湘旧治则迁至城外西北部，至此形成了北州南郡双城共用临湘故城的格局[15]。

三、墓葬篇

历年来长沙地区六朝墓发掘数量超过 300 座，通过发掘资料可知，见诸报道的墓葬不过数十座。长沙地区六朝墓以砖室墓为主，另有少量土坑墓。其中砖室墓的墓葬形制及砌筑方式承继东汉，并有所变化，土坑墓多为尺寸较小的狭长形土圹墓，长宽比一般在 3∶1 以上。

六朝砖室墓形制分四类。甲类：带甬道的长方形单室墓，平面形状呈凸字形；乙类：带甬道的近方形单室墓；丙类：带甬道的前后双室墓或多室墓，部分前室呈横前堂式，部分墓室带耳室或龛室；丁类：无甬道的长方形单室墓。（图三）

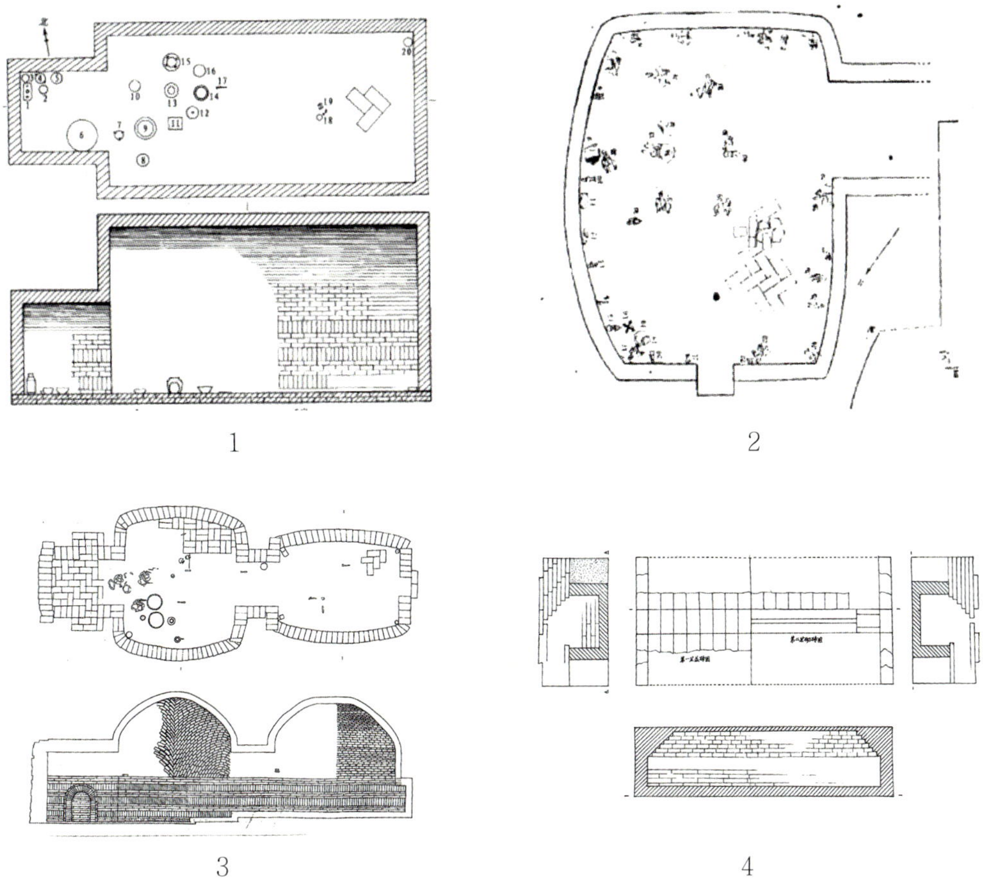

图三 长沙地区常见六朝砖室墓

1.2001 年长沙新港东晋墓（甲类） 2.1958 年金盆岭永宁二年西晋墓（乙类）
3.1984 年德雅村孙吴墓（丙类） 4.1985 年仰天湖东晋墓（丁类）

砖室墓墓砖分长方形砖及楔形砖两类。墓砖侧面部分模印纪年铭文、吉语或四出钱文、对角几何纹、车轮纹、同心圆纹、叶脉纹等纹饰。（图四）

图四 墓砖纹饰与纪年砖

墓室结构：从墓顶、墓墙、墓底及附属设施分别介绍如下。

墓顶：可分拱形券顶、叠涩顶及四隅券进式顶三类。拱形券顶最为常见，墓室墙体到一定高度后内收起券，自墓墙两侧向中心合拢，形成一个拱顶，另有部分大型砖室墓的券顶外观呈穹窿状。叠涩顶极少，只见于小型长方形单室墓，墓墙两侧以平砖叠涩相砌，最后形成一个平顶（图三，4）。四隅券进式顶只见于多室墓和近方形单室墓，墓室四角分别起券，在两侧墓壁中间形成“V”形接口，最后在墓室上方封顶，外观呈穹窿状（图三，3）。

墓墙：大中型墓葬多为双层砖墙，小型墓葬多为单层砖墙，墓壁外弧是长沙地区六朝砖室墓的重要特点之一，有利于增强墓室的稳固性。砌筑方式有错缝平砌、三顺一丁，前者为东汉以来的传统砌法，后者则首见于孙吴后期。三顺一丁砌法中的丁砖在六朝早期多被切去一半，使其与顺砖在墓壁外侧保持一致，而东晋中期开始，丁砖多为整砖，墓壁外侧的丁砖伸入填土中，又称“咬土砖”，有利于增强墓室的稳固性。

墓室底部铺砖有单层和数层之分，大型墓葬一般都有数层铺地砖。单层铺法有斜向人字形、正向人字形、错缝平铺、顺丁平铺等；多层铺法则与排水设置有关，其底层多为错缝平铺，其上为整砖纵向立砌，各砖之间形成约一砖宽的沟，其上再盖一层错缝平铺的砖将沟封顶形成数条暗沟，最上方则再加一层或数层砖作为墓室的铺底砖。

附属设施，主要有以下九类：

封门：目前可见的封门形态有人字形、弧形、横向错缝平砌、三顺一丁等，其中人字形和弧形封门多流行于东汉至六朝早期，横向错缝平砌和三顺一丁形封门从六朝早期沿用至后世。东晋中期以后，部分墓葬的封门向两侧外延，形成翼墙或称“挡土墙”。

排水沟：均为沟槽式长条水沟，自封门处经墓道向外延伸数米至数十米。墓内排水的做法则有明沟与暗沟两类。明沟多利用棺床与墓底的高差将墓内积水自墓室四周向封门处汇合，利用墓室底部的倾斜度将积水引入排水沟。暗沟则在铺底砖下用砖砌筑排水沟，利用砖缝将积水下渗后由暗沟排出。

棺床：使用范围广泛，各类墓葬中均可见到，均为长方形。比墓室底高 1—2 层砖，多位于多室墓的后室或单室墓的墓室后端，砌法异于铺底砖，一般以纵向砖砌为边框，边框内则有错缝平铺或纵横“回”形等砌法。

祭台：使用范围不如棺床广泛。比墓底高 1—2 层砖，或位于甬道内，或位于棺床前，有正方形和长方形两类。

灯台：多见于大中型墓葬，一般距墓底约 1 米左右，为半伸出的砖台，又称“羊角砖”。

壁龛：长方形小龛，其尺寸略等于一块砖，其位置或位于墓室后壁，或位于墓室两侧，此类设施与“羊角砖”不共存，推测亦有灯台的功用。

龛室：长沙六朝砖室墓的重要特点之一。从墓底直接起券砌筑，为拱门形洞室，高度多在 50—60 厘米，各类墓葬中均可见到，位于墓室后壁者最为常见，大型砖室墓的甬道两侧或墓室两侧亦有设置龛室的墓例。

直棂窗：数量少，仅见于东晋至南朝时期大型砖室墓，位于两侧墓壁或墓室后壁，尺寸与整砖的短侧面相当，呈排状分布。

砖柱：这是江西地区东汉六朝砖室墓的最典型特征，长沙亦有少量墓葬可见。长沙六朝早期砖室墓内的砖柱多位于墓室中部两侧，用于区分前后室并加固墓壁，到六朝晚期砖室墓内的砖柱则多位于墓室四角。

随葬品组合：以瓷器为主，另有陶器、金属器、玉石器等，可分以下五类。

甲类：日用青瓷器为主，组合主要为碗、盏、杯、罐、盘口壶、鸡首壶、盘、熏、灯、三足炉、洗、唾盂、盂、砚等。

乙类：模型明器，多为青瓷器，少量陶器。组合为仓、井、灶、房、动物寮（鸡埘、牛羊屋、猪圈等）等。

丙类：牛车及配属的俑类，包括人物俑、动物俑及镇墓俑，陶质与瓷质均有，仅少量高等级墓葬出土（图五）。

图五 永宁二年墓出土仪仗卤簿出行俑

丁类：金属器，有金、铜、铁器等。其中金器多为金叶、金片等首饰或服饰；铜器多为铜钱、铜镜等小型铜器；铁器多为铁刀、铁支架等工具。

戊类：玉石器，玉器目前仅见园艺场东晋墓出土玉剑璏；滑石器主要为滑石猪，另有滑石印、滑石权等其他物件。

长沙地区六朝墓演变规律及特点：（一）墓室形制。以砖室墓为主，土坑墓较少。六朝早期砖室墓承继东汉，墓室规模变小，流行多室墓及带甬道的近方形单室墓；东晋以降，多室墓消亡，甬道较短、墓室较宽的长方形单室墓成为主流；南朝时期，长方形单室墓甬道变长，墓室更为修长，并出现不带甬道的狭长方形砖室墓。墓壁外弧和墓室尾端小型龛室的设置是长沙地区六朝砖室墓最典型的特征。（二）墓室结构。六朝早期砖室墓主要采用人字形或横砖错缝平砌的弧形封门，墓壁砌法以三顺一丁为主，横砖错缝砌法亦有沿用，墓顶除拱形券顶外，大型墓葬多采用四隅券进式或四面结顶式砌法，外观呈穹窿状，墓室内开始设置棺床；东晋以降，封门不再外弧，砌法多为横砖错缝平砌及三顺一丁，穹窿式墓顶消失，墓内除棺床外，又增设砖砌祭台，墓室两侧及后壁出现直棂窗及壁龛。（三）随葬品。长沙地区六朝墓随葬品组合以青瓷器为主，陶器极少。孙吴至西晋时期随葬品组合除日用青瓷器外，另有模型明器及各种俑类；东晋以降，模型明器大幅减少，青瓷俑突然消亡，建康地区流行的陶俑传入，但墓例极少；东晋晚期至南朝时期，日用青瓷器组合变化明显，器类数量减少，同质化程度提高；南朝晚期，大量佛教元素出现在青瓷器上，尤以各种模印、压印或浅浮雕的莲瓣纹等为典型。

纵观长沙地区六朝墓，自始至终承继着东汉以来的地方传统，外来墓葬文化因素的影响始终局限于上层社会。这是秦汉文明体系下地域文化在稳固形态下所产生的自我调整，这种调整相对于中原和北方地区不同文化的碰撞与融合而言不可同日而语。最终，随着中原及北方地区汉文化的整合结束，长沙地区再一次融入了新的文明体系。

四、瓷器及窑址篇

1. 瓷器

岳州窑是中国烧制成熟青瓷最早的瓷业中心之一，瓷器相比于陶器，有着耐用、美观、卫生等多重优点。从目前的考古材料来看，岳州窑早在东汉中期开始烧制青瓷器，青瓷器最初多使用于墓葬中，东汉晚期青瓷器开始大量地运用于日常生活中，长沙地区日用器的瓷器化进程早在东汉晚期即告完成，这在全国范围内亦属领先。

六朝时期岳州瓷经历了东汉中晚期的创烧期，在孙吴西晋时期迎来了发展期，东晋南朝时期迎来高峰期，到初唐时期开始进入衰退期。在六朝时期的发展演变可分四期。

第一期：东汉中晚期—孙吴前期。这一时期的岳州日用瓷，习惯于施釉至器底略上，多有流釉或积釉现象，纹饰以麻布纹、水波纹为主。釉色多墨绿偏黄，色深者呈酱釉色，另有若干青绿釉色；釉面开片较大，反光度较低；胎体不均匀，气泡较多，内壁多有指印，胎色多呈灰白，另有少量红胎。器物口沿多为直口或侈口，方唇，器底则多为平底或平底内凹。主要器物组合为碗、盏、罐、盘、洗等。

第二期：孙吴后期—东晋前期。这一时期的岳州日用瓷，习惯于施釉至器身下腹部，施釉较为均匀，多在口沿下或肩部饰由几何纹、圆圈纹等组成的纹饰带一周。釉色以青绿为主，另有少量酱釉；釉面开片较小，反光度不高；胎体较前期均匀，内壁显见轮制痕迹，胎色灰白。器物特征无大变化，整体形态较前期矮壮。盘口壶的出现、器身流行纹饰带装饰则是本期最大的特点。主要组合为碗、盏、杯、盘口壶、罐、盘、洗、唾盂等。

第三期：东晋中期—南朝前期。这一时期的岳州日用瓷，习惯施釉至中腹部，施釉较为均匀，上期流行的纹饰带多简化为一至二周弦纹。釉色以青绿为主，亦有若干酱釉、墨绿釉；釉面开片变大，反光度提高，玻璃质感强于上期；胎体多用轮制加工，内壁可清晰看见轮制痕迹。器物组合较上期略有增减，在本期末器物风格向瘦长高大方向过渡。饼底、矮饼底类假圈足手法取代平底是本期最大的变化。主要组合为碗、盏、杯、盘、盘口壶、唾盂、洗、盆、炉、熏、盂等。

第四期：南朝后期。这一时期的岳州日用瓷，习惯施釉至中腹部，施釉均匀。釉色青绿，另有少量墨绿；釉面开片明显，反光度高，玻璃质感强烈；胎体多为灰白胎，细腻，基本无气孔，内壁可见明显轮制痕迹。器物组合方面常见器类形制趋向一致，器物风格修长。流行各种写实或抽象化莲瓣纹装饰，部分器物如盂、炉等造型更施加了莲瓣或莲叶浮雕造型。器身修长，佛教元素装饰盛行是本期最大的特点。主要组合为碗、杯、盘、盘口壶、罐、唾盂、盆、炉、盂、多足砚、水注、盏托等。

2. 窑址

岳州窑作为长江中游最大也是最主要的瓷器烧制窑系，其核心区就在湘阴至长沙铜官镇湘江两岸数十平方公里范围内。目前，通过数次考古调查与发掘，在铜官镇石渚、铜官以南的石门矶及铜官东北的东城镇均发现有六朝时期窑业遗存。

石门矶窑位于长沙北郊湘江东岸的一处河滩上，北距铜官窑窑址中心区瓦渣坪2000米。过去河滩上曾有数十座窑址，由于河水冲刷水位上涨，大多已被毁，长沙市文物工作队于1987年对其中保存较好的一座窑进行了抢救性考古发掘[16]。

图六 石门矶窑整体照（由南向北）

该窑为南北向长方形半导焰式窑，北高南低。由窑室、火塘、火门及烟道组成。窑壁烧结面较厚，火塘内残留大量窑灰（图六）。窑室内采集到大量陶瓷片残件，以青瓷为主，另有部分陶片，青瓷釉色青黄或蟹青，少量豆青，小开片冰裂纹，胎釉结合不好，脱釉现象严重。青瓷器组合有碗、盏、罐、杯、盘口壶、钵、洗等（图七），年代推测为东汉中晚期至三国时期，这是长沙市辖区内唯一经过正式发掘的岳州窑窑址。

图七 石门矶窑出土的部分青瓷器标本

此外，在铜官窑窑址区、铜官东北的东城镇，也发现有六朝时期的窑业遗存。目前已发现的六朝时期岳州窑窑址均位于长沙北郊，长沙南郊尚未有发现，长沙地区六朝时期岳州窑窑址的布局还需要进一步的田野工作加以考证。

结 语

长沙六朝考古自中华人民共和国成立以来已走过了70年的风雨历程。回顾70年来的六朝考古工作，从无到有，从墓葬发掘起步，到现如今多学科交流背景下的主动研究，长沙六朝考古工作取得了丰硕的成果，但仍存在不少问题尚未解决。

第一，目前长沙地区六朝考古的研究对象主要为古井、古墓葬及岳州瓷的工艺、类型等，缺乏对于城址、窑址、政治经济、社会风貌等方面的综合性研究。

第二，长沙地区六朝城址的调查尚不全面，除了临湘故城、湘州州城及湘西故城做过一些工作外，其余各县及戍城之故址仅存于文献，尚无直接的考古资料印证。

第三，长沙地区六朝古井及古墓资料发表滞后，不利于研究的深入推进。目前最全面的考古报告仍为 1958 年高至喜先生撰写的《长沙两晋南朝隋墓发掘报告》，而大多数六朝古井、墓葬资料发表较为分散，系统性介绍及研究的专题古井、古墓考古报告亟待整理。

第四，六朝时期是中华文明进行自我变革的关键时期，中华文明如何由秦汉文明转变为隋唐文明，这一承上启下的过程中长沙乃至湖南又扮演着何等角色，还有待厘清。

我们正处于一个考古研究的黄金时代，前人的工作成果为长沙六朝考古研究体系搭建了坚实的平台，新材料的涌现不断刷新我们的认知，长沙六朝考古才走完万里长征的第一步！带着尚未解决的问题，我辈当锐意进取，深耕于田野，为长沙地区六朝考古研究交上一份满意的答卷！

（作者系长沙市文物考古研究所馆员）

参考文献：

（1）［唐］房玄龄等：《晋书》，中华书局，2003 年。
（2）湖南省博物馆：《长沙两晋南朝隋墓发掘报告》，《考古学报》，1959 年第 3 期。
（3）刘廉银：《湖南长沙左家塘西晋墓》，《考古》，1963 年第 2 期。
（4）湖南省博物馆：《长沙南郊的两晋南朝隋代墓葬》，《考古》，1965 年第 5 期。
（5）长沙市文物工作队、长沙市文物考古研究所：《长沙走马楼 J22 发掘简报》，《文物》，1999 年第 5 期。
（6）《中国文物地图集·湖南分册》记载：20 世纪 80 年代，经考古调查确认，湘西故城即今土城头遗址。遗址位于长沙市岳麓区黄鹤村，长约 1500 米，宽 500 米，面积 75 万平方米。土城头遗址地势凸起，至今周围仍有水沟环绕，疑似护城河遗迹。遗址南北两端及中部局部区域保留有夯土城墙残迹。
（7）长沙市文物考古研究所：《长沙市新港晋墓的清理》，《考古》，2003 年第 5 期。
（8）长沙市文物考古研究所：《长沙市桂花坪印山坡东晋墓发掘简报》，《湖南省博物馆馆刊》第七辑，岳麓书社，2010 年。
（9）长沙市文物考古研究所：《湖南长沙连山东晋墓发掘简报》，《文物》，2021 年第 5 期。
（10）黄朴华主编：《长沙古城址考古发现与研究》，岳麓书社，2016 年。
（11）黄纲正：《石门矾窑址的发掘及有关长沙铜官窑的几个问题》，《中国古陶瓷研究》第四辑，紫禁城出版社，1997 年。
（12）长沙市文物考古研究所内部资料。

浅谈展教融合中如何以“考古人”为本

——以长沙博物馆“发现长沙”系列讲座为例

吴 婉

近十年，教育日益成为博物馆的核心职能。博物馆的教育活动作为展览的诠释扩展项，以其丰富的形式、创新的方式以及分众的理念等特点被更多观众接受。本文以长沙博物馆特别展览“发·现——长沙考古七十年成果巡礼”之“发现长沙”系列讲座及沙龙活动为例，探讨以“考古人”为中心的特展教育诠释新方式。

考古，对于很多观众来说是个陌生的行业。为了让成年公众增加对本土历史文化的了解、对考古工作及成果的了解，唤醒观众对城市的情感共鸣与认可，长沙博物馆湘城讲坛根据“发·现——长沙考古七十年成果巡礼”展推出“发现长沙”系列讲座及沙龙活动。系列活动邀请曾经参与以及正在参与长沙考古事业的代表，以嘉宾对谈、观众互动的沙龙形式，让观众了解 70 年来长沙的考古成果及背后的故事。同时根据长沙市疫情防控要求，对已有沙龙活动资源进行线上传播，扩大展览教育传播的影响力。活动共举办 6 场，线下观众 498 人，线上观众达 707745 人次。“发现长沙”系列成人教育活动作为特展的补充诠释方式之一，主要有以下几个特点：

一、补充展览展示内容，体现“考古人”的重要性

在中国现有的博物馆中，大部分博物馆常设陈列采用了“以物话史”的展陈方式，所以大部分的博物馆教育活动也围绕着“物”来开展。长沙博物馆此次推出的“发·现——长沙考古七十年成果巡礼”特展，在展陈方式上依然采用以考古发掘的文物呈现长沙考古成果的方式。展览虽不是常设陈列，但展示内容与本土文化及历史息息相关，填补了“湘江北去·中流击水——长沙历史文化陈列”（长沙博物馆常设陈列）中考古发掘部分内容。而此次“发现长沙”系列成人观众教育活动的开展，则从“考古人”的角度出发，从以夏鼐等老一辈“考古天团”莅临长沙指导长沙考古工作开始，到长沙引进考古专业人员再到现在新进考古人员的更迭与传承，让观众从考古人的传承与发展中感受长沙考古事业的发展变化。

系列活动的第一场邀请了长沙市文物考古研究所现任所长黄朴华先生讲述长沙考古 70 年的成

果，从考古发现中的长沙为观众打开城市基因密码。第二场讲座则邀请长沙市文物考古研究所现任副所长何佳总结长沙市考古机构的变迁，从机构的变迁体现长沙考古工作职能的变化。第三场讲座邀请长沙市文物考古研究所研究馆员罗小华梳理了长沙出土简牍的发现与研究，从数量最多，跨越年代长，序列完整的角度展现了长沙市区出土有字简牍的独特之处。系列沙龙活动则以三个人组成嘉宾团的形式，分别从年轻一代的考古人、展览幕后故事与长沙考古代表人物的角度为观众展示考古工作的过去与现在。考古人员从幕后现身活动现场，以朴实严谨的语言讲述考古工作的点滴。系列讲座和沙龙活动以“考古人”为中心，对展览中的考古发现、历史文化进行有效补充，专业的讲述与生动的故事让展览的呈现更加立体。

二、 构建考古知识体系，拉近观众与展览的距离

“发现”系列活动最大的特色在于以不同形式的活动帮助观众构建考古知识体系。活动从以往的单人讲座转变为三人沙龙的形式，不仅增加了分享嘉宾之间的互动，还有嘉宾与观众的互动，多向度的知识交互让信息的传达更具效果。一般观众对考古工作的认识大多来源于盗墓题材的电视剧或者电影，本次系列讲座和沙龙活动，让考古人员在活动中主动讲述了考古工作与相关电影的区别，影视剧里的相关人员飞檐走壁，身轻如燕，现实中的考古工作者则是在工地上进行考古发掘，少则几个月多则几年，经常灰头土脸， 默默进行着大量重复或类似的工作。当然考古专家们也会关注电影、电视剧里相关历史时期的服饰、发饰、饮食等，他们从考古发掘与研究出发，让公众对考古工作的专业性和艰苦性有了更深入的了解。活动现场观众互动热烈，系列活动共发放问卷 345 份，回收问卷 254 份，在收集到的问卷中，有 29% 的观众在问卷上写到了“考古”及“考古人”的专业、源远流长等感受。

三、推广地方历史文化，加强城市情感连接

长沙是国家首批历史文化名城，1938 年的“文夕大火”几乎将市中心的地面建筑烧毁殆尽，因此考古工作的独特性和重要性尤为突出。70 年来长沙重大考古发现成果包括 1972 年马王堆汉墓发掘、1993 年望城坡西汉渔阳墓发掘、1996 年走马楼吴简发掘、1999 年望城铜官窑遗址发掘、2001 年宁乡炭河里遗址发掘等考古工作，展览进一步将长沙城的历史文化与现在所存建筑结合起来，让观众从考古工作中更了解长沙的历史文化。

系列公众活动推广了长沙城市历史文化，激发了观众的兴趣与关注，增强了与长沙城的情感连接。现场观众就“楚汉名城”说法的起源，考古堆积形成，长沙城市扩张的地形考量及隋唐时期长沙城市格局的区别，关于考古人挖掘所遇到的危险和自我保护措施，长沙墓葬的时代风格，考古出土物的展示，关于简牍释文、湖南其他地区出土的简牍，简牍对于历史事件及长沙国地理研究的补充意义，湖南地区出土大量简牍的原因等与考古工作相关的问题进行交流。系列活动共收集观众问卷254 份，观众用“楚汉名城”“南国都会”“藩邸省治”“源远流长”“薪火相传”“任重道远”“文字载体”等词语形容长沙考古历史，且表达出对“长沙记忆系列”展览及讲座的期待。

"青春之歌——我在长沙干考古"沙龙活动现场

"幕后故事——'发·现'特展策展"沙龙活动现场

"岁月如歌——我在长沙干考古"沙龙活动现场

笔者认为"发现长沙"系列教育活动完善并丰富了展览展示的元素，以展览为基础，教育活动为辅助，让长沙历史文化深入观众心中，将考古融入长沙城市生活之中，是可持续推广和深入的城市历史系列活动。

（作者系长沙博物馆社会教育部馆员）

“发现长沙”系列讲座与沙龙一览表

序号	活动类型	主题	活动时间	观众情况
1		《考古发现中的长沙》 长沙市文物考古研究所所长 研究馆员 黄朴华	6 月 11 日	89 人（线下）
2	讲座	《漫漫考古路——长沙考古 70 年》 长沙市文物考古研究所副所长 研究馆员 何佳	7 月 23 日	107 人（线下） 77770（线上）
3		《长沙出土简牍发现与研究》 长沙市文物考古研究所研究馆员 罗小华	8 月 13 日	106 人（线下） 286612（线上）
4		青春之歌——我在长沙干考古 长沙市文物考古研究所青年考古人 曹栋洋、金银、张大可	8 月 20 日	96 人（线下） 91641（线上）
5	沙龙	幕后故事——“发·现”特展策展 长沙博物馆原馆长 研究馆员 王立华 长沙市文物考古研究所副所长 研究馆员 何佳 长沙市博物馆青年策展人 副研究员 方芳	9 月 17 日	50（线下） 129255（线上）
6		岁月如歌——我在长沙干考古 长沙简牍博物馆原馆长 研究馆员 宋少华 长沙博物馆原馆长 研究馆员 王立华 长沙市文物考古研究所所长 研究馆员 黄朴华	9 月 25 日	50（线下） 122467（线上）
总计		6 场线下　5 场转为线上资源		498（线下） 707745（线上）

后　记

时光总是静水流深。很多事情当时可能觉得无比困顿而又备受折磨，然而一旦坚持下来并有所收获，那么回头看时，似乎都会生出许多甜蜜，成为难忘而美好的记忆。“发·现——长沙考古七十年成果巡礼”特展的筹备就是如此。

2022 年初，博物馆展览执行策划小组正式成立。“原创”“考古专题”“七十年成果”等关键词，以及筹备时间仅半年和展陈面积不到一千平方米等局限，让小组成员们无不认为展览是一个几乎无法完成的任务。但长沙市文物考古研究所的全力支持和倾情加入，使很多问题迎刃而解。他们为展览成立了专门的内容撰稿、展品组织及文物保护组，在不间断原有工作的前提下，按进度完成各项展览筹备任务，极大简化了考古资料转化为陈列展览的过程，提高了展品的丰富性和展览的学术性，保障了展览高品质如期开放以及后续宣传、教育等活动多样性开展，完美实现了馆所之间的首次深度合作。长沙市文物考古研究所和长沙博物馆本就渊源深厚，通过展览，考古工作从发掘、研究获得了进一步成果转化，更充分地进入到公众视野，“发”与“现”实现了某种意义上的“传承”。

在展览筹备过程中，我们对“传承”的意义的理解也不断在加深。从“考古天团”筚路蓝缕的引领，到几代长沙考古工作者踵事增华的追随，考古人精神在传承；从“文物清理队”到“长沙市文物工作队”，再到“长沙市文物考古研究所”，长沙现代考古事业在传承；无数珍贵遗物遗迹从湮没于历史尘埃，到再次现世荡涤迷雾烟云，耀目于历史文明星空，中华优秀传统文化在传承。可能又正因这些“传承”，展品挑选和借展也十分顺畅。我们忐忑中向中国社会科学院考古研究所提出的借展夏鼐先生珍贵手稿，向中国国家博物馆提出的借展 1951—1952 年“考古天团”在长沙发掘的器物等要求，都得到了让人无比温暖的回应，使我们对展览的信心大增。湖南省文物考古研究院、湖南博物院、长沙简牍博物馆、长沙铜官窑博物馆等省内文博单位，在展品挑选方面也为我们提供了极大支持，高砂脊遗址出土的青铜器几乎全员出动；马王堆汉墓出土代表性漆木器、纺织品全部在列；凤鸟纹戈卣、涡纹金扣饰、青釉褐绿彩童子坐莲瓷碟等精品文物从各自的展览中出差到“发·现”特展，极大提升了展览视觉效果。

展览向公众开放期间，疫情仍未结束，许多工作的开展受到一定限制。但所有展览相关工作人员勠力同心，在长沙市文旅广电局的指导下顺利推动展览开放。至今回顾，过程虽然艰难，但却是一段难忘而美好的人生经历。在此，我们一并感谢大家！

展览虽已结束，但本图录的出版可作纪念。而我们所有的依依不舍，就用展览结语中的三句话来表达吧：

谨以展览致敬长沙历史上灿烂文明的创造者！

谨以展览致敬七十年来为长沙考古事业辛勤耕耘的工作者！

谨以展览致敬伟大的时代！

“发·现——长沙考古七十年成果巡礼”策展组
2023 年 12 月 26 日

图书在版编目（CIP）数据

发·现：长沙考古七十年成果巡礼 / 长沙博物馆编著；周慧雯，黄朴华主编 . -- 长沙：岳麓书社，2023.12
ISBN 978 - 7 - 5538 - 2005 - 7

Ⅰ. ①长… Ⅱ. ①长… ②周… ③黄… Ⅲ. ①考古工作 — 成果 — 汇编 — 长沙 Ⅳ. ①K872.641

中国国家版本馆 CIP 数据核字（2024）第 009594 号

书　　名　**发·现**
FA·XIAN
长沙考古七十年成果巡礼
CHANGSHA KAOGU QISHI NIAN CHENGGUO XUNLI
编　　著　**长沙博物馆**
主　　编　**周慧雯　黄朴华**
出 版 人　**崔　灿**
责任编辑　**曾　倩　陶嶒玲**
责任校对　**舒　舍**
书籍设计　**柏林摄影设计艺术工作室**
出版发行　**岳麓书社**
湖南省长沙市爱民路 47 号　410006
承　　印　**雅昌文化（集团）有限公司**
版　　次　**2023 年 12 月第 1 版**
2023 年 12 月第 1 次印刷
开　　本　**787 毫米 ×1092 毫米　1/16**
印　　张　**18.75**
字　　数　**465 千字**
书　　号　**ISBN 978-7-5538-2005-7**
定　　价　**328.00 元**